예나 지금이나

100년 전 신문으로 읽는 오늘의 인문학

예나 지금이나

100년 전 신문으로 읽는 오늘의 인문학

초판 1쇄 발행 2016년 11월 28일

지은이 박성호 · 박성표

펴낸곳 (주)그린비출판사 ㅣ **펴낸이** 이희선 ㅣ **신고번호** 제25100-2015-000097호

주소 서울 은평구 증산로1길 6, 2층 ㅣ **전화** 031-947-3819 ㅣ **이메일** editor@greenbee.co.kr

ISBN 978-89-7682-248-2 03900

이 도서의 국립중앙도서관 출판시도서목록(CIP)은 서지정보유통지원시스템 홈페이지(http://seoji.nl.go.kr)와 국가자료
공동목록시스템(http://www.nl.go.kr/kolisnet)에서 이용하실 수 있습니다.(CIP제어번호: CIP2016027410)

나를 바꾸는 책, 세상을 바꾸는 책 www.greenbee.co.kr

예나 지금이나

100년 전 신문으로 읽는 오늘의 인문학

박성호 · 박성표 지음

그린비

한국출판문화산업진흥원 2016년 우수출판콘텐츠 제작 지원 사업 선정작입니다.

서문

●

평범한 하루였다. 늘 그렇듯이 책상 앞에 앉아서 100년 전 신문들
을 펼쳤다. 그게 연구이자 '일'이었다. 평소 하던 대로 눈에 띄는 기
사들을 스크랩하고, 이런저런 주석을 달아 가며 정리하던 와중에
작은 기사가 하나 눈에 띄었다. 한성부(오늘날로 치자면 서울시청)에서
개를 기르는 규칙을 정해서 반포하기로 했다는 것이었다. 뭔가 싶
어서 쓱 하고 읽어 보았다. "개 목에 가죽으로 된 목걸이를 걸고 주
인의 이름을 적은 표찰을 달 것", "이런 목걸이가 없는 개는 떠돌이
개로 간주하고 붙잡아 갈 것" 대충 그런 내용이었다. '야, 이거 재미
있네, 요즘도 이러는데' 하고 생각했다. 그러면서 속으로 중얼거렸
다. '허허, 예나 지금이나.'

　문득 흥미가 생겼다. 그간 뒤져 온 신문 기사나 여러 잡지의
글 따위를 검토해 보니, 지금 시대에 두고 이야기하더라도 전혀 어

색하지 않을 법한 이야기들이 부지기수로 쏟아져 나왔다. 정부 각료들이 돈을 흥청망청 쓰고 제멋대로 여색을 탐하는 일을 비난하는 기자가 있었고, 끼어들기를 할 때면 손을 들어 '깜빡이' 신호를 보내야 하는 인력거꾼이 있었으며, 남들 보란 듯이 읽지도 못하는 영자 신문을 일부러 제목이 잘 보이게끔 주머니에 꽂아 넣고 다니는 대학생이 있었다. 이런 기사들을 정리하면서 너무나도 당연한, 그러하기에 외려 놓치기 쉬운 사실 하나를 깨달았다.

"다, 사람 사는 세상이다."

역사는 과거와 현재 사이의 대화라는 말이 있다. 저 유명한 역사학자 E. H. 카(E. H. Carr)가 남긴 말이다. 우리는 역사를 통해서 과거와 대화를 나눌 수 있다. 하지만 이때 우리가 생각하는 '대화'란 대체로 컨소시엄이나 학회 자리에서 오갈 법한 딱딱하고 격식에 찬 문답이나 토론에 가깝다. 게다가 100년 전 무렵, 즉 '망국'을 전후로 한 시대와 대화를 나눌 때는 어쩐지 평소보다 더 무거운 마음의 부채까지 지게 된다. 괜히 삼일절만 되면 독립운동가들의 업적을 늘어놓으면서 그분들을 기리지 않으면 안 될 것 같은 의무감이 드는 것처럼 말이다.

그런 무겁고 진지한 대화가 아니라 일상생활 속 대화처럼 나눠 보고 싶었다. 마치 카페에 앉아 대화하듯, 서로 먹고사는 이야기, 그리 대단치도 진지하지도 않은 이야기, 때로는 웃어넘길 수 있고 때로는 동정을 보내기도 하며 혹은 잠시 상념에 잠겨 보게끔 하는 이야기 들을 주고받고 싶었다. 그렇게 일상 속의 대화를 주고받다 보면, 우리가 막연하게 '구한말' 내지는 '일제강점기'라고 부르는 시대에 피가 돌고 생기가 흘러 하나의 살아 있는 '표정'으로서 우리 앞에 설 수 있게 되지 않을까? 생각하게 되었다.

이 책 『예나 지금이나: 100년 전 신문으로 읽는 오늘의 인문학』은 그렇게 시작되었다. 한 세기 전과 오늘날을 여러 텍스트를 매개로 대화하게끔 만드는 일은 이전부터 하던 것이었지만, 나와 같이 인터넷에서 '인문잡지 글월'을 운영 중인 박성표 CEO(나는 농담으로 이렇게 부른다)가 이 시리즈를 본격적으로 연재해 볼 것을 제안했다. 그래서 여러 이야기를 추려 내었고, '예나 지금이나'라는 제목으로 연재하게 되었다. 이 책은 그렇게 인터넷에 연재했던 글을 출판 미디어에 맞게 수정하고, 인터넷상에서는 미처 하지 못했던 이야기들을 추가하여 엮은 것이다.

대화란 상대방을 이해하기 위한 작업이기도 하지만, 나아가서는 나 자신을 돌아보는 계기가 되기도 한다. 『예나 지금이나』는 그런 대화가 가능해지기를 바라면서 만들어졌다. 이 책에서 선별한 여러 텍스트는 오늘날 우리가 겪고 있는 문제들, 머리를 싸매고 있는 고민과 밀접한 것이기도 하다. 100년 전의 사람들이 우리가 겪는 것과 비슷한 문제 앞에서 어떤 고민을 하고 어떤 행동을 했는지 들을 수 있다면, 우리가 좀 더 나은 해결책을 찾는 데 실마리를 얻을 수 있지 않을까? 그래서 대화의 자리를 한번 마련해 본 것이다. 한 세기 전의 사람과 대화를 나누려면 아무래도 약간의 통역이 필요할 듯하여, 기사 등은 최대한 현대어에 맞게 각색했다.

1부는 풍속, 2부는 교육, 3부는 정치와 역사에 관한 내용을 주로 다루었다. 순서대로 읽어도 좋고, 눈에 띄는 제목부터 읽어도 좋다. 뒤로 갈수록 연결된 고리들이 풍부해지고, 생각할 거리도 많아지며, 진지해진다. 특히 3부를 읽다 보면 대한제국의 설립에서부터 망국으로 가는 과정을 자연스럽게 되짚어 가면서 한국 근현대사의 지형도를 어렴풋이나마 그려 볼 수 있을 것이다.

우리는 급변하는 국제 정세 속에서 제국주의 논리를 어설프게 따라가다가 희생양이 되어 버렸던 아픈 과거를 안고 있다. 제국을 꿈꾸다 망국이 되어 버린 시대와 대화를 나누다 보면, 지난 100년간 우리가 과연 얼마나 배우고 발전했는지 되묻지 않을 수 없다. 이 책을 접한 분들이 100년의 틈새를 뛰어넘어 우리 선조들과 생생하게 그리고 자기 자신과 솔직하게 마주할 수 있다면 이 책이 할 수 있는 작은 소임은 모두 거둔 것이 아닐까 생각한다.

저자를 대표하여 박성호

차례

2부 | 조선의 교육과 문화 · 139

1부
조선의 풍속과 청춘

1913 벚꽃 지다

벚꽃놀이 문화의 형성

●

매년 봄이면 반복되는 풍경이 하나 있다. 바로 벚꽃이다. 한반도 남쪽의 진해에서부터 서울의 여의도에 이르기까지 벚꽃이 흐드러지게 핀다. 그리고 사람들은 그 하얀 꽃잎 구름 아래에서 저마다 봄을 만끽하기 위해 벚나무 숲길로 모여든다.

문득 생각해 본다. 사람들이 이렇게 벚꽃 철마다 모여들게 된 계기 혹은 유래는 무엇일까. 무엇 때문에 사람들은 이렇게 번잡함조차 감내하면서 벚꽃을 맞으러 가게 되는 것일까. 오죽하면 벚꽃 철만 되면 길거리마다 울려 퍼지는 히트곡에 '벚꽃 연금'이라는 별명까지 붙었을까.

한반도의 봄이 벚꽃과 더불어 시작하는 것처럼, 이 책도 벚꽃과 더불어 시작해 볼까 한다. 다만 시선을 약간만 과거로 돌려서 지금으로부터 약 100년 전, 1913년 봄의 한 대목에서부터 말이다.

| 진해 군항제의 활짝 핀 벚꽃 [나무위키]

동소문 밖 무넘이[水踰, 현재의 수유동]라 하는 주막에서, 동북으로 삼
사 마장을 들어가면, 경성 내에서 제일 유명한 명승지라 일컬을 만
한 우이동의 벚꽃이, 요사이 점점 꽃봉오리가 맺히기 시작하였다.
엊그제는 일요일이자 겸하여 임시열차와 자동차라는 편리한 수단
덕분에, 무려 사오천 명 되는 일본인과 조선인 들이, 혹은 기차로
창동역에서 내려서 걸어오기도 하고, 혹은 자동차로 오기도 하고,
일가족이 동반하여 마차를 타고 오기도 하며, 각 학교 학생들은 두
세 명씩 무리를 지어 짚신 신고 도시락 사서 들고 오기도 한다.
이 모든 사람들은 제각기 일주일 동안 공부하는 사람은 공부하고,
일하는 사람은 일에 열중하다가, 청명한 일요일을 맞이하여 경성
의 명승지인 우이동에 아마도 벚꽃이 잘 피었으리라 생각하며 이
곳에 이른다.
산등성이에 올라서서 숨을 고르고 사방을 둘러보니, 벚꽃은 아직
만개하지는 않았지만 수천 그루 되는 벚나무에 꽃봉오리가 발긋발

굿하게 맺힌 까닭에 나무 전체가 분홍빛으로 보이며, 산비탈로는 총총히 핀 진달래꽃이 만발하여 산 전체가 붉게 물들었다.

『매일신보』 1913년 4월 22일자

┃「우이동의 벚꽃」[『매일신보』 1913년 4월 29일자]

사실 꽃놀이라는 문화 자체가 낯선 것은 아니었다. 하지만 원래 꽃놀이는 소수의 '유한계층'을 위한 놀이의 성격이 짙었다. 조선시대까지만 해도 '대중'이라는 개념은 희박했고, 이들이 단체로 꽃놀이를 즐긴다는 것도 당연히 낯선 일이었다. 게다가 벚꽃 자체도 조선시대까지만 해도 그렇게 주목받는 꽃은 아니었던지라, 과거 기록 속에서 벚꽃의 흔적을 찾는 것도 꽤 어려운 일이다. 아무래도 벚꽃보다는 사군자의 하나로 손꼽히던 매화나 혹은 조선 왕실과 관련이 깊었던 배꽃에 밀리지 않았던가 싶다. 『조선왕조실록』에서도 매화나 배꽃에 비해 벚꽃에 관한 기록은 찾기 어려운 편이다.

개항 이후 대한제국 시대에도 벚꽃에 대한 기록은 잘 보이지 않는다. 당연히 벚꽃놀이 또한 쉽게 찾아볼 수 없는 풍경이다. 벚꽃에 대해서는 '일본의 국화'라는 인식이 강했고, 대중 일반이 벚꽃 철을 맞이하여 대대적으로 유람을 즐긴다는 발상은 이 시대에는 그리 일반적이지는 않았던 듯하다. 신문 기사에 종종 황제나 정부 고관들이 창덕궁 등지에서 꽃구경을 하였다는 기록을 볼 수 있기는 하지만, 이것이 과연 어떤 꽃이었는지는 기록이 명확하지 않다. 이런 궁궐을 일반 백성들에게 공개하여 꽃놀이 자체를 대중적인 것으로 퍼뜨렸을 리도 없고 말이다.

제주도에 자생하는 왕벚나무도 있었던 만큼 벚꽃 자체가 우리에게 그리 낯선 꽃이라고는 할 수 없겠지만, 적어도 벚꽃놀이만큼은 일본으로부터 들여온 것일 수밖에 없었다. 특히 대중 일반이 운집하여 꽃놀이를 즐기는 형태는 한일합방 이후인 1910년대 초중반부터 일상화된 것만큼은 분명하다. 다음은 앞의 인용문에 이어지는 내용이다. 당시 꽃놀이의 풍경이 어떠했는지를 알 법한 대목이기도 하다.

각 상점에 매점은 이 골짜기 저 골짜기에 천막을 치고, 간혹 유성기 소리도 들리며, 소나무 아래에서 늙은 부부 두 사람은 술잔을 서로 권하면서 "여보 영감, 조선도 이렇게 좋은 데가 있구려" 말하기도 하고, 산골짜기 흰 돌 위에 길게 흐르는 맑은 시냇물에 떠 있는 오리 한 쌍을 소학교 학생들이 나무막대기를 휘두르며 쫓아가면 "꽤 액" 하면서 황급히 헤엄쳐 달아나기도 한다.

일본인 기생들은 삼삼오오 이 벚나무 아래에서 꽃에 취하여 샤미센을 뜯으면서 춤을 추고, 이 모양을 그 옆에 둘러앉아서 술상을 벌인 채 맥주병으로 나발을 불면서 "좋다~ 잘 춘다"하고 외치는 사람들의 말소리에 기생들은 더욱 신이 나는 모양이다.

제국 국기[일장기]와 만국기가 바람에 반짝이는 아래에는, 넓은 마당에서 일본인 남녀들이 수건으로 눈을 가린 채 어린 시절에 하던 숨바꼭질 놀이도 하고, 마치 한 집안 아이들처럼 흉허물 없이 노는 모양은 보는 사람까지 즐겁게 만든다.

昨夜雨風靜落花知多少

|「지난밤 비바람 소리 들렸건만
꽃은 얼마나 많이 떨어졌을꼬?」
[『매일신보』 1913년 4월 24일자]

당시 우이동이 벚꽃놀이의 명소로 떠오른 데에는 몇 가지 이유가 있었다. 하나는 1912년 당시 부분 개통 되었던 경원선 덕분에 누구나 가기 편리해졌다는 점이다. 남대문에서 용산을 거쳐 청량리에 이르는 철로가 완성된 후에는 아예 남대문, 용산 등지에서 창동역으로 직행하는 것도 가능해졌다. 오늘날의 서울도시철도 경의중앙선에 해당하는 노선이 바로 이것인데, 저렴하고도 편리하게 우이동까지 갈 수 있는 대중교통 수단이 확보되었던 것이다. 오늘날 청량리역에서 창동까지 이어지는 국철 라인이 바로 100년 전의 '벚꽃로드'였던 셈.

1915년 무렵부터는 철도국에서 벚꽃 철을 맞이하여 특별열차를 편성, 기존의 요금보다 30%가량을 할인하여 본격적으로 꽃놀이 인구를 유치하기도 했다. 심지어는 다섯 명 이상이 단체로 관람하러 가는 경우에는 기차표를 집으로 배달까지 해주었다고 하니, 당시 철도국이 얼마나 벚꽃놀이 인구 유치에 공을 들였는지를 짐작할 수 있다. 그리고 창동에서 우이동으로 이르는 길 역시 도청에서 개수공사를 하여 정비하고, 철도국에서는 창동 정거장과 꽃나무 밑에 천막을 치고 휴게소를 만들어 관광객들의 편의를 도모하는 등 꽃놀이는 하나의 '문화상품'으로 발전해 갔다(『매일신보』 1915년 4월 20일자).

이처럼 대중적인 문화상품이 된 꽃놀이의 광경은 어떠했을까. 앞서 본『매일신보』기사는 당시 우이동 꽃구경의 현장을 상세하게 묘사해 놓고 있다. 술에 취해 노래를 부르면서 풍류에 젖는 단체 관광객들, '조선도 꽤 살 만하다'라며 즐거워하는 노부부, 일요일을 맞이하여 꽃구경을 나온 신식 차림의 여학생들……. 하나 재미있는 점은 기사 중간에 "아직도 꽃이 만개하지는 않았다"라는 구절이 있다는 것. 당시의 기후가 정확히 어떠했는지는 모르지만, 요즈음 서울에서 4월 초중순이면 벚꽃이 만개한다는 점을 생각해 보면, 당시는 지금보다 좀 서늘했었나 보다.

현재 수유동-우이동 일대는 이미 완전히 도시화되어 과거의 벚꽃을 볼 수는 없다. 창동역도 지금은 평범한 지하철역으로 변했고, 그 일대에는 아파트 단지가 들어선 상태다. 우이동은 2000년대 초중반까지는 대학생들의 MT촌으로 각광을 받았지만 한 세기 전처럼 벚꽃놀이 장소로 쓰이지는 않게 되었다. 벚꽃놀이 문화 자체도 그 시절과는 꽤 달라졌다. 과거의 벚꽃놀이는 일본의 그것과 대단히 흡사했다. 애초에 벚꽃놀이, 즉 벚꽃을 보러 '소풍'을 나간다는 것 자체가 일본에서 들여온 일이었던지라, 초창기의 벚꽃놀이는 아무래도 원조[7]를 닮은 모습일 수밖에 없었으리라.

사실 합방 이전에는 이러한 꽃놀이 자체가 비판의 대상이 되기도 했었다. 당시 신문의 논조란 "나라가 무너지고 사회가 무너지는데 꽃놀이가 웬말이냐"라는 식이었기 때문이다. 『황성신문』 기사 중에는 봄철에 꽃놀이를 즐기는 향락객들 사이로 일단의 학생들이 애국가를 부르며 행진하자 향락객들이 부끄러워하며 자리를 피했다는 이야기도 있는데, 당시 신문은 이런 학생들의 행동을 '상찬'했다. 요즘 같으면 상상도 할 수 없는 이야기지만, 당시로서는 공적인 일과 연계되지 않는 개인의 일이란 '급이 낮은' 것으로 여겨졌던 탓에 이런 일도 가능했다. 게다가 1905~1907년 무렵에는 한국 사회 전반에 망국에 대한 위기의식이 최고조에 달했던 터라, 이런 개인적인 유희 자체를 곱게 보지 않는 시선이 많았다. 특히 『대한매일신보』와 같은 정론지(政論紙)들이 이러한 경향이 강했다.

아이러니하게도, 사람들에게 꽃놀이를 즐길 수 있는 '여유'를 돌려준 것은 한일합방이었다. 한일합방 이후 유일한 중앙 일간지였던 『매일신보』는 이러한 '개인들의 유희'에 대해 관대했고, 아예 '노는 방법'을 상세하게 소개하는 경우도 적지 않았다. 남녀 간의 음란한 행위나 주색잡기에 가산을 탕진하는 따위의 풍속 교란만 아니라면, 개인의 즐거움을 위해 꽃을 즐기는 일 같은 것은 오히려 권장될 법한 일로 여겨졌던 것이다.

어떻게 보면 당시 『매일신보』에 등장했던 이러한 '건전한 놀이'에 대한 권장은, 사람들로 하여금 현실에 대한 문제, 특히 정치와 관련된 문제로부터 관심을 멀어지게끔 하기 위한 수단 가운데 하나일 수도 있었다. 1913년이면 이미 총독부 체제가 안정기에 접어든 상황이기는 했지만, 갑작스러운 세율 증가 등과 같은 내부 문제는 여전히 산적해 있었기 때문이다. 당시 『매일신보』는 총독부를 대변하는 나팔수 역할을 대놓고 했던 신문이었던 만큼, 이 신문이 독자들에게 건전한 놀이 문화를 홍보함으로써 역으로 놀이 이외의 것들에 대한 관심을 줄이려는 의도가 있었으리라고 읽어 내는 것도 큰 무리는 아니다.

어찌 되었든 이 무렵부터 벚꽃놀이는 하나의 '트렌드'로 자리 잡게 되었다. 애초에 근대 이전에는 꽃구경이란 소수의 양반들이나 즐길 수 있는 것이었던 만큼, '대중교통'이라는 문명의 이기를 이용하여 '누구나' 꽃구경을 갈 수 있다는 것 자체가 당시 사람들에게는 꽤나 신선한 일이었던 까닭이다.

뚱뚱한 건강 모델
건강함의 다른 기준

●

'건강'이란 과연 무엇일까. 질병이 없는 상태일까? 건장한 체격을 갖춰서 남들이 우러러보게 만드는 상태일까? 아니면 풍족한 생활 속에서 적당한 쾌락을 즐기며 삶을 유지할 수 있는 상태일까? 모두들 건강에 대한 관심은 많지만, 정작 건강이란 어떠한 상태를 가리키느냐고 묻는다면 이렇다 할 답변을 찾기는 어려울 것이다. 건강이란 시대에 따라, 사회에 따라, 혹은 개인의 가치관에 따라 다르게 정의될 수 있기 때문이다.

그것은 마치 '아름다움'에 대한 판단과도 비슷하다. 지금 시대는 비만을 일종의 '죄악'으로 치부한다. 살이 찐 상태는 곧 건강하지 않은 상태라는 것이다. 물론 이는 병리학적으로 보더라도 크게 틀린 판단은 아니다. 필요 이상의 체중은 신체에 부담을 주는 것이 사실이므로, 비대한 체형이란 아무래도 건강한 상태와는 썩 어울리지 않는 것이다.

하지만 과연 이런 판단은 어느 시대에나 통용되었던 것일까. 과거의 사람들은 어떤 상태를 건강하다고 보았을까. 그 기준을 가늠할 만한 자료가 하나 있다. 신문에 실린 다음과 같은 '약 광고'다.

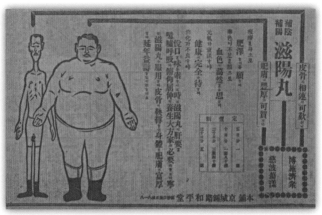

| 자양강장제 광고 [『매일신보』 1913년 3월 19일자]

광고하는 약의 이름은 너무나 직설적이게도 '자양환'(滋陽丸). 당시 경성에서 제일 유명하던 '화평당'(和平堂) 약방'의 제품인데, 이 약국은 신문에 대형 광고를 자주 내는 것으로도 유명했다. 합방 이전 『대한매일신보』에 최초의 '사진 광고'를 냈던 것도 바로 이 약방이다. 당시의 인쇄 기술을 감안하면 광고 지면에 사진을 실었다는 것 자체가 놀라운 일이었다. 게다가 합방 이전의 한국인 발행 신문은 단 한 번도 자체적인 지면에 사진을 실었던 적이 없었으니 더욱 놀랄 일이다.

어찌 되었든 이 약의 광고 속 삽화가 설명하는 바는 대단히 간명하다. 비쩍 마른 사람과 뚱뚱한 사람을 놓고, 피골이 상접할 정도로 마르다는 것은 탄식할 만한 일이며, 반대로 살이 두텁도록 뚱뚱해지는 것을 그야말로 '축하'할 일이라고 평가한다. 오른쪽의 사람은 오늘날의 기준으로 보자면 그야말로 고도비만이라 해도 과장이 아닐 듯하지만, 당시로서는 이런 체형이 일종의 '로망'이자 건강의 상징이었던 듯하다. 몸에 여분의 지방을 축적할 수 있을 정도로 풍족하고 먹고살 만한 상태임을 뜻하는 것일 테니 말이다.

수척한 몸에서 비대하고 윤택한 몸으로 거듭나는 것, 화사로운 기운이 부족한 얼굴색을 혈색이 완연한 얼굴로 바꾸는 것이야말로 당시 사람들이 희망하던 바였다. 1910년대면 아직까지는 흉년을 걱정해야 했던 시대다. 마음껏 먹고 살찌울 수 있다는 것은 곧 부유한 계층임을 뜻했으므로, 비대해진 몸집이란 곧 그가 그만큼 높은 경제적·사회적 지위를 갖고 있다는 의미이기도 했다. 적어도 그게 먹지 못해 부황(浮黃)으로 부은 경우가 아니라면 말이다.

건강에 대한 관심은 19세기 말부터 크게 증폭되었다. 대체로는 위생이나 병원과 같은 '제도'들이 도입된 시기와 맥을 같이한다. 그럴 수밖에 없는 것이, 건강한 상태란 곧 '서구인의 상태'에 최대한 근접하는 것을 뜻했다. 서양 사람들이 건강하기 때문에 그 나라는 부강하므로, 우리 역시 그들처럼 건강해져서 부강한 나라를 이루도록 해야 한다는 식이었다. 국민 개개인의 건강이 곧 국가의 건강과 연결된다는 이러한 논리는 오늘날의 관점에서는 받아들이기 힘든 것이지만, 당시 사람들은 저런 사고를 꽤나 자연스럽게 받아들였다.

서구인의 생활 방식에 맞지 않는 것들은 대체로 더럽다거나 건강에 해롭다는 식으로 배척되었다. 예컨대 담배의 경우만 해도 아이들이 이를 피우면 "체격이 채 완성되기도 전에 건강에 저해를 받는다"(『황성신문』 1901년 7월 13일자)라며 이를 금해야 한다고 했는데, 이것은 별도의 의학적 근거나 실험을 토대로 나온 이야기가 아니라, 어디까지나 서구 사회가 이를 시행하지 않는다는 데에서 출발한 주장이었다. 그러한 의미에서 건강 역시 서양인과 비슷한 신체 조건과 생활 습관을 가진 상태를 뜻하는 것이었다.

말하자면 지금의 우리는 질병에 걸린 상태고, 지금은 이를 치료하여 건강하게 만들 '약'이 필요한 때이다. 개인에서부터 사회 전체에 이르기까지, 1890~1900년대의 지식인들이 내린 자가 진단의 결과는 병든 상태, 곧 '건강하지 않음'이었다. 건강해지려면 무엇을 해야 하는가? 개인은 열심히 먹고 운동해야 한다. 다른 한편으로는 공부를 하고 실생활에 뛰어들어 노동을 해야 한다. 음식 섭취나 운동은 그렇다 치지만, 공부가 왜 건강과 관계되는가? 이유는 간단하다. 개개인이 각자 공부를 열심히 해야 그것이 사회 전반의 지식 수준 향상으로 이어짐으로써 서구 열강과 동등하게 대접받을 수 있는 실력(=건강)을 확보할 수 있을 것이기 때문이다.

『황성신문』 1905년 10월 7일자 논설에서도 이와 비슷한 이야기가 나온다. 『애급근세사』(埃及近世史)를 읽은 뒤에 쓴 기사이다. 여기서 '애급'이란 지금의 이집트를 뜻하는데, 이집트가 영국의 식민지로 전락하는 과정이 아마도 기자의 눈에 들어왔던 모양이다. 기자는 『애급근세사』가 양약(良藥)이며 이 약을 통해 지금의 한국인들이 걸린 '질병'을 고칠 수 있다고 주장한다. 같은 해 3월 18일자 논설에서도 약방에서 대화를 주고받던 주인과 손님이 현재 한국의 상황을 '병이 걸린 것'으로 파악하면서, 주인이 그 처방으로『애급근세사』한 질을 내놓는 장면이 나온다. 보호국으로 치닫는 상황은 건강하지 못한 상태요, 이를 치료하여 독립국의 지위를 되찾는 것이 곧 건강을 회복하는 일로 간주되었던 것이다.

하지만 개인의 건강과 국가의 '건강'을 등치시키는 사고는 1910년 이후 상당 부분 해소된다. 등치시킬 국가가 사라져 버렸으니 말이다. 한국인은 일본제국의 '새로운 국민'으로 편입되었고, 이들은 자신이 속한 새로운 국가와 등치되기보다는 국가의 수준에 재빨리 발을 맞춰야 할 '미완성 국민'으로 취급되었다. 개인이 건강해야 사회와 국가가 건강해진다는 논리는 설 자리를 잃었다. 국가는 이미 건강한 상태이고, 개인만 건강해지면 되었던 것이다. 아니, 나아가 국가가 앞장서서 개인을 건강하게 만들어 주겠노라고 설파하곤 했다. 총독부에서는 이것을 통칭하여 '신정'(新政), 즉 새로운 정치라고 대대적으로 선전하게 된다.

옆 사진은 커다란 난소 종양이 생겨서 총독부 병원을 찾은 여성의 사진이다. 그녀는 경기도 양주군 고지동에 사는데, 17세에 결혼 후 9남매를 낳았으나 마지막 아이를 낳은 직후 아랫배에 계란만한 종양이 생겨 이것이 점차 부풀게 되었다고 전한다. 이를 고치기 위해 온갖 병원을 전전하였으나 결국 실패하고, 마지막으로 총독부 병원을 찾아왔다가 성공적으로 수술을 받았다는 것. 이 기사의 마지막 부분 서술은 당대의 건강이라는 것이 어떻게 권력과 긴밀

슈
슐
을
밧
은
양
쥬
고
쇼
사

┃ 수술을 받은 양주 고 소사 [『매일신보』 1913년 10월 4일자]

하게 연결되었는지를 적나라하게 보여 준다.

> 문병 왔던 사람들이 보고 모두들 놀라며, 이는 총독 정치가 주신 바
> 요, 천황폐하의 은덕이니, 아무쪼록 이와 같은 병은 급히 고치도록
> 세상에 널리 전하여 모든 이들이 황은(皇恩)을 입게 하라며 원장이
> 환자와 그 친척들에게 권유하였다.

다른 한편으로는 앞에서 언급한 광고에서처럼 건강의 '모델'

을 앞세워서 사람들의 소비 심리를 자극시키기도 했다. 이는 개인과 국가가 연동된 시대에서 벗어나 (비록 강제적이었을지라도) 건강이 개인의 문제로 변환되었기에 가능해진 일이기도 했다. 내가 살을 찌우는 것은 국가를 살찌우기 위해서가 아니었다. 다만 나 자신이 타인의 시선에 건강한 사람으로 비치고 싶다는 욕망을 충족하기 위해서일 뿐이었다.

물론 이처럼 권력이나 자본에 의해 규정된 것 이외의 '건강'을 추구하는 경우도 있었다. 이런 경우 중 대다수는 보통 합리성을 훌쩍 뛰어넘어서 미신이나 통념에 기대는 게 보통이었는데, 개중에는 꽤나 경악할 만한 사례도 있었다. 『매일신보』 1911년 8월 15일자 보도에 따르면 어떤 자가 6세 여자아이를 살해한 후 그 음핵을 잘라 갔다고 했는데, 이는 아마도 여자아이의 음핵을 복용하면 간질에 효험이 좋다는 미신을 믿었기 때문일 것이라고 했다. 이런 종류의 기사는 1910년대 초중반 『매일신보』에 꽤 자주 등장했다. 아이를 죽인 뒤 그 성기를 잘라서 삼켰다가 체포되었다거나 하는 따위의 소식 말이다. 그러고 보면 저 유명한 서정주의 시편 「문둥이」도 괜히 나온 게 아닐 것이다. "해와 하늘빛이 / 문둥이는 서러워 // 보리밭에 달 뜨면 / 애기 하나 먹고 // 꽃처럼 붉은 울음을 밤새 울었다" 하는 그 시 말이다.

이런 일련의 사례들은 오늘날의 관점에서 본다면 다소 어리석게, 혹은 비합리적인 것처럼 보일는지도 모르겠다. 그러나 이런 메커니즘은 21세기인 지금도 여전히 위력을 발하고 있다. 영상 매체에 등장하는 배우나 모델의 신체는 병리학상의 관점에서 보자면 그다지 '건강'하다고 말할 수는 없는 모습이다. 예컨대 하복부의 지방을 완전히 연소시키고 근육으로 대체해서 '王' 자가 새겨지게 만드는 방식은, 보기에는 좋을지 모르겠지만 건강에는 그다지 좋은 효과를 주지 못한다. 그러나 오늘날의 사람들은 그것을 '건강의 상징'으로 여기고 그것에 열광하며, 그러한 몸매를 얻기 위해 노력한다.

사람들 사이에 떠도는 입소문 따위에서 건강의 비결을 찾으려는 것도 마찬가지다. 몸에 좋다는 이유로 야생동물의 장기 등을 날것으로 복용하다가 기생충에 감염되었다는 따위의 뉴스는 잊을 만하면 한 번씩 접하게 되지 않던가. 문둥병을 고치기 위해 아이를 잡아먹었다는 한 세기 전과 비교해 본다면 잔혹함의 차이가 있을 뿐, 결국 누군가의 책임질 수 없는 말에 기대어서라도 건강해지고픈 욕망은 변함없는 것일 테다.

이는 더 나아가 소비의 구조에도, 혹은 정치의 방법론으로도 활용된다. 매체 속 인물과 자신을 동일시하여 그들이 사용하는 제품들을 똑같이 소비하고자 하고, 정치판 속 지도자 격 인물들을 자신과 동일시하여 그들과 자신의 입장을 동일시한다. 수입조차 일정치 않은 사람이 명품 핸드백이나 고급 승용차에 목을 매거나, 사회적으로 빈곤한 계층에 속하는 이들이 부자를 대변하는 정치인에게 표를 주는 일들이 빈번하게 발생하는 것도 이와 무관하지 않다.

사람이란 의외로 그렇게 이성적인 동물이 아니다. 다만 스스로 이성적이라고 굳게 믿으면서 살아가고 있을 뿐이다. 이런 인식의 허점을 효과적으로 파고드는 '침투력'은 곧 자본이나 권력이 자신의 권위를 공고하게 유지하는 수단이기도 하다.

방향을 바꿀 땐 손깜빡이를 켜시오

인력거 운영 수칙

●

승차 거부 금지, 허가받은 운전자만이 영업 가능, 청결과 친절을 유지할 것, 밤에는 항상 등을 켜고 다닐 것. 마치 요즘의 택시 운전 관련 법령을 보는 것 같다. 하지만 이것은 택시와는 무관한 이야기다. 정확하게 말하자면 택시라는 게 등장하기도 전에, 아니 '자동차'라는 물건이 일상화되기도 전에 등장한 규칙이다. 무엇을 위한 규칙인가? 바로 '인력거'를 위한 규칙이다. 그것도 지금으로부터 100년도 더 전인 1908년 8월에 발표된 인력거 영업에 대한 단속 규칙의 일부이다.

그중 눈에 띄는 조항들 몇 개를 옮겨 보았다.

3조: 운전자는 18세 이상 60세 미만의 신체 건강한 사람으로 한다.
4조: 영업에 사용하는 차량은 소유주가 관할 경찰서에 신고하여 차량등록증을 발급받아야 하며, 차체를 개조하는 경우에도 같은 절차를 거쳐야 한다.

6조: 허가증을 타인에게 빌려주거나 차량 검사를 대리하는 행위를 불허한다.

10조 1항: 운전자는 영업 중 불결하거나 불쾌감을 주는 복장을 착용하지 않는다.

10조 2항: 허가증을 항상 휴대하여 경찰관이나 승객이 요구할 시에는 보여 줄 수 있도록 한다.

10조 3항: 지정된 탑승장 외에서 호객행위를 하거나 노상에서 손님을 태우는 행위를 금한다.

10조 4항: 정당한 이유 없이 승객의 탑승 요청을 거부하는 행위를 금한다.

10조 5항: 승객의 동의를 구하지 않고 도중에 다른 차로 갈아타게 하거나 혹은 하차를 강요하는 행위를 금한다.

10조 6항: 정해진 금액 이상의 요금을 손님에게 청구하는 행위를 금한다.

10조 9항: 야간에는 항상 등화를 밝히고 다니도록 한다.

10조 10항: 복잡한 길이나 좁은 도로, 혹은 교량 위를 지나갈 때에는 안전을 위해서 서행하도록 한다.

10조 12항: 정해진 탑승 인원 이상의 승객을 태우는 일을 금한다. 단 12세 미만의 경우 이 항목에 해당하지 않는다.

12조 2항: 승객이 탑승하고 있는 차량은 빈 차량에 대해서 통행 우선권을 지닌다.

12조 3항: 후행차가 선행차를 추월할 때는 먼저 소리로 추월의사를 알린 후, 선행차는 좌측으로 피하고 후행차가 우측으로 추월한다.

『대한매일신보』 [1908년 8월 20~23일자에서 발췌]

인력거를 몰기 위해서는 어떤 과정을 거쳐야 하는지에서부터 시작하여, 평소 인력거를 운전할 때 도로 위에서 어떤 규칙들을 준수해야 하는지까지 세세하게 명시해 두었다. 야간에는 항상 불을 밝히라든가, 승차 거부를 하지 말라든가, 선행차를 추월할 시에는 "소리를 질러서" 추월 의사를 밝힌 후 선행차의 우측으로 추월해야 한다는 식의 규정들은 너무나 '근대적'이다. 정말이지 오늘날의 택시 운행 규정을 보는 것만 같다. 승차 거부 금지라니, 너무나 익숙하지 않은가?

이런 규칙이 얼마나 잘 지켜졌을는지는 미지수다. 일단 규칙을 지키지 않는 인력거들을 순찰 중이던 순검(경찰)이 단속하며 타일렀다는 종류의 기사는 당시 신문에서 어렵잖게 찾을 수 있다. 혹은 경찰서에서 관할 지역의 인력거꾼들을 불러 모아 인력거 운용 규칙 등을 설명하고 종사자의 거주성명을 조사하여 기록해 두는 등 이들을 공적으로 관리하기 위해 애를 쓰기도 했다(『대한매일신보』 1908년 8월 27일자).

원래 '탈것' 자체가 흔하지 않았던 1900년대 이전에는 이런 식의 규칙을 군이 둘 필요가 없었다. 조선시대까지만 해도 사람이 두 발로 걷지 않고 탈것에 의존하는 것은 일부 부유층이나 양반 계층에게만 허용된 사항이었고, 특히 사람이 끄는 수레나 가마와 같은 것들은 신분과 품계 등에 따라서 사용 가능 여부가 엄격하게 제한되었다.

예컨대 태종 때의 기록에는 "부녀자들이 나들이를 할 때에는 평교자(平轎子)를 타는데, 종들이 4면에서 부축하되 주위에 막고 가린 것이 없으며 [……] 3품 이상의 정실은 지붕이 있는 교자를 탄다"라는 대목이 있다(『태종실록』 4년 5월 25일 세 번째 기사). 이때 말하는 '평교자'란 지붕이 없는 형태의 탈것을 가리키는데, 양반의 부녀자들은 이 평교자는 탈 수 있어도 뚜껑이 덮여 내부를 들여다볼 수 없는 가마만큼은 외명부(外命婦) 3품 이상이 아니면 탈 수 없었던 것이다. 이는 남자의 경우도 마찬가지여서, 신분과 직급에 따라서 탈것의 종류와 그 규모, 장식 등이 각기 달랐다.

하지만 시대가 바뀌면서 탈것은 어느새 일부 특권층의 상징물이 아니라, 모든 '대중'이 공유할 수 있는 성격으로 바뀌었다. 경성-제물포 간 기차가 개통되었고, 경성에는 시내를 관통하는 전차도 생겼다. 인력거는 오늘날의 개인택시와 같은 성격의 탈것이었다. 바야흐로 '대중교통'의 시대가 도래했던 것이다.

대중교통이 생겨나면서 이를 규율해야 할 필요성도 함께 대두되었다. 대중교통이라는 개념 자체가 당시의 조선인들에게는 낯선 것이었던 만큼, 규칙의 필요성을 각인시키고 이를 전파하는 데에는 상당한 노력이 필요했다. 당시 조선인들은 목침을 베고 자는 습관이 있었는데, 여름철이면 철로가 단단하면서도 차갑다고 하여 베고 자기 좋다고 드러누웠다가 새벽에 운행을 시작한 전차에 치어 '목이 달아나는' 일도 적지 않았고, 전찻길에서 놀던 아이가 전차에 치어 죽거나 불구가 되면 분노한 시민들이 전차를 습격하여 불태워 버리는 일도 있었다. 혹은 선로에 돌멩이 같은 것을 놓아 두어 전차가 이를 밟고 탈선케 하는 일조차도 있을 지경이었으니 이

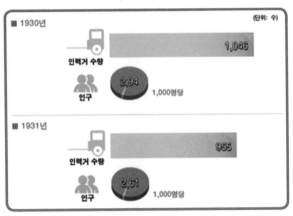

| 1930년대 경성 인력거 수와 인구 비교 [『서울통계자료집: 일제강점기편』, 541쪽]

쯤 되면 당시 상황을 가히 짐작할 만하다.

당시의 여러 신문은 이런 사건들을 나열하면서 이와 같은 행동을 '야만'이라고 비판했고, 문명국이 되기 위해서는 대중교통을 위한 규칙을 지키는 일이 얼마나 중요한지를 역설했다. 마치 길거리를 깨끗하게 정비하는 것이 선진화의 척도인 양 여겨서 2008년 베이징 올림픽을 앞두고 가도 주변의 건물을 모조리 새로 칠했던 중국 당국이 그랬던 것처럼 말이다.

한편으로 인력거는 각종 정치 담론의 무대가 되기도 했다. 무슨 소리인고 하니, 오늘날의 택시를 생각하면 된다. 민심을 알고 싶으면 택시를 타보라는 말도 있지 않은가? 이런저런 손님들을 실어 나르는 택시 기사들이야말로 세상 사람들이 생각하는 바를 쉽게 파악할 수 있다는 의미다.

물론 인력거꾼들이 그랬다는 이야기는 아니다. 택시 기사야

| 1920년대 말 기생을 태우고 가는 인력거

운전을 하면서도 승객과 대화를 나눌 정도의 여유를 가질 수 있겠지만, 인력거꾼은 땀 흘리며 인력거를 끌기에도 정신이 없는 마당에 뒤에 탄 승객과 무슨 대화를 나눌 수 있었겠는가. 게다가 비록 조선시대처럼 탈것에 계급의 차이를 부과하지는 않더라도 여전히 인력거꾼과 승객 사이의 계층 차이라는 것은 존재했으므로 손쉽게 대화를 주고받을 만한 처지는 아니었다. 지금이야 사소한(?) 지체의 차이로 대화를 하지 못한다는 감각 자체가 낯선 것이지만, 당시는 한 세기 전이었음을 상기하자. 노비 제도가 폐지된 지도 고작 10여 년밖에 지나지 않았던 때다.

하지만 인력거는 좋은 '소재'였다. 누구에게? 신문기자들에게 말이다. 인력거를 타고 다니다가 이름 모를 시민에게서 타박을 받는 고관, 인력거꾼에게 속아서 웃돈을 주고 기차역 주변을 빙빙 돌기만 한 어느 시골 생원 등이 그러했다. 인력거라는 대중교통 수단 자체가 하나의 좋은 '무대'였다. 그렇잖아도 길거리에서 무슨 구경거리만 생기면 너 나 할 것 없이 몰려들어서 들여다보는 게 낙이었던 시대다. 거리 한복판을 질주하는 인력거를 둘러싼 수많은 에피소드들이 사람들의 입에 회자되고, 이것이 다시 신문기자의 귀로 흘러들어 와 활자로 옮겨지는 일이 잦다고 해도 이상할 것은 하나도 없었다.

때로는 인력거꾼 자체가 이야깃거리가 되기도 했다. 인력거꾼들은 이런저런 사람들을 태우면서 온갖 것들을 보고 듣게 되는 법, 자연히 인력거꾼의 입을 빌려서 기사화되는 이야기들이 많을 수밖에 없었다. 당시 신문의 기사 제작 방식을 보건대 실제로 인력거꾼으로부터 이야기를 얻어들었을 가능성도 있고, 혹은 인력거꾼이라는 대표적인 직업군을 내세워서 민심을 전하려는 기자의 창작일수도 있다. 후자에 해당하는 대표적인 사례가 요즘 사람들에게도 꽤 알려져 있는 『대한매일신보』의 「거부오해」(車夫誤解) 시리즈다.

> 일간에 일본에서 통감이 건너온다 하니 알 수 없네. 정부 관리들이 공부를 더 하려 함인가, 우리나라에도 통감이 없을 리가 없는데 하필 일본에서 가져올 것은 무엇인가. 우리나라에 만일 통감이 없다고 하면 『사략』이라도 무방하고 『소학』, 『대학』, 『맹자』, 『중용』 등이 허다한데 이것저것 다 제치고 일본 통감이 적당하단 말인가.
>
> 『대한매일신보』 1906년 2월 28일자

제목 그대로 '인력거꾼의 오해'를 소재로 한 이야기다. 동음이의로 인해 발생할 수 있는 오해를 장치로 하여 당대의 시사적인 이야기들을 풀어낸다. 위 인용문은 을사보호조약 체결 이후 초대 통감(統監)으로 오게 된 이토 히로부미(伊藤博文)를 역사책 『통감』(通鑑)으로 오해한 대목이다. 이 외에도 정부 조직을 '조짚'으로 오해해서 왜 정부를 새로 짜느냐고 반문하는가 하면, 개선(改善)을 '개산이'(농기구의 일종)로 오해하는 등 인력거꾼은 계속해서 우스꽝스러운 오해와 질문을 반복한다.

하지만 이 웃음 속에는 당시 정치 상황에 대한 날카로운 비판과 풍자가 담겨 있었다. 통감부의 통감을 역사책으로 오해하면서 "우리나라에도 통감이 있거늘 왜 굳이 일본 통감이 필요하냐?"라고 반문하는 데에는 비단 오해로부터 빚어지는 웃음만이 아니라, 외국으로부터 간섭을 받아야 하는 처지에 대한 자조와 비판 또한 섞여 있기 때문이다.

인력거의 등장은 새로운 교통수단, 나아가 근대적 대중교통 제도의 출발을 알리는 신호탄이기도 했다. 기차나 전차가 해외로부터 침투한 자본과 결합하여 이권의 각축장 노릇을 했던 반면, 인력거는 그러한 근대화의 이면을 관찰하고 폭로하는 '눈'과 '입'으로서의 역할을 톡톡히 하지 않았던가 싶다. 특히 1900년대 중반 이후의 기차는 암묵적인 차별과 억압에 대한 애환과 울분을 담아내는 공간이었던 반면, 인력거는 거꾸로 시대의 모순을 들춰 내고 이를 질타하거나 혹은 우스꽝스럽게 비틀어 버리는 수단으로 활용되곤 했다. 근대적인 대중교통 제도를 도입하고 지탱한다는 점에서는 기차나 전차 등과 별반 다르지 않았지만, 인력거가 1900년대의 한국 사회에 녹아든 방식은 이들과는 다소 달랐기에 더욱 눈길을 끄는 것이 아닐까.

아저씨, 개 이름이 뭐에요?

개 기르는 방법

●

다음 규칙들을 잘 읽어 보자.

> ① 개의 목에 주인의 이름이 적힌 목걸이를 걸어 둘 것.
> ② 만일 목걸이가 없는 개가 있다면 떠돌이 개로 간주하고 살처분할 것.
> ③ 광견병에 걸린 개는 주인 유무에 관계없이 살처분할 것.
>
> 『대한매일신보』 1909년 6월 13일자

어라? 전혀 낯이 설지 않다. 어디서 많이 보던 이야기 아닌가? 아마 요즘 애완견에 대한 정부의 시책이 이러할 것이다. 주인이 있는지의 여부가 파악이 되지 않는 개들, 이른바 '유기견'들은 일단 보호소로 데리고 가서 일정 기간 보호한 뒤, 만일 주인이 나타나지 않거나 다른 인수인이 없으면 안락사시키는 것이 일반적이지 않은가.

하지만 하단의 출처에서 볼 수 있듯 이 조항은 지금의 법령이 아니다. 지금으로부터 100여 년 전인 1909년 6월, 오늘날의 내무부에 해당하는 당시 내부(內部)에서 발표한 「축견취체규칙」(畜犬取締規則)의 골자다. '축견취체규칙', 한자로 써놓으니까 대단히 어려운 말처럼 들리는데, 간단히 풀어서 이야기하면 '개를 기르기 위해 따라야 하는 규칙' 정도가 되겠다. 즉, 개를 키우고 싶으면 목에 주인의 이름표를 단 목걸이를 걸어서 누가 주인인지를 명확하게 밝히고, 그 규칙을 따르지 않을 경우에는 개가 살처분당해도 어쩔 수 없다는 으름장인 셈이다.

오늘날의 관점에서 보더라도 전혀 어색하지 않은 이 규칙은, 그러나 1909년 발표 당시에는 상당히 거센 저항(?)에 직면했다. 그 내막은 이러했다.

일단 개라는 동물이 오늘날처럼 집 안에 두고서 키우는 '애완동물'로 여겨지질 않았다. 주인이 있기는 했어도 개들은 보통 동네 어귀를 자유롭게 드나들며 여기저기 돌아다녔고, 주인의 의사와는 무관하게 자기들끼리 짝짓기를 해가며 번식하곤 했다. 그러다 보니 개에게 목줄을 채워서 소유권을 명확하게 한다는 것 자체가 대단히 낯선 관념이었고, 번거롭게 이런 일을 하려고 나설 주인도 그리 많지 않았다.

하지만 가장 문제가 되었던 것은 '주인 이름이 적힌 이름표를 붙인다'라는 것. 당시 사람들 생각에 개에게 사람 이름을 붙여 둔다는 건 꽤 우스꽝스러운 일이었다. 예컨대 김철수라는 사람이 있다면(이 땅의 모든 김철수 님들께 양해 말씀을 구한다. 어디까지나 예다. 참고로 본인의 외숙부님 함자도 김철수다) 그 사람이 키우는 개에게 '김철수'라는 이름표를 다는 식이다. 이 개가 길거리를 지나가면 사람들은 그 개를 가리키면서 "저기 김철수 간다"라고 말하게 될 터인데, 그렇게 되면 멀쩡한 사람 하나가 순식간에 개 취급을 당하는 게 아닌가?

실제로 이 문제 때문에 양반들은 거세게 항의했다. 아니, 지체 높은 양반의 이름을 어찌 개에게 달라는 말인가? 물론 갑오경장 이후로 공식적인 신분제는 폐지되었지만, 제도로서의 계급이 사라졌다고 해도 사회적 관습은 오랜 기간 지속되기에 과거의 양반들은 여전히 상당한 유세를 부리고 있었다는 점을 상기하자. 어찌 됐든 양반들은 자기 이름을 개에게 붙이는 것을 상당히 꺼렸고, 그 때문에 이름 대신에 관직명 따위를 붙여서 적는 것으로 갈음했다.

『대한매일신보』 1909년 7월 22일자

한번은 이런 일이 있었다. 당시 '보국'(輔國)이라는 지위에 있던 민영소라는 인물은 자기 집 개에게 '민보국'이라는 패찰을 붙였다. 이 개가 골목 어귀를 돌아다니는 것을 본 인력거꾼들은, 자기들끼리 낄낄거리며 이렇게 외쳤다. "야, 저기 민보국 대감 행차하셨다!" 이 이야기는 『대한매일신보』 1909년 7월 22일자 2면에 짤막한 기사로 게재되었는데, 이 인력거꾼들의 정체가 명확하게 밝혀져 있지는 않으므로 실제로 있었던 일인지, 아니면 기자가 자유롭게 각색해서 꾸며 넣은 이야기인지는 명확하지 않다. 당시 신문 기사를 만들던 풍토 자체가 '팩트'보다는 사람들의 전반적인 인식이나 신문이 하고 싶어 하는 주장에 근거해서 기삿거리를 적당히 꾸며 내거나 혹은 아예 없던 사건을 만들어 내는 경우도 흔했으니 말이다. 하지만 일단 한번 신문에 나면 그 자체로 기정사실이 되는 것이 또 당시의 풍토였으므로, 민영소는 순식간에 '개'가 되고 만 것이었다.

이런 기사가 가능했던 것은 당시 민영소가 친일 공작에 앞장섰던 인물 중 하나이기 때문이기도 했다. 잘 알려져 있다시피 『대한매일신보』는 당시 반일 논조를 대표하던 신문 중 하나였고, 이 신문의 관점에서 민영소의 행보가 곱게 보일 리는 만무했을 터. 그러니 인력거꾼들의 입을 빌려서 민영소를 '개'라고 조롱하는 것도 충분히 있을 법한 일이었다.

아나나 다를까, 사흘 뒤인 25일자 신문에는 아예 '민보국'과 '박대신'이라는 패찰을 찬 두 마리의 개를 등장시킨 우화까지 실린다. '민보국'은 방금 언급한 민영소요, '박대신'은 을사오적 중 한 명으로 유명했던 외부대신 박제순이다. 이 우화에서 두 마리의 개는 누가 더 위세가 등등한지를 두고 말다툼을 벌이는데, 여기서 '박대신'의 말이 걸작이다. "당신은 비록 지체가 나보다 높은 보국이라고는 하나, 공로로 따진다면 무려 두 번의 조약을 체결하는 데 성공한 나를 따를 수 있겠는가?" 여기서 말한 '두 번의 조약'이란 을사조약과 정미 7조약(고종 퇴위와 군대 해산을 유발했던 조약)을 가리킴이니,『대한매일신보』는 이 기회에 민영소는 물론 박제순까지 싸잡아서 '개'라고 조롱했던 것이다.

이「축견취체규칙」의 여파는 상당했다. 특히『대한매일신보』가 가장 적극적인 반응을 보였다. 앞서 언급한 우화들은 물론이려니와, 유명한 시조를 살짝 비틀어서 정미조약 체결에 관여한 일곱 명의 대신 전부를 까내리기도 했다. "개를 여남은 마리 기르되 이 개처럼 얄미우랴"라는 구절로 시작되는 저 유명한 사설시조를 게재하면서, 마지막 행을 살짝 바꿔 "컹컹 짖는 일곱 마리 요 박살(撲殺, 때려죽이다)할 개야"라고 적었다. 하긴 을사조약 체결 당시에도 이에 관여한 다섯 대신을 두고서 "개돼지만도 못한 대신 놈들"(영문판에도 "Like dogs and pigs"라고 번역되어 있다!)이라고 일갈했던『대한매일신보』였으니 말이다.

어찌 되었든 이「축견취체규칙」은 한때의 해프닝으로 끝났다. 개들은 그 이후로도 열심히 골목 어귀를 돌아다니면서 자기들끼리 어울려 놀고 먹고 하면서 짝짓기까지 자유롭게 하고 살았으니 말이다. 1990년대 초반까지만 해도 골목 어귀를 돌아다니는 개들은 흔히 볼 수 있었고, 그게 유기견인지 임자 있는 개인지의 구분조차도 모호했다. 이에 대한 명확한 구분이 생기고 유기견들을 본격적으로 관리하게 된 것은, 개를 집 안에서 키운다는 인식이 확산되면서 유기견과 애완견 사이의 구분이 뚜렷해진 이후의 일이었다. 말하자면 1909년의 「축견취체규칙」은 대략 90년 정도를 앞선 시도였던 셈이다.

인천행 기차는 아홉 시에 떠나네, 문명의 그늘을 향해

기차의 등장

●

> 이날[18일] 오전 9시 10분에 영등포에서 출발하여 10시 40분에 인천항에 도착하니, 정거장에 소나무 문을 높이 세우고 대한과 일본 두 나라의 국기와 경인철도회사 깃발을 교차시켜 걸어 놓았으며, 내빈들을 맞이하여 3층 높은 누각에 앉게 하고 사면으로는 축포를 쏘아댔다.
>
> 『황성신문』 1899년 9월 19일자

1899년 9월 18일 오전 9시 10분, 한국 최초의 기차가 영등포의 노량진역을 출발했다. 당시 사람들에게 기차란 참 신기한 물건이었다. 말이 끌지도 않는데 저 혼자서 연기를 푹푹 뿜어 대면서 바람과 같이 달린다. 그것도 저 혼자 가는 것도 아니요, 뒤에는 여러 칸의 차량을 끌고, 안에는 승객들을 한가득 채운 상태로 지치지도 아니하고 마구 달린다. 9월 18일 첫 운행 당시의 객차는 총 6량, 여기에 기념식 참석을 위해 수백 명의 내빈을 태우고 달렸으니 당시 사람들에게는 그야말로 장관이 아닐 수 없었을 것이다.

생각해 보면 참 그럴싸한 연출이다. 기차의 출발지에서가 아니라 도착지에서 개통 기념식을 거행했으니 말이다. 즉 내빈들은 노량진역에서 첫 기차에 탑승하여 기차라는 게 무엇인지 마음껏 체감한 뒤에, 종착역인 인천역에 내려서 기념식에 참석하도록 계획되었던 셈이다. 위의 『황성신문』 기사에서는 내빈들을 위해 축포를 연발하는 한편 식전 공연까지 보여 주었다고 하니 그 화려함을 짐작할 만하다. 당시 신문들이 기사를 쓰는 방식이라는 게 그저 "일장 연희"(一場演戱)라고만 쓰고 마는 식이어서 정확히 어떤 공연이었는지는 알 수 없으나, 아마도 연회 자리에서 자주 등장하는 양악(洋樂) 내지는 아악(雅樂) 연주회 따위가 아니었을까 싶다.

어디 이뿐이랴. 당시 인천역에는 수많은 구경꾼들이 몰려서 이 진귀한 광경을 보려고 애를 썼으니, 기차를 둘러싼 사람들의 관심이란 참으로 대단한 것이었다. 그렇잖아도 구경거리라면 사족을 못 쓰던 것이 당시 한국 사람들이어서, 그저 길거리에서 외국인이 지나가기만 해도 빙 둘러서서 수군대며 구경하는 게 예사였다. 만일 그 외국인이 서양인이요, 이것도 모자라서 한국 사람과 이야기를 나누는 상황이라도 발생한다면 이거야말로 '대박'이었다. 길거리에서 한국인과 외국인이 대화하는 장면을 구경하기 위해 그 주변을 겹겹이 둘러치고 무슨 싸움 구경이라도 하듯이 앞다투어 고개를 빼 들던 게 당시의 일반적인 풍경이었다. 오죽하면 광화문 근처에서 한 영국인이 한국인과 만나 대화를 주고받는 동안, 정작 그

대화 내용은 이해도 못하면서 좌우에 늘어서서 구경하는 사람들을 향해 "저 어리석은 사람들은 아직도 이런 야만스러운 습관을 버리지 못하고 괜히 구경하여 외국인의 비웃음만 사는구나!"라고 탄식하던 신문 기사조차 나올 정도였다(『황성신문』 1905년 10월 13일자).

| 경인철도 기공식 [독립기념관, 한국독립운동사 정보시스템]

이런 사람들이었으니 한 번도 본 적 없는 쇳덩어리가 검은 연기를 토해 내며 괴성을 지르고 달려 나가는 광경은 그야말로 하늘이 무너지고 땅이 흔들릴 법한 구경거리가 아니었겠는가. 하지만 기차는 그저 신기한 구경거리이기만 한 것은 아니었다. 기차의 등장은 당시 사람들의 생활을 큰 폭으로 바꾸어 놓았다. 경인선의 종착역

이었던 인천 일대는 원래 한가한 동네였다. 경성으로 들어가는 교통편은 보통 배편으로 한강을 거슬러 올라가 마포나루 등지로 이어졌기 때문에, 군이 인천을 거칠 필요가 없었다. 육로 교통이 발달하지 않았던 조선시대만 하더라도 강을 이용한 수운(水運) 쪽이 더 유용했던 까닭이다.

그러나 1876년 강화도조약 체결 이후 개항된 인천은 서서히 도회지로 성장해 나갔다. 원래 조선시대까지만 해도 인천의 중심지는 당시 인천도호부청사 소재지였던 오늘날의 관교동과 문학동 일대였지만, 개항과 더불어 그 중심지가 개항장 인근으로 이동한다. 여기에 덧붙여 경인선까지 개통되자 그 발전 속도는 폭발적으로 증가하여 인천의 지형도는 물론 당시의 교통로까지도 완전히 바뀌어 버렸던 것이다.

이처럼 사람들의 주목을 끈 물건이고 보니, 기차를 둘러싼 해프닝도 적지 않게 벌어졌다. 『대한매일신보』의 「편편기담」 코너에는 다음과 같은 이야기가 실려 있다. 한 시골 양반이 급히 기차를 타러 정거장에 갔으나 기차는 이미 떠나 버린 뒤였고, 다음 차를 타려면 반 시간 이상을 기다려야 한다는 사실을 알고서 크게 낙담한다. 마침 이를 지켜보고 있던 인력거꾼 하나가 다가와 "다음 정거장에 가면 기다리지 않고 바로 탈 수 있다, 돈을 주면 그곳까지 모시겠다"라고 하자 시골 양반은 이에 흔쾌히 응한다. 하지만 인력거꾼은 다음 역으로 가지 않고, 역 근처를 적당히 뱅뱅 맴돌다가 반 시간 뒤 다시 그 정거장으로 돌아오고, 아무것도 모르는 시골 양반은 늦지 않게 기차를 탈 수 있게 된 사실에 그저 기뻐했다는 것이다(『대기차라는 게 정해진 시간에 따라 운행된다는 점도 여러 해프닝을 낳는 원인이 되었다. 당시 한국인들에게 '24시간제'라는 것은 아무래도 낯선 제도였고, 이 제도를 기준으로 정해진 시각에 출발하는 기차에 적응하려면 이런저런 시행착오를 겪을 수밖에 없었다. 게다가 경부선 개통 이후에는 동경 표준시를 따르게 되면서 기차 시각이 종전보다 30분씩 빨라지는 바람에 많은 승객들이 혼란을 겪기도 했다. 여기서 하나 오해하지 말아야 할 것은, '동경 표준시'의 동경은 도쿄(東京)를 가리키는 말이 아니라 경위를 나타낼 때 쓰는 동경(東經)이라는 것. 어쨌건 이러한 혼란에도 불구하고 기차는 문명개화의 핵심과도 같은 것이었고, 한국인들은 점차 이 기차라는 문물에 익숙해져 갔다.

그러나 이러한 문명의 이기가 문명개화의 빛나는 혜택만 가

┃ 1899년 경인선 노량진역-인천역 노선에 도입된 한국 최초의 증기 기관차 [위키피디아]

져다준 것은 아니었다. 기차의 등장으로 인해 뚜렷해진 '그늘'도 분명하게 존재했다. 게다가 이 그늘이란, 당시 한국이 처해 있던 역사의 총체적 어둠을 예견하기라도 하는 것처럼 불길한 색채를 띠곤 했다.

멀리 갈 것도 없이, 당장 앞서 언급한 경인선 개통식 기사만 보더라도 그러했다. 당시 개통식 장면을 구경하기 위해 몰려든 수많은 인파 중 '어떤 사람'[一人]은 이렇게 말한다. "우리나라가 진작에 개화가 되었더라면 이 일[철도 부설]은 우리 스스로가 했어야 할 일이다. [……] 25년 뒤면 그 비용을 일본에 갚고 우리가 관리하게 된다 하니, 그때까지 분발하여 그 합동 조약대로 실천해 보자." 요컨대 경인철도가 일본의 자본에 의해 부설되었으며, 25년에 걸쳐서 그 부설 비용을 갚아야만 온전한 한국 소유가 된다는 점을 꼬집은 것이다.

당시 한국 내의 유식자들은 중국이 서구 열강에 의해 어떤 '꼴'을 당하고 있는지 눈여겨보고 있었다. 그와 같은 방식의 침탈이 일본에 의해 이루어지는 상황이고 보면, 문명의 이기를 들여온다 하여 무작정 환영할 수도 없는 노릇이었다. 한편으로는 한국의 문명개화를 반기면서도 다른 한편으로는 불안한 마음을 감추지 못하는 그 노파심이 위와 같은 기사를 불러낸 셈이다. 애초에 '어떤 사람'이라는 존재 자체가 명확하지 않은 것이고 보면, 사실은 기자 자신이 하고픈 말을 무명의 구경꾼 입을 빌려서 한 셈이었다.

비단 이런 문제만이 아니었다. 기차의 등장에 환호하는 것도 잠시, 이내 철도는 그 연변(沿邊)에 문명개화의 '그늘'을 드리우기

┃ 철도 초창기 모갈형 증기기관차 조립 광경 [ⓒ 코레일]

시작했다. 『황성신문』 1900년 4월 7일자에는 「경성과 인천 사이에 사는 한국인들의 상황」(京仁間韓人景況)이라는 제목의 논설이 실린다. 이 기사는 해외에 오랫동안 살던 '어떤 지사'(一志士)가 오랜만에 귀국하는 상황을 설정하고, 그가 인천에 도착하여 기차를 타고 경성에 이르기까지 본 여러 장면들을 기행문처럼 배열한다. 대강을 정리해 보면 이러하다.

"개항 후 휘황하게 발달하기 시작한 인천의 모습은 그럴싸하지만, 사실 그 모습은 외국인 거류지에 한할 뿐 한국인들의 삶은 남루하기 그지없다. 부두에 나가서 얼마 안 되는 돈을 받고 짐을 나르다가 외국인에게 구타당하기 일쑤요, 그네들이 사는 곳 역시 퇴락하고 협소할 뿐 아니라 그나마도 외국인이 점유한 땅을 간신히 빌려서 살고 있는 형편이다. 철로 연변의 오류동 점촌(店村)은 유령 마을이 되었는데, 그 이유를 물으니 철도가 생긴 탓에 행인이 거의 없어져서 주막을 유지할 형편이 못 되기 때문이라 한다. 노량진역에 이르니 차림이 남루한 한국인들이 앞다투어 달려들어 자기가 짐을 지겠노라 청하다가 차장에게 얻어맞는 모습이 마치 개나 돼지가 주인에게 맞는 꼴을 보는 듯하다. 노량진에서 배를 타고 경성에 이르니, 어떤 관리 하나가 남여[藍輿, 뚜껑 없는 작은 가마]에 거만하게 올라앉아 행인들을 헤치고 가니, 저 혼자서만 지난날의 태평성대를 누리고 있구나."

이 글을 적은 사람은 "나도 모르게 눈물을 흘리고 만다"라면서 한국인들의 처참한 경황을 탄식조로 서술해 나간다. 경인철도 개통 후 불과 반년, 이처럼 철도를 둘러싼 명암은 극명하게 갈리고 있었다. 이로부터 다시 몇 년이 흘러 일본의 침탈이 본격화되는 1900년대 중반에 이르면, 한국인들은 제값을 주고도 2등칸에 타지 못하는 지경에까지 이르고 만다. 하긴 오사카 박람회에서 '조선관'을 차려 놓고 한국인 남녀 두 명을 전시했던 사실이 알려지면서 신문 지상에서 난리가 났던 게 그 무렵이니, 객차에서의 차별 같은 것쯤은 그리 대단한 문제가 아니었을는지도 모르겠다.

시대를 막론하고 교통기관과 관련된 대규모 토목공사는 항상 그 '빛'만 강조될 뿐 정작 그것이 드리울 그림자는 쉬 간과되고 만다. 비단 경인철도나 비슷한 시기의 경부철도, 경의철도만이 아닐 것이다. 그 이후 우리가 근현대사에서 목격해 왔던 수많은 토목공사들은 항상 그 배후에 이권을 둘러싼 다툼과 그로 인한 부수적인 피해를 양산해 오지 않았던가. 우리 모두는 화려하게 꽃단장을 한 기차를 타고 인천에 도착하여 불꽃이 펑펑 터지는 가운데 성대한 기념식을 치르는 귀빈이 될 줄만 알았다. 하지만 막상 지나고 보니 푼돈을 받아 가며 승객들의 등짐 하나 지어 주다가 외국인들에게 걷어 차이는 임노동자 신세가 되어 버렸다. 그게 바로 100여 년 전 우리네의 모습이었다.

오전 9시 10분, 노량진역을 출발했던 한국의 첫 기차는 그 힘찬 기세처럼 한국인들을 문명개화의 화려한 빛 속으로 인도할 것만 같았다. 하지만 그 기차가 달려 나갔던 곳은 대한제국의 황혼이 내려앉기 시작한 개항장 한복판이었다. 그 뒤로 길고 긴 밤이 찾아오리라는 것을 당시 사람들은 아직 눈치채지 못하고 있었다.

┃ 철도 초창기 차량, 최초의 프레리형 스팀 기차와 객차 [ⓒ 코레일]

궐련 권하는 사회
게으름의 상징으로 떠오른 장죽

조선시대의 풍속도나 민화 따위에서 흔히 볼 수 있는 물건이 하나 있다. 어지간한 사람의 팔 하나 길이는 됨 직한 긴 담뱃대가 그것이다. 김홍도와 더불어 조선시대의 유명한 풍속화가로 손꼽히는 신윤복의 「청금상련」(聽琴賞蓮, 가야금을 들으며 연꽃을 구경하다)에서도, 긴 담뱃대를 문 채 기생의 가야금 연주를 듣고 있는 어느 양반의 모습을 볼 수 있다. 그 뒤편으로 보이는 기생 역시 양반의 것 못지않은 길이의 담뱃대를 하나 물고 있다.

이처럼 긴 담뱃대를 일컬어서 '장죽'(長竹)이라고 불렀다. 물론 장죽처럼 긴 담뱃대만 있는 것은 아니어서, 서양의 파이프처럼 한 손에 들고서 피울 수 있는 짧은 담뱃대도 있었는데, 이는 보통 '곰방대'라고 칭했다. 당장 명칭만 비교해도 장죽은 한자어인 반면 곰방대는 고유어다. 이런 차이를 대변이라도 하듯이, 장죽은 대체로 지체 높은 양반들이 사용하고 곰방대는 일반 상민들이나 여성들이 주로 사용했다. 조선시대에는 신분에 따라 갓의 챙 넓이나 소매의 넓이, 혹은 타고 다닐 수 있는 수레의 종류 따위에 차등이 주어지는 게 당연했고, 담뱃대 역시 별도의 기준은 없었을지라도 이러한 '관습'의 적용을 받았다.

하지만 신분제는 조선 후기에 접어들면서 심하게 흔들렸고, 갑오경장을 지나면서는 제도적으로도 철폐되어 이런 구분도 점차

┃ 신윤복, 「청금상련」(聽琴賞蓮)

┃ 신윤복, 「주유청강」(舟遊淸江)

흐릿해졌다. 19세기 무렵이면 신분과 관계없이 장죽을 피우는 사람들이 늘어났다. 장죽은 다소 불편하기는 해도 자기과시 용도로는 그럭저럭 괜찮은 물건이었기에 남자들은 대체로 장죽을 선호했던 듯하다.

그러나 경장 이후 사회 일각에서 장죽을 금지해야 한다는 목소리가 일기 시작했다. 적어도 길거리에서 장죽을 피워 무는 일은 제한해야 한다는 것이었다. 그 이유는 신기하게도 오늘날과 꽤 비슷한 것이었다. 그것은 바로 '타인에게 피해를 주지 않기 위해'라는 목적 때문이었다.

> 사람들이 북적대며 수레가 서로 부딪힐 듯이 내닫는 복잡한 대도시의 길거리에서 장죽을 옆으로 꼬나물고 다니니 염려되는 바가 적지 않다. 자칫하여 다른 사람과 부딪히거나 하면 생명에도 해가 될까 두렵다. 그러니 이를 엄격히 금지하는 것이 마땅하다.
>
> 『황성신문』 1901년 7월 13일자

정리하자면 이렇다. 사람들의 통행이 많은 길거리에서 길게 장죽을 내뻗은 채 다니면 주위 사람들의 통행에 방해가 되고, 자칫하면 안전사고를 발생시킬 우려가 있으므로 이를 금해야 한다는 것이다. 실제로 장죽을 문 채로 다른 통행인이나 장애물과 부딪혀 입 주위에 상처를 입거나, 심지어는 담뱃대에 목이 찔려 목숨이 위급한 지경에 이르는 일도 있었다고 하니 이런 목소리가 나오는 것도 당연하지 싶다. 아직 '공중도덕'이라는 개념에 대해서 명확한 인식이

자리 잡기 이전이었던 터라, 사람들은 집에서 하던 것처럼 담뱃대를 입에 문 채로 길거리를 돌아다니기 일쑤였고, 특히 어두운 저녁 무렵에는 이를 미처 보지 못한 다른 통행인과 부딪혀 상처를 입곤 했던 것이다. 실제로 경성 남서(南署) 이동에 살던 박창식이란 사람은 장죽을 물고 있다가 지나가던 청인(淸人)의 옷소매에 걸리는 바람에 인후를 다쳐서 이를 두고 시비하다가 청인들에게 구타를 당하기도 했다(『독립신문』 1897년 3월 16일자).

이렇게 장죽은 대중에게 폐를 끼칠 수 있다는 이유 때문에 금지 대상이 되었다. 1897년 3월, 경무청에서는 훈령을 반포하여 길거리에서 장죽을 물고 다니지 말도록 하였는데, 이때 같이 언급된 것은 길거리에서 노점을 펼쳐 놓고 물건을 팔면서 통행인을 방해하는 행위, 술에 취하여 무단히 남에게 시비를 거는 행위, 여럿이 길거리에 늘어서서 대화를 주고받는답시고 길을 막는 행위 등이었다. 말하자면 장죽은 불특정 다수의 타인을 '방해'하는 요소 중 하나로 취급되었던 셈이다.

| 장죽

하지만 여기에서 그친 것은 아니었다. 장죽은 대중교통이나 공중위생에 방해가 된다는 인식을 넘어, 심지어는 '야만'의 일부로 치

부되기조차 했다. 물론 아주 근거가 없는 바는 아니었다. 경무청의 장죽 금지령에 대해 가장 큰 반발을 보였던 게 기존의 양반 계층이고 보면, 이들의 완고함을 항상 비판하고는 했던 당대의 신문들이 장죽 또한 가만히 놔둘 리가 없었다. 실제로 전 통제사 민형식은 길거리에서 장죽을 단속하는 순검에게 외려 큰소리를 치면서 북서(北署)까지 찾아가서 시비를 했다는 기록이 있다. 이에 『독립신문』 기자는 세간에서 이를 두고 "자신의 체면에 대단히 실수되는 일"이라 평가했다며 그 어리석음을 꼬집었다(『독립신문』 1898년 2월 3일자).

이런 이유 때문인지 장죽은 하루아침에 허영과 민폐를 표상하는 물건이 되었다. 장죽을 문 채 길거리를 돌아다니는 모습은 세상물정을 모르고 그저 게으름으로 일관하는 양반들을 비웃기 위한 소품으로 종종 활용되고는 했다. 한 농부가 일하지 않는 양반을 비꼬면서 "열 사람이 먹는 것은 고사하고 놀고도 편히 지내는 저 양반들 거동 보소 [……] 긴 장죽 비껴 물고 버선등 굽어보면서 이 세상에 나뿐이지 다른 사람 쓸데 있나 하루 삼시를 찾아 먹어도 때 가는 줄 전혀 모른다"(『독립신문』 1897년 1월 16일자)라고 묘사했던 데에서도 알 수 있듯이, 장죽은 소매 넓은 옷이나 챙 넓은 갓과 더불어서 완고함과 게으름을 상징하는 물건이 되었다.

장죽은 고위 관료들의 완고한 행태를 부각시키는 표상으로 등장하기도 했다. 『대한매일신보』 1905년 11월 7일자 3면에 실린 「낡은 풍속을 마땅히 금할 것」(陋俗當禁)이라는 기사에서는 관리들이 장죽을 들고 다니기 위해 사람을 별도로 고용하여 장죽을 들고서 자신을 따라다니도록 하는 행태를 꼬집었다. "한국의 관리들은 금옥품질(金玉品秩)만 얻으면 한두 명씩 시종을 거느리고 다니기 일쑤"라면서 그 허영심을 지적하는 과정에서 장죽이 언급되었던 것이다. 『대한매일신보』 1908년 8월 11일자 「시사평론」에서는 백발의 완고한 노재상(老宰相)이 등장하여 과거에 뇌물이나 받고 탐관오리 하던 시절을 그리워하며 지금 신세를 한탄하는데, 이때에도 역시 "긴 담뱃대 입에 물고 시름없이 홀로 앉아 지난 일을 생각하다가 변해 버린 시국을 원망하며 신세를 자탄하니"라 하였다.

배움과 노동의 중요성, 나아가서는 '부지런함'의 가치가 갑작스레 강조되기 시작한 한국 사회에서 장죽은 본래의 지위를 잃고 배척당하는 처지에 몰려 버리고 말았다. 장죽은 허영과 나태의 표상이요, 다른 한편으로는 공공질서를 해치는 장해물이기도 했다. '흰옷'이 종종 옛 습관을 버리지 못한 사람들의 나태함과 가난함에 대한 표상으로 등장했던 것처럼, 장죽은 구태의연함을 나타내는 대표적인 사례 중 하나로 취급되어 이내 방출될 처지에 놓이게 된 것이다.

이런 장죽에 대응하여 급격히 세를 불려 나간 것이 바로 '권연'(卷煙), 즉 '궐련'이다. 우리가 오늘날 '담배' 하면 떠올리는 물건이 바로 그것이다. 대량생산 자본과 결탁하여 일종의 공산품으로서 등장한 궐련은 장죽이 밀려난 빈틈을 파고들어 대중의 기호품으로 안착하는 데 성공했다. 궐련 광고는 신문 지상에서도 큰 지면을 차지하는 경우가 많았고, 대부분이 문자 중심이었던 광고란에서 유독 담뱃갑을 삽화로 그려 가면서까지 독자들의 이목을 집중시키곤 했다.

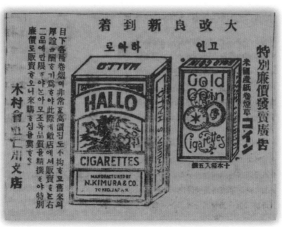

| 담배 광고 [『황성신문』 1901년 3월 29일자]

이 글 맨 앞에 언급한 『황성신문』 논설과 비슷한 시기에 역시 『황성신문』에 실린 광고 면이다. 옆에 실린 책 광고나 운수회사 광고 따위가 기사와 별반 다를 바 없이 깨알 같은 문자만으로 구성된 것과 달리, 담뱃갑의 그림을 세밀하게 그려 넣어 시선을 끈다. 이 당시의 궐련 광고는 대개 이런 식이었다. 덧붙여 담배 회사와 극장이 연계하여 빈 담뱃갑을 가지고 극장에 가면 입장료를 면제해 주고, 이를 다시 신문에 광고하여 양측의 판매를 촉진하는 방식으로 궐련은 그 지위를 더욱 군건히 다져 나갔다.

그렇게 20세기의 시작과 함께 한국인들의 담배 문화를 순식간에 뒤집어 놓았던 궐련은 그로부터 100년이 지난 지금에는 금연 열풍에 휩싸여서 사회의 전면으로부터 퇴장하고 있는 추세다. 마치 20세기 초 장죽이 그러했듯, '공공'의 위생과 편리에 위해를 끼친다는 이유로 금지의 대상이 되었다는 점이 재미있다. 또한 대중

매체에서 흡연자를 재현하는 방식 역시 100여 년 전 신문에서 장죽을 무는 이들에 대한 표상을 형성하던 방식과 크게 다르지 않다는 점도 눈여겨볼 만하다.

반면 오늘날 궐련의 대안으로 제시될 법도 한 전자담배는 아직은 큰 성과를 낳지 못하고 있다. 물론 전자담배 자체가 아직 낯설고 궐련이 주는 느낌을 완벽하게 재현하지 못하기 때문이기도 하겠지만, 후발 주자로서 이미 대규모 상업자본과 결탁해 있는 궐련을 따라잡기가 쉽지 않기 때문이기도 하지 않을까? 자본에 의한 상품화 과정을 겪지 않았던 장죽과는 애초부터 처한 상황이 다르니 말이다.

한국의 담배 문화는 그렇게 장죽에서 궐련으로, 다시 한 세기만에 그 궐련조차 내몰리는 상황으로 움직여 가고 있다. 영원히 고통받는 흡연자, 과연 앞으로는 어떤 변화가 기다리고 있을는지. 둥글게 말린 궐련처럼 역사는 그렇게 둥글게 둥글게 원을 그리면서 하염없이 돌아가고 있다.

코리안 타임
시계와 일상의 근대화

이런 삶을 한번 상상해 보자. 닭이 울고 해가 뜨면 일어난다. 농사
일을 하러 나간다. 해가 머리 꼭대기에 오르면 새참 먹고, 서산에
해 드리울 무렵에 돌아온다. 늘상 보는 것은 동네 사람들이다. 낯선
사람을 마주칠 일은 장이 서는 날 아니면 극히 드물다. 어딘가 멀리
나갈 일도 없고, 간다고 해봐야 두 다리로 걸어서 오간다.

이런 사람에게 '시간'이란 과연 어떤 개념으로 다가올까? 혹
은 이런 사람에게 '몇 시 몇 분'이라는 정확한 시간이라는 게 의미
가 있을까? 오늘날의 관점에서는 상상하기 힘든 삶일지 모르겠지
만, 이런 삶이라면 아마도 시계 같은 건 큰 의미가 없을 것이다. 멀
리 움직이지 않고, 많이 만나지 않으며, 수없이 보고 들을 필요가
없는 삶이라면 굳이 시간과 분 단위로 쪼개서 살아갈 필요가 없다.
대부분의 한국인들이 그러했다. 적어도 한 세기 전까지는 말이다.

시계는 언제 필요할까. 빠르게 움직여야 할 때 필요하다. 불특

정 다수의 여러 사람과 함께 움직여야 할 때 필요하다. 내가 직접 보고 들을 수 없는 '바깥세상'의 소식을 접하고 싶을 때 필요하다. 기차나 전차 혹은 연락선 따위를 탈 때, 신문을 전국 곳곳으로 분전(分傳)할 때, 관공서나 은행에 업무를 보러 가야 할 때, 시계는 이럴 때 필요하다. 몇 시에 도착하는 기차를 타고 몇 시까지 하는 우체국에 가서 몇 시까지 무슨 서류를 어떤 곳으로 보내야 한다는 식의 감각은 지금의 우리에게는 너무나 당연한 것이지만 한 세기 전만 해도 대단히 낯선 '라이프스타일'이었다. 제도와 문물은 사람들의 적응 속도보다 빠르게 한국 사회에 침투했고, 여기에 미처 적응하지 못한 사람들은 소외당하거나 무시받거나 혹은 조롱당하는 처지에 놓이고 만다. 마치 영화 「비지터」(Visitor, 1993)에 등장하는 중세의 기사 고드프루아가 현대 문물을 접하면서 좌충우돌하며 빚어냈던 여러 코믹한 장면들처럼 말이다.

1901년 10월, 종로 한복판에 2층짜리 건물이 세워진다. 그 옥상에는 "전기로 움직이는 자명종"이 설치되어 경성 시내에 시간을 알리는 표준시 역할을 하게 되었다(『황성신문』 1904년 10월 4일자). 이 건물을 세운 것은 다름 아닌 한성전기회사. 이 회사가 어떤 회사인고 하니, 1898년 1월 18일 경성 시내에 최초의 전차를 부설·운영했던 회사다. 당시 노선은 남대문에서 출발하여 종로, 동대문을 거쳐 홍릉에 이르렀다. 오늘날로 치자면 지하철 1호선 지하 구간과 거의 일치하는 셈이다.

하필 왜 이 회사에서 자명종을 설치한 것일까? 전차라는 '대중교통'의 등장은 사람들에게 정확한 시간 측정의 중요성을 상기

ㅣ 한성전기회사 사옥 전경. 옥상 중앙에 동그란 시계가 보인다.

시켰다. 두 발로 걸어서 가거나 마차 따위를 타는 경우에는 딱히 약
속을 잡거나 시간을 지켜야 할 필요가 없다. 하지만 전차는 개인이
임의로 부를 수 없고, 정해진 시간표에 따라 일정한 장소에만 정차
하면서 운행한다. 정거장이 어디인지, 그리고 몇 시에 도착하는지
를 정확하고 구체적으로 파악하지 않으면 전차와 같은 대중교통을
이용한다는 것은 불가능한 일이다.

　　이전까지의 시간 개념은 12간지(干支)를 도입하여 대략 2시간
간격으로 나눈 정도에 불과했다. 시나 분 단위로 정확하게 시간을
쪼갠다는 개념은 없었다. 불특정 다수의 인간이 장거리를 대단위
로, 그리고 빠른 속도로 이동해야 하던 시대가 아니었으므로 오늘
날과 같은 시간 개념은 군이 필요하지도 않았다. 그나마 경성 내에
서는 종을 통해서 시각을 알리기라도 했지만, 어지간한 지방에서
는 정오 때 쏘는 오포(午砲) 외에는 딱히 표준적인 시간을 가늠할 만
한 수단도 없었다.

하지만 해외에 문호를 개방하면서 이런 사정은 변화를 겪었다. 더 이상 이전의 '느슨한' 시간 개념으로는 살아갈 수 없는 시대가 도래한 것이다. 신문 지상에 기차 시각표가 분 단위로 상세하게 기록되고, 종로 한복판에 시보(時保)를 알리는 자명종이 등장한 상황에서 "오정쯤에 만나세" 하며 느긋하게 움직이는 삶의 방식은 통용되기 힘들어졌다.

그러나 사람의 습관이란 제도나 문물이 변하는 속도를 따라가지 못한다. 모든 이들이 좇아야 하는 표준시를 제정하고 이를 알리는 장치들을 설치하는 일은 단시일 내에 할 수 있지만, 인간이 이런 변화에 적응하는 데에는 일정한 시간이 소요되게 마련이다. 당연한 이야기지만 당시에도 마찬가지였다.

정확한 시각을 정해서 사람을 만나는 방식에 익숙하지 못한 이들은 일본인이나 서양인을 상대로 시간에 늦는 실수 아닌 실수를 저질렀다. 당시 한국인들에게는 "정오에 만나자"라고 할 때의 정오란 12시 정각이 아니라 '오포가 울릴 즈음의 언젠가'를 가리키는 막연한 개념이었지만, 이미 근대적 시간 개념에 익숙해진 서양인이나 일본인 들에게 이런 막연함은 이해할 수 없는 것이었다. 훗날 자조적으로 쓰이게 되는 '코리안 타임'이라는 말이 생긴 것도 따져 보면 이러한 삶의 방식의 차이에 따른 오해 때문이지 나태함 같은 부정적인 속성 때문은 아니었던 것이다. 나아가 이를 '민족성'의 문제로 치환하는 것은 오해를 넘어 일종의 폭력과도 같은 것이지만, 안타깝게도 당시는 그런 폭력이 자연스럽게 용인되는 시대였다. 실제로 "조선인은 게으르다"라는 민족성 담론을 만들어 내는 데 한국인의 이러한 시간관념이 요긴하게 이용되었으니 말이다.

시간을 정한다는 것은 단지 시간을 세분화한다는 의미만은 아니었다. 서로 얼굴도 볼 수 없는 불특정 절대다수의 사람들이 같은 시간을 공유해야 한다는 의미였다. 예컨대 서울에 사는 김 씨가 7시 30분이라고 하면 부산에 사는 박 씨도 7시 30분이어야 했다. 전차, 철도, 텔렉스, 유선전화 등 인간의 신체적 한계를 뛰어넘는 근대의 교통·통신 기관이 상용화된 이상 이는 반드시 필요한 일이었다. 어렴풋하게 "인시(寅時) 무렵"이라고 하는 식으로는 서로의 시간을 일치시키는 게 불가능했으니 말이다.

이는 국제적인 경우에도 그러했다. 1899년 경인선이 개통되었을 때만 해도 그렇지만, 1905년 경부선 전 노선이 개통된 뒤에는 이 문제가 더욱 부각될 수밖에 없었다. 경부선 개통으로 인해 부산은 일본과의 교통에서 매우 중요한 거점으로 떠올랐고, 따라서 일본과 한국 사이의 시각을 맞추는 일이 큰 문제로 부각되었다.

잠깐 여기서 하나 짚고 넘어가자. 경부선의 시발점은 어디일까? 현재는 서울역이 시발점이다. 서울역의 당시 이름은 남대문정거장. 얼핏 들으면 지금 남아 있는 구(舊)역사를 떠올리게 되지만, 사실 그 건물은 1923년 이름을 '경성역'으로 바꾸면서 지은 역사다. 위치는 동일하지만 말이다.

어쨌든 노선 이름은 당시에도 경부선이었고, 열차도 지금과 똑같이 남대문정거장(현 서울역)에서 출발했다. 하지만 시발점은 남대문정거장이 아니었다. 그럼 어디일까? 우리가 '종착역'이라고 생각하는 부산역이 바로 시발점이다. 즉, 당시 기준으로는 '경성 →

| '경성역'으로 역명이 변경된 표지판[『매일신보』 1923년 1월 1일자]

| 경성역 공사 모습 [위키디피아]

부산'이 하행선이고 '부산 → 경성'이 상행선이었던 것. 지금과는
정반대인 셈이다. 다만 개통 당시 서울 쪽은 남대문정거장이 아니
라 '경성정거장'이라 하여 별도의 종착역이 있었다[『황성신문』 1900년

7월 6일자). 훗날 경의선이 개통되면서 남대문정거장을 축선으로 삼게 되어 그 역사는 그리 길지 않았고, 대부분은 남대문정거장이 기점 노릇을 했다.

어쨌든 남대문정거장은 시발점이 아니었다. 왜 그럴까? 바로 '일본'이 기준이기 때문이다. 일본 입장에서 경부선은 훗날 개통되는 경의선과 더불어 만주 지방으로 진출하기 위한 중요한 축선 노릇을 할 철도였다. 도쿄에서 출발하여 시모노세키에 도착, 여기서 연락선을 타고 부산항에 내려 다시 부산역에서 기차에 탑승, 경성을 거쳐 신의주를 지나 압록강 철교를 건너서 만주로 들어서는 것, 나아가서는 시베리아 횡단철도와 연결하여 유럽과의 육로를 뚫는 것이 당시 일본이 생각했던 밑그림이었다. 경부선은 이 거대한 철도망의 일부분이었고, 그 시발점은 일본의 수도 도쿄였으므로 그 기준에서는 부산이 경부선의 시발점이 될 수밖에 없었다.

실제로 경부선은 부설 당시부터 일본 소유였다. 경인선이 준공되기도 전인 1898년 9월, 일본은 경부선 부설권을 획득했고 3년 뒤인 1901년에는 경부철도주식회사를 세워서 두 달 뒤인 8월부터 영등포와 초량에서부터 각기 착공에 돌입했다. 경성 쪽 기점이 영등포였던 이유는 아직 한강철교가 완공되기 이전이었기 때문. 참고로 오늘날 경부선은 물론 한국철도공사(KORAIL) 산하의 철도는 모두 좌측통행을 하는데, 이 역시 1919년에 경부-경의선 복선화를 하면서 당시 일본 철도에 맞춰 좌측통행으로 정했기 때문이다. 다만 도시철도법에 따라 지하철은 우측통행을 기본으로 하는 탓에(단, 철도 본선과 연결되는 서울지하철 1호선은 어쩔 수 없이 좌측통행을 한다), 남태령에서 선바위로 넘어가면서 관할이 코레일로 변경되는 서울지하철 4호선의 경우 '꽈배기굴'이라는 기묘한 방식으로 우측-좌측 통행을 전환시킨다. 과거의 흔적이 남겨 놓은 웃지 못할 해프닝 중 하나다.

어쨌든 이러한 상황이다 보니 한국과 일본의 시각을 정확하게 맞추지 않으면 여러모로 혼동이 생길 수밖에 없었다. 일본은 동경 135도 기준의 표준시를 적용하여 UTC+9(협정세계시보다 9시간 빠른 시간)를 기본으로 하는데, 한국은 동경 127도 30분 기준으로 이보다 30분 늦은 지방시(地方時)를 채택하고 있었으니 말이다. 연락선에서 철도로 이어지는 운송망 이용에 차질을 빚을 것은 불 보듯 뻔했다. 게다가 유무선 전신의 설치로 거의 실시간에 가깝게 텔렉스가 오고 가는 상황에서 30분의 차이란 이래저래 불편을 빚어낼 수밖에 없었다.

이 표준시 문제는 거듭 난항을 겪었다. 당시 대한제국은 기존부터 사용해 오던 지방시를 준용하기는 했다. 다만 별도의 표준시 개념이 없었으되, 오포 등은 종래의 시간을 준용했기 때문에 지방시에 근접(UTC+08:28)한 상태였다.

그러나 유독 철도에 대해서만큼은 일찌감치 동경 표준시를 적용해 버렸다. 1904년 11월 20일을 기점으로 종래의 지방시 대신 표준시에 맞춰서 열차를 운행하겠다는 고시가 나와 버린 것이다(『황성신문』 1904년 11월 18일자). 이 고시를 낸 주체는 다름 아닌 경부철도주식회사. 즉 경부선 개통 직전을 앞두고 열차 시각을 일본에 맞춰 변경함으로써 경부선의 존재 목적이 무엇인지를 더없이 명확하게 드러내 준 셈이었다.

게다가 2년 뒤인 1906년 10월에는 경부선과 경의선의 역명을 전부 일본어 표기로 변경하기까지 한다. 이는 당연히 커다란 혼란을 불러일으켰지만, 철도를 통해 대륙을 진출하는 데 주안점을 두고 있던 일본으로서는 충분히 감내할 법한 혼란이었다. 게다가 한국인들이 겪는 혼란은 그다지 중요하지도 않았고 말이다. 한국인이라는 이유로 똑같은 돈을 내고도 같은 객실에 타지 못하는 일이 비일비재했던 당시 상황에서 이런 불편함에 대한 배려가 있을 리 만무하지 않겠는가. 철도는 이미 러일전쟁 무렵부터 '식민지'가 되어 있었다고 해도 과언이 아니었다.

1908년 순종황제의 칙령에 의해 UTC+8:30을 표준시로 삼게 되지만, 결국 1912년 1월 1일, 조선총독부 관보 제367호 고시에 의거하여 한국은 동경 135도 표준시를 따르는 것으로 변경된다. 정확하게 말하자면 '일본제국'의 일개 지방으로서 일본과 동일한 표준시를 따르게 되었던 것. 광복 이후 이승만 정권 때 대통령령에 의해 다시 지방시로 되돌리지만, 5·16 군사쿠데타 후 3개월이 지난 무렵 박정희 주도의 국가재건최고회의에서 UTC+9로 변경한 뒤 이 체제가 아직까지 그대로 내려오고 있다.

결국 우리가 지금 사용하는 시간대도 한 세기 전 변경되었던 동경 표준시 그대로인 셈이다. 경제적인 측면에서 따진다면 굳이 30분 차이가 나는 지방시로 되돌려야 할 필요는 크지 않다. 하지만 그동안 우리와 같은 시간대를 써오던 북한은 지난 2015년, 30분 빠른 지방시로 되돌리고서 이를 '평양시간'으로 명명했다. 광복 70주년을 기념하여 내린 결정이기에 효율성의 측면보다는 다분히 정치적 의미가 강한 결정으로 보인다.

어쨌든 이로 인해 우리는 다시 30분의 격차를 두고서 살아가야 하는 처지가 되었다. 다만 한 세기 전에는 현해탄을 사이에 두고 그러했던 것과 달리, 이제는 현해탄보다도 더 거세고 깊은 휴전선을 사이에 두고 그리하게 되었지만.

Back to the Future
100년 전에 꿈꾼 미래

1989년 KBS에서 「2020년 우주의 원더키디」라는 애니메이션을 방영했다. 우주 탐사를 나섰던 지구인들이 계속해서 실종되는 사건이 벌어지고, 이 실종된 탐사대를 찾기 위해 떠났던 이들이 외계의 문명과 조우하여 벌어지는, 그런 유의 스토리였던 것으로 기억한다. 애니메이션은 애들이나 보는 것이라는 인식이 강했던 시대답지 않게 디스토피아적인 미래를 보여 주었다는 점 때문에 아직까지도 뇌리에 강하게 남아 있다. 도저히 소년만화라고는 생각할 수 없을 정도로 주인공들이 매번 무기력하게 도망 다니던 장면들만 기억에 남은 걸 보면 말이다.

1989년 당시로서는 2020년이 아득하게 먼 시대처럼 느껴졌지만, 어느덧 그 시기도 코앞에 다가와 있다. 한때는 2010년만 되어도 저마다 자가용 비행기를 가지게 될 거라고 말하던 때도 있었지만, 정작 2010년대를 사는 우리는 아직도 출퇴근길 교통 체증에 시달리고 주택담보대출금을 상환할 걱정 속에서 살아간다. 이처럼 미래에 대한 상상이 빗나가는 것은 흔한 일이지만, 그럼에도 우리는 끊임없이 미래를 상상한다. 미래는 여전히 수많은 영화, 소설, 만화 등의 가장 흥미로운 소재다.

| 「2020년 우주의 원더키디」 중 한 장면

이 책을 쓰면서 몇 번이나 말하게 되는지 모르겠다. 정말 '예나 지금이나'다. 한 세기 전에도 사람들은 미래를 상상했다. 지금 관점에서 보자면 다소 유치한 상상들도 있지만, 개중에는 혹 타임머신이라도 타고 다녀간 것이 아닐까 흠칫하게 되는 대목도 있다.

> 홀연히 잠이 들어 꿈을 꾸게 되었는데, 꿈에서는 대한이 세계에서 제일 문명하고 부강한 나라가 되어 있었다. 친구들과 세계를 유람하기로 작정하고 먼저 우리나라 강산부터 구경하는데, 시내에서부

터 시작하여 종로라 하는 곳을 가보니 10여 층씩 되는, 옥과 돌로 지은 집들이 하늘에 높이 솟아 있다. 이리저리 둘러보니 전깃줄과 전홧줄은 사방으로 거미줄 얽히듯 하였고, 길들은 전부 우물 정 자로 되어 있으며, 좌우에 사람이 다니는 길과 마차 다니는 길이 각각 나뉘어 있어 편리하다. 길 위에는 박석(薄石)을 깔아 먼지가 흩날리지 않고, 길 중앙에는 각종 식물을 심어서 보기에도 좋거니와 왕래하는 사람들에게 향기까지 선사한다. 사방에 화륜차와 마차 소리에 정신을 가다듬기가 어렵다.

『제국신문』 1899년 2월 25일자

이 글을 쓴 기자는 광무 3년(1899년) 구정을 맞이하여 사람들이 서로 축하하며 오가는 모습들을 보면서 혼자 흐뭇해하다가, 다시 생각하기를 저들이 입고 있는 옷이며 사용하는 물건이 모두 다 외국에서 수입한 것이라는 데 생각이 미친다. 그래서 처음에는 들떴던 마음이 점점 근심으로 바뀌다가, 결국은 홀로 잠이 들어 꿈에서 '미래의 대한'을 목격하게 된 것이다.

과연 이 기자가 어떤 '레퍼런스'를 가지고 있었기에 이러한 글이 나오는 것인지는 모르겠지만, 그가 그려 낸 미래의 종로 모습은 오늘날과 꽤 흡사하다. 거리 곳곳에 고층 건물이 솟아 있고, 인도와 차도가 서로 구분되어 있으며, 길들은 모두 포장되어 있거나 보도블록이 깔려서 비가 오거나 바람이 심하게 불어도 지저분해지지 않도록 정비되어 있다. 심지어는 도로 가운데의 중앙분리대까지 상상해 낸 디테일에 새삼 놀라게 된다.

아마도 이것은 다른 서양의 대도시들에 대해 나름대로 보고 들은 바가 있었기에 가능한 일이었을지도 모르겠다. 이 기자가 직접 서양에 가보았을 가능성은 희박하지만, 서적 따위에서 사진이나 글을 통해 당시 서구 대도시의 모습을 간접적으로 접했을 가능성은 얼마든지 있다. 활동사진을 접했을 가능성도 있겠지만, 그것이 우리나라에 처음 소개된 것은 1899년 여름 무렵의 일이니 당시 일개 신문기자가 따로 활동사진을 접했을 확률은 그리 크지는 않을 듯하다.

하여간 이런 상상이 놀라울 수밖에 없는 것은, 당시 그가 볼 수 있던 풍경이란 아래와 같은 것이었기 때문이다. 한번 지금의 모습과 비교해서 생각해 보자.

| 1890년대 동대문 안쪽의 풍경 [Moffett Korea Collection]

| 서대문 밖의 풍경 [Moffett Korea Collection]

이 기자의 시선은 종로 한복판에서 출발하여 이 길거리에 늘어선 각종 점포들로 향하고, 다시 한강과 그 주변의 공원들로 움직여 간다. 그가 서술하는 이야기 하나하나는 꽤 많은 부분들이 오늘날의 실제 모습과 겹친다. 정말 기자가 꿈에 지금 무렵의 서울에 와서 한바탕 유람을 하고 돌아간 뒤에 잠에서 깨어 기사를 쓴 것은 아닐까 싶은 비현실적인 생각마저 들 정도다. 한강을 건너는 각종 다리들이 즐비하고, 공원에는 아름다운 꽃나무와 조형물 들이 가득 찼으며, 학교에는 수많은 학생들이 있어서 말글을 모르는 사람은 국민 100명 중 1명이 될까 말까라고 한다.

하지만 그의 눈에 비친 풍경이 다 이렇게 아름다운 것만은 아니다. 서울을 벗어나 인천과 금강산을 들렀다가 압록강까지 올라온 그의 눈앞에는 강 건너 청나라의 모습이 펼쳐진다. 그런데 그의 눈에는 청나라 사람은 거의 보이지 않고, "눈 집고 코 큰 사람", 즉 서양인들만 가득하다. 드러내 놓고 말하지는 않지만 당시 기자의 눈에는 청나라가 곧 서구 열강에 의해 사분오열될 것으로 보였을 법하다. 실제로『독립신문』의 어느 기자도 서구 열강들이 너도나도 청나라를 갈라 먹기 위해 들어갈 때, 우리 대한도 한자리 해야 되지 않겠느냐며 꽤나 거친(?) 욕망을 드러낸 바 있다.(『독립신문』 1897년 12월 28일)『제국신문』의 기자 역시 크게 다르지 않아서, 이런 청나라의 모습을 바라보는 시선은 냉랭하기 그지없다. "한심하고 답답하나 다 제가 못나서 이러한 것을 어느 누가 불쌍타 하리오."

당시 사람들이 유독 미래의 대한을 아름답고 부강한 나라로 상상하고 싶어 했던 것은, 거꾸로 이야기하자면 그만큼 현재의 상황에 대한 위기의식이 적지 않았다는 의미이기도 하다. 이 기사가 쓰인 무렵보다는 약간 미래의 일이기는 하지만, 이후 청나라에서 북청사변(의화단 사태)이 터지면서 열강의 연합군이 북경에 진주하는 사태가 벌어지자, 이를 옆에서 지켜보던 한국의 지식인들은 자칫하면 우리 또한 열강에게 잡아먹히는 처지에 놓이지 않을지를 걱정하게 된다.

실제로 이보다 앞선 1898년 봄에는 러시아가 절영도(오늘날의 부산 영도)에 석탄 저장소를 설치하기 위해 대한제국 정부에 조차(租借)를 신청했다가, 이 사실이 뒤늦게 사람들에게 알려져서 거국적인 항의 운동이 일어나기도 했다. 이 사실을 보도했던『독립신문』은 이 문제를 "조상으로부터 물려받은 영토를 남에게 빼앗기는 것과 같다"라고 보았다. 이런 시각은『독립신문』의 모체가 되는 독립협회도 마찬가지로 공유하고 있었고, 이런 까닭에 1898년 3월에는 대규모 반대 집회까지 열리게 된다. 이것이 바로 우리가 잘 알고 있는 '만민공동회'의 본격적인 출발점이다.

을사보호조약이 체결되고 망국에 대한 위기감이 고조되는 1905년 무렵부터는, 미래에 대한 상상이란 아예 천상계나 지옥으로까지 뻗어 나가게 된다. 「몽천록」(夢天錄)과 같은 투고 기사에서는 꿈속에서 옥황상제를 찾아가 대한을 되살리고 싶다는 투고자의 말에 옥황상제가 "곧 수많은 영웅과 지사 들을 대한에 환생케끔 하여 독립을 도울 것"이라는 말과 함께, 대한을 되살릴 방도를 담은 비결을 적어서 하사한다(『대한매일신보』 1905년 12월 8일자). 이성적이고 과학적인 방법으로는 도무지 긍정적인 미래를 상상할 수 없는 상황에서, 그래도 미래에 대한 열망을 포기하지 않기 위해서는 아예 현실계를 벗어나는 것 외에는 별다른 도리가 없다는 의미가 아닐까. 이런 유의 '공상'조차도 엄연한 신문 기사의 일부분으로 받아들였던 게 당시 풍토이기도 했고 말이다.

반면 아예 지옥을 소환하여 디스토피아적인 미래를 상상하는 이들도 있었다. 신채호가 대표적이다. 『대한매일신보』에 잠시 연재하다가 중단했던 소설 「지구성미래몽」에서 그는 망한 나라의 백성들이 어떻게 지옥에서 허덕이고 있는가를 언급하면서, 이런 비참한 정경이 곧 대한의 미래가 될 것임을 내비친다. 유토피아든 디스토피아든 망국의 가시적인 위기 앞에 놓인 사람들에게, 앞서 본 『제국신문』의 인용문과 같은 '구체적인' 상상은 가능하지도 유효하지도 않았다. 현실에 거대한 암막이 드리워져 있지만 그 암막 너머를 엿보기 위한 아무런 노력도 할 수 없는 상황 속에서, 이들은 차라리 눈을 감고 자리에 주저앉아 하늘을 향해 비통한 외침을 내지르고 말았던 것이다.

미래에 대한 열망이란 곧 오늘날 결핍을 주는 것들에 대한 그림자인 셈이다. 『제국신문』 기자가 그려 낸 미래의 대한이란 "외국 군함은 감히 들어올 수도 없고" "백성들은 명목 없는 세금에 시달리거나 죄 없이 잡혀 들어가 형벌을 당하는 일이 어떤 것인지도 모르며" 살아가는 세계다. 즉, 이 기자가 봐온 대한의 현실이란 외국의 군함들이 제 집 드나들듯 국내의 항구와 포구를 오가며, 지방 관리들이 명목 없는 세금으로 지방민들을 수탈하며 때로는 부자들을 죄목 없이 잡아들여 물고를 내어 재산을 억지로 내놓게 만드는 일들이 자행되는 세계였다. 미래란 오늘의 문제를 직시하고 이를 어떻게 해결할 것인가를 고민하는 와중에 그려질 수 있는 것이었다. 누군가가 선물이라도 주듯 하늘에서 뚝 떨어지는 미래란 애초부터 존재할 수 없는 게 당연했다.

한 세기 전 사람들이 미래를 어떻게 상상했는지를 돌아보는 일이란, 어쩌면 우리가 그 시대로부터 얼마나 많은 문제들을 해결해 왔는지를 점검하는 일이 되는지도 모르겠다. 그 시절 사람들이 열망하는 바를 우리는 얼마나 이루었는지, 혹은 아직까지도 이루지 못하고 있는지, 아니면 오히려 그 시절보다도 과거로 퇴행해 버린 것들은 없는지. 대한제국기의 한 신문기자가 상상한 '미래의 대한' 속에서 오늘을 짚어 보는 일이란 그래서 마냥 흥미롭지만은 않다. 특히 다음과 같은 대목을 마주할 때면 말이다.

대신(大臣) 이하 주사(主事)까지 모두 학식이 풍부하며, 백성의 돈으로 월급을 받으면서도 조금도 백성 보기 부끄러울 것 없이 행동한다. 나라에 공이 있는 사람들은 어디를 가든지 백성들이 기쁜 마음으로 갓을 벗고 경례를 한다. 관청들을 구경하고 마지막으로 상의원(上議院)에 들어가니 백성들이 선출한 의원들은 다들 학식도 뛰어나다. 좌우에 벌려 앉아 공사를 의논하는데 한 의원이 연설하기를 '우리나라가 수백 년 전에는 위태하고 빈약하였는데, 그때에는 관민이 다 배운 바가 없어서 그러하였다. [……] 정부에서는 죽기로 백성들을 압제하고 입을 막아 마음대로 벼슬도 팔고 협잡질도 하더니, 그 후에 몇몇 관원들이 이렇게 하다가는 나라를 부지할 수 없다 하여 죽기로 힘을 써서 관민 사이에 협동하여 나라를 바로잡아 오늘날 이렇게 문명부강한 나라가 되었다.

이 부분을 보면서 쓴웃음을 짓지 않을 수 있는 사람은 우리 중에 또 얼마나 있을까. 나랏일을 하는 사람들은 전부 일반 백성들이 낸 세금으로 녹을 먹으니 마땅히 백성들에게 봉사해야 한다는 생각은 한 세기 전의 사람들에게도 그다지 낯선 생각이 아니었다. 오늘날에도 그 '원칙'이야 마찬가지겠지만, 과연 우리가 지금 알고 있는 '관원'들이 그처럼 생각하고 행동하는지의 여부는 글쎄, 이 글을 읽으시는 분들의 판단에 맡기겠다. 아마도 필자와 마찬가지로 쓰디쓴 웃음만 입꼬리에 흘리고 있지 않으실까 싶지만 말이다.

과연 지금의 우리는 어떤 미래를 꿈꾸고 있는가. 혹은 그 미래에 대한 꿈 속에 어떤 현재의 모순과 문제 들을 투영시켜 놓고 있는

가. 디스토피아와 유토피아 사이에서 오가는 지금의 '미래 상상하기'란 어떠한 것일지 한 번쯤 돌이켜 봐도 좋을 때가 아닐까 싶다.

못다 이룬 자주국방의 꿈

대한제국 군함 양무호와 광제호

2015년 한 해는 방산 비리 문제로 대단히 시끄러웠다. 특히 해군에서는 전직 참모총장이 이 비리 사건에 줄줄이 연루되어 조사를 받는가 하면, 한 전직 해군 장성은 조사 와중에 투신자살까지 했다. 그 와중에 한국 해군이 야심차게 도입했던 1590억 원짜리 수상구조함 통영호는 제대로 된 작전 활동조차 하지 못했다. 게다가 북한 해군이 수중 발사 탄도탄 시험을 하고 있는 와중에 한국 해군은 신예 잠수함 도입 과정에서의 비리 혐의가 드러나 제작사인 현대중공업이 검찰의 압수 수색을 받기조차 했다.

한국의 근현대사에서 바다, 나아가서 해군이란 상당히 중요한 존재다. 조선의 문호 개방을 이끌어 낸 계기도 일본의 군함 운요호가 강화도 앞바다에서 조선 포대의 포격을 받은 사건 탓이었다. 애초에 3면이 바다로 둘러싸인 반도 지형이라는 조건 때문에라도 해군의 존재는 중요할 수밖에 없지만, 대한제국은 근대적인 해군을 갖추려는 노력조차도 할 틈이 없었다. 아니, 몇 번인가의 시도가 있기는 했으나 철저하지 못한 예산 운용과 러일전쟁 등으로 인한 정치적 혼란으로 예산만 허비한 채 무위로 끝나 버리고 말았다.

하늘길이 열리고 우주가 가까워지고 있는 현시점에서도 바다는 여전히 중요한 존재다. 이와 같은 시기에 방산 비리로 얼룩진 채 제 역할을 수행하는 데 어려움을 겪고 있는 한국 해군의 실상을 보고 있노라면, 한 세기 전 대한제국이 해군력을 갖추기 위해 애쓰다가 좌초해 버린 역사를 되새기지 않을 수 없다. 국가가 예산 집행을 엄정하게 수행하지 못하고 국방력을 강화하는 일에 대한 의식이 투철하지 못할 때 어떤 일이 발생하게 되는지를 명백하게 보여 준 사례이기 때문이다.

대한제국이 처음 도입한 군함은 중고 함선이었다. 미쓰이물산(三井物産)이 10년 정도 사용하던 상선을 55만 엔(당시 환율로 약 110만 원)이라는 거금을 주고서 군함으로 개조하여 구매한 것이다. 이 함선이 인천항에 도착한 것은 1903년 3월 말의 일로, 나중에 언급하게 될 광제호보다 약 1년 반 정도가 이른 때였다. 광제호가 인도되기 전까지 즉각 일선에 투입할 수 있는 함선으로서 임시방편으로나마 쓸 수 있으리라는 생각에서 도입을 추진한 듯하다.

문제는 이 배가 인도 시점에서 이미 폐선에 가까운 고물 함선이었다는 점이다. 미쓰이물산이 운용하던 당시에도 워낙 고장이 잦았고, 대한제국이 인도할 당시에도 과연 제대로 쓸 수 있을 만한 배인지에 대해 의심을 살 정도였다. 게다가 미쓰이물산이 처음 영국으로부터 구입할 당시의 가격은 25만 엔이었으니, 대한제국은 도입비 기준으로 따지더라도 두 배가 넘는 가격으로 바가지를 쓴 셈이었다. 물론 10년 가까이 사용한 중고 함선이라는 점까지 감안하면 바가지의 폭은 더 커질 터였다. 그러면서도 이름은 거창하게 '양무'(揚武)라고 지었다. 대한제국의 해군력을 끌어올려 주기를 기대하는 마음이라도 담았던 모양이다.

▌1907년 부산항에서 촬영한 양무호의 모습 [위키피디아]

『황성신문』 1903년 4월 25일자 기사에서도 "만약 실제로 해군을 설치하고 해양에서 [이 배를] 사용하려 한다면, 본래 낡고 피폐한 물건인 고로 사용하기에 대단히 곤란할 모양"이라며 이런 함선을 55만 엔이라는 거금을 주고 산 데 대해 우려를 표하기도 했다. 그나마 그 돈도 제때 지급하지 못해서 판매자인 미쓰이물산은 물론이려니와 나중에는 주한 일본공사인 하야시 곤스케(林權助)까지 나서서 대금 지불을 독촉하는 지경에 이르렀다.

배 자체는 배수량이 3400톤에 이르는 등 규모가 상당했지만, 본래 상선으로 설계되었던 터라 군함의 용도로는 효과적으로 운용하기 힘들었다. 게다가 대금 지급이 늦어지면서 미쓰이물산 측에서 함정의 인도를 미루기도 했고, 함의 상태도 좋지 않아 해상 작전에 투입할 여건도 못 되어서 결국은 인천 앞바다에 정박한 채 가만히 녹슬어 가는 지경에 이르렀다. 같은 해 7월 군부대신 윤웅렬이 올린 사직 상소에서도 "이미 구매한 것이라 계약을 파기하는 것은 어려우나, 그냥 바다에 매어 두는 것은 갈수록 비용도 많이 들고 배도 점차 파손될 것"이라 하여 양무호가 제대로 운용되지 못하고 있음을 시사했다(『조선왕조실록』 1903년(광무7년) 7월 29일).

관련 정보를 제대로 알아보지도 않고 정부 내의 의견 청취도 없이 구매를 강행한 결과 고물 함선을 웃돈까지 쥐가면서 구매하게 되었고, 그나마 산 함선조차도 제대로 운용하지 못하게 된 것이다. 당장 구입비인 55만 엔이란 돈만 해도 당시로서는 어마어마한 금액으로, 대한제국 1년 세출액의 약 15%에 달하는 수준이었다. 그나마도 정식 인수 때까지 석 달이 걸렸고, 첫 시운전은 다시 그로부터 두 달 뒤인 8월에야 이루어졌다.

그러나 이듬해 2월 러일전쟁이 터지면서 일본이 양무호를 석탄 운반선으로 사용하기 위해 강제로 차출해 버리는 바람에 결국 양무호 구입은 예산만 낭비하고 아무런 실익도 남기지 못했다. 의정부 찬정(贊政)이었던 권중현은 1904년 7월 27일에 벼슬을 사직하겠다는 상소를 올리면서 "국고의 중대한 재물을 함부로 써서 급하지 않은 물건을 사들이는 폐단"의 하나로 양무호 구매 건을 거론했을 정도였다(『조선왕조실록』 1904년(광무8년) 7월 27일).

양무호와는 별도로 신규 함선을 발주하여 군함으로 쓰려는 시도도 있었다. 이 '경비함'의 발주 의뢰를 받은 것은 일본의 가와사키조선소(川崎造船所)로, 대략적인 성능은 배수량 1800톤에 14노트의 최고 속도를 발휘하게 될 예정이었다. 평시의 용도는 등대 연락선 및 군수품 운반선이었지만, 황실에서 사용할 수 있도록 별도의 옥좌를 설치하고 무기를 탑재해 전시에는 황제가 사용하는 기함(旗艦)의 역할을 할 예정이었다. 발주 시점은 1902년 말로서 당시 돈으로 건조 및 무장 등을 포함하여 50만 원이 소요되었다(『황성신문』 1902년 12월 29일자).

이게 어느 정도의 금액인지 감이 오지 않을 것이다. 『황성신문』을 통해 발표된 1902년(광무6년) 예산안 표를 보면, 세입 총액이 758만 6530원이요, 세출 예상 총액은 758만 5877원으로 집계되어 있다. 즉, 신예 경비함 건조에 투입된 예산은 그해 전체 예산 중 약 6.6%에 해당하는 수치이며, 같은 해 국방비로 책정된 273만 5504원의 18.3%에 해당하는 어마어마한 금액이었다. 이것만 놓고 본다면 새로 취역할 경비함은 대한제국 해군의 초석이 될 법한 중요한 함선이어야 했다.

그래서인지는 몰라도 이 함선에는 광제호(光濟号)라는 꽤나 그럴듯한 이름이 붙었다. 당장 이름만 보더라도 광무(光武)황제 고종과의 연관성이 엿보인다. 배가 인도된 시기는 2년 뒤인 1904년 11월 상순, 그러나 이 무렵이면 이미 대한제국은 반강제로 일본과 공동 교전국이 되어 러일전쟁에 참가하고 있던 상황이었으므로, 광제호가 '대한제국의 군함'으로 쓰이게 될 가능성은 희박했다. 양무호조차도 이미 석탄 운반선으로 강제 차출 되어 버린 이상, 광제호 또한 제 값어치를 하지 못할 것임은 불 보듯 뻔했다.

정말 그랬다. 발주 당시 의도와는 달리 인천에 당도할 무렵의 광제호는 해관(海關) 순시선이라는 명목을 달고 있었고, 선장이나 기관장 등을 비롯한 주요 보직자들은 전부 서양인 아니면 일본인 이었다. 가끔 항로 조사를 하거나 물자를 실어 나르기도 했지만, 대 부분 '바다 위의 연회장' 역할을 하는 용도로 쓰였다. 그 한심한 꼬 락서니 중 한 대목을 보자면 다음과 같다.

> 엊그제 29일, 정부의 대관과 각 신문기자 및 귀부인과 신사 들이 오 전 11시에 남대문역에서 특별열차를 타고 인천항에 도착했다. 이 귀빈 일행은 대기 중이던 소증기선을 타고 오후 1시 20분에 팔미도 에 정박한 광제호에 이르니, 영빈성삼(永賓盛三) 함장을 비롯한 모든 선원들이 환영하며 악수를 청했다. 뱃머리에는 녹문(綠門)을 세우고 곳곳에 아름다운 화분을 두었으며 여러 나라 국기로 만선식(滿船式) 을 장식했다. 귀빈 일동이 식당에 모여 오찬을 할 때, 우리나라 군악 대는 환영의 음악을 연주하고 선원들은 신호와 함께 단정[端艇, 소형 보트] 경주 시범을 보이니 배에 오른 귀빈들이 박수갈채를 보냈다.
>
> 『황성신문』 1907년 10월 1일자

융희황제 순종이 즉위한 지 얼마 안 된 시점의 일로, 불과 몇 개월 전 경성 내에서는 군대 해산에 반발하는 대한제국 시위대 병정들과 경성 주둔 일본군 사이에 치열한 시가전까지 벌어진 바 있었다. 하지만 광제호는 이렇듯 정부 요원이나 귀빈 들을 유치하여 선상 연회나 벌이는 용도로 쓰이는 게 고작이었다. 이 배가 50만 원의 거금을, 그것도 정부 예산을 들여서 건조한 함선이라는 점을 다시금 생각해 보자.

▌대한제국 최초의 신조 군함 광제호의 모습 [위키피디아]

심지어는 대한제국 군대가 해산된 1907년 여름 이후에는 아예 일본 소유로 넘어가기조차 했다. 1908년 3월 3일자 대한제국 관보에는 광제호 함장과 기관장에게 훈4등 팔괘장을 수여했다는 내용이 실려 있는데, 광제호를 일본국 함선이라고 표기하고 있다. 훈장을 받은 함장과 기관장 역시 각각 일본 해군의 소좌(少佐)와 대위였다. 즉 광제호는 이미 합방 전부터 일본 해군 소유의 군함이 되어 있었던 셈이다. 그리고 합방 후에는 이름을 광제환(光濟丸)으로 바뀌어

총독이나 기타 총독부 관료들이 일본을 오갈 때 사용하는 연락선 용도로 전용되었다.

이런 상황에서 옆 나라 일본은 과연 어떠했는가. 일본은 청일 전쟁 이후 머잖아 러시아와 무력 분쟁이 생길 것을 우려하여 해군 에 대한 대대적인 증강 계획을 세웠다. 이 과정에서 일본은 신예 전 함 4척을 영국으로부터 구매했다. 당시 영국 비커스(Vickers)사에 제 작을 의뢰하여 취역시킨 이 전투함들은 시키시마(敷島)급으로 명명 되었는데, 이 중 마지막으로 건조된 4번함의 이름은 미카사(三笠)였 다. 1899년에 기공되었고 1902년에 일본 해군에 인도, 이듬해 일본 연합함대의 기함이 된 전함 미카사는 저 유명한 쓰시마 해전에서 도고 헤이하치로(東鄕平八郞) 제독의 기함으로 참전하여 러시아의 발틱 함대를 물리치면서 유명세를 타게 된다.

미카사 건조 당시 비커스사에 인도한 건조 비용은 88만 파운 드. 당시 일본 돈으로 치자면 약 880만 엔에 해당하는 비용이었다. 광제호에 비한다면 약 35배에 이르는 건조 비용이지만, 배의 규모 나 전투력 등을 생각한다면 딱히 비싸다고 할 수는 없는 형편이었 다. 발주처인 비커스사의 본거지 영국에서조차도 해외에 수출하는 전투함이 외려 자국 해군에서 사용 중인 것보다 더 우수한 성능을 보유한 것을 두고 논란이 일어났을 정도였다.

비록 미카사는 1905년의 사고로 침몰했지만, 일본 해군은 미 카사를 비롯한 네 척의 시키시마급 전투함을 알차게 써먹었다. 당 장 미카사만 해도 쓰시마 해전에서 러시아 발틱 함대를 물리치는 데 큰 기여를 했으니, 이것만으로도 본전은 뽑고도 남은 셈이다. 이

| 1905년 히로시마 현 구레 시에서 촬영된 미카사함의 모습 [위키피디아]

해전을 계기로 일본은 러일전쟁에서 승기를 잡았고, 러일전쟁에서의 승리는 동아시아에서 일본의 패권을 확립시켜 주었다. 이런 일련의 흐름으로 본다면 일본이 미카사에 투자한 880만 엔의 돈이란 결코 헛되지 않았다. 아니, 오히려 투자 대비 회수의 관점에서 본다면 충분히 이익이 될 만한 투자를 했던 셈이다. 물론 그 여파로 우리는 식민지 시대라는 근현대사의 암흑을 직면해야 했지만 말이다.

대한제국 최초의 군함이었던 양무호, 그리고 최초의 신조(新造) 군함이었던 광제호는 각각 당시 대한제국 1년치 세출액 1할 가량의 예산을 소모하고서도 무엇 하나 제 역할을 하지 못했다. 물론 여기에는 당시 대한제국이 놓여 있던 가혹한 국제 정세 탓이 크게 작용하기는 했다. 애초에 러일전쟁이 아니었다면 양무호가 일본에게 강탈당하듯 차출되는 일도 없었을 것이요, 군대 해산이 아니었다면 광제호의 소유 자체가 일본 해군으로 넘어가지도 않았을 것이니 말이다. 하지만 그 이전에 대한제국이 국방 예산을 집행하는 데 있어서 철저하지 못했다는 점, 특히 이런 거액이 들어가는 프로젝트임에도 불구하고 부주의하게 바가지를 뒤집어쓰거나 부적절한 용도에 비싼 함선을 오용했다는 점은 짚고 넘어가야 한다.

우리가 저간에 목격했던 방산 비리를 가볍게 넘겨서는 안 되는 이유도 여기에 있다. 방위산업은 그 어떤 분야보다도 큰돈이 오가게 마련이고, 그 여파를 보더라도 한번 잘못 집행하고 나면 다시 회복하기 어려운 지경에 빠지는 일이 많다. 통영함의 선체 고정 음파탐지기 문제든, 차세대 대잠수함 헬리콥터 기종 선정 문제든, 혹은 차기 잠수함 건조 사업이든 간에, 본연의 취지와는 무관한 의지가 개입되거나 일부 고위급 인사들의 잘못된 판단이 개입되면 복구하기 힘든 타격을 받을 수 있다.

대양해군, 그리고 자주국방이란 단지 구호나 이상만으로 실현될 수 있는 게 아니다. 우리가 양무호와 광제호의 사례를 유심히 살펴봐야 하는 이유는 거기에 있다. 제아무리 안보가 중요하다고 외친들, 국방 예산이 허투루 집행되고 소중한 세금이 엉뚱한 곳에 낭비되어서는 그런 주장들은 그저 공허한 외침에 그치고 만다. 제아무리 그럴듯한 이름을 붙이고 황제가 기거할 옥좌까지 설치하더라도, 대한제국 최초의 두 군함이 침몰해 가는 국가안보를 끝내 인양해 내지 못한 것처럼 말이다.

우리 아이가 어른이 되려나 봐요
경성의 포르노그래피 상영회

지금은 인터넷이 발달하면서 사라진 광경이 되었지만, 1990년대 중후반까지만 하더라도 복원되기 전의 청계천 일대에는 소위 '음란물'을 불법으로 복제하여 판매하는 상인들이 있었다. 이런 상인들은 1980년대 후반 이후 가정에 VHS 비디오가 본격적으로 보급되면서 크게 늘었는데, 대체로는 거리를 지나가는 청년 혹은 소년들을 붙잡고서 "좋은 물건 있는데?" 하는 식으로 호객행위를 하곤 했다. 상인에게 이끌려 비디오를 사가지고 돌아와 두근두근하는 마음으로 남몰래 재생해 봤더니 「뽀뽀뽀」가 나오더라며 분개했다는 식의 유머 글이 PC통신 게시판에 올라오던 것도 이 무렵이다.

성욕이 생산자본 및 유통 구조와 결합하여 일종의 '제도'가 되는 것은 비단 현대에만 벌어지는 일은 아니다. 남녀 간의 음란한 행위를 묘사한 그림이나 소설 따위가 유통된 것은 이미 조선시대부터 있던 일이다. 바다 건너 일본의 경우를 보더라도 남녀 간의 성행위를 묘사한 '춘화'(春畫)가 당대의 상업자본과 맞물리면서 놀랄 만큼의 양적·질적 성장을 보여 주기도 했다. 이들 춘화는 다색 판화의 방식으로 대량 생산 되어 시장에 유통되었는데, 그 과정에서 판화 기술을 발전시키는 데 큰 기여를 했다는 견해조차 있을 정도이니 말이다.

하지만 조선의 경우에는 이런 제도가 일찌감치 본격화되지는 못했다. 일단 민간에서 대규모로 책을 출판한다는 개념 자체가 희박했고, 책을 판매하는 서점 역시 그다지 발달하지 못했다. 보통은 세책(貰冊), 즉 대여의 형태로 책이 유통되다 보니 특정한 책이 단기적으로 대규모의 독자를 확보하는 일은 기대하기 어려웠고, 상업자본과 화가나 소설가가 연계되어 본격적인 상품으로서의 '포르노그래피'를 만들어 내는 경우도 보기 힘들었다.

이랬던 것이 개항 이후 조금씩 상황이 바뀐다. 여기 처음으로 춘화도를 접한 한 소년의 이야기가 있다. 시대의 풍조에 맞게, 불쌍하게도 실명조차 고스란히 드러나 버린 어느 소년의 청춘시대를 잠시 엿보자면 다음과 같다.

약현[藥峴, 오늘날의 중구 중림동 일대]에 사는 '안귀손'이라는 아이는 원래 가난한 집 소년으로 올해 스무 살이라. 일전에 종로에 나왔다가 길거리에서 어느 일본인이 춘화도를 파는 것을 보고 한 번 구경하고 돌아왔다가, 그 뒤로 매일 밤마다 꿈속에서 그 춘화도를 떠올리고, 깨어 있는 동안에도 계속 그 생각뿐이라, 그러다가 결국 병이 날 지경까지 되었다더라. 그 부모가 아이에게서 사연을 듣고서 급하게 혼처를 구하고 있다고 한다.

『대한매일신보』 1905년 1월 28일자

예나 지금이나 한국 청소년들이 성인물을 접하게 되는 경로는 일본을 통해서였나 보다. 앞서도 언급했지만, 실제로 일본은 춘화 시장이 대단히 발달한 나라였고, 개항과 더불어서 이러한 춘화들이 한국 내부로도 침투했을 가능성은 얼마든지 있었다. 출판에 대한 제도적인 규제가 약해지면서 민간업자들은 너도나도 팔리는 상품에 투자하기 시작했는데, 그중에서도 가장 먼저 시장을 확보할 수 있었던 것은 역시 성인물이 아니었을까 싶다.

비단 소설이나 그림만은 아니었다. 당시로서는 최첨단 기술에 속했던 활동사진, 즉 '영화'도 성욕을 제도화하는 데 아주 유효한 도구였다. 오늘날처럼 개인이 각자 집에 상영 기기를 갖춰 놓고서 성인물을 소비할 수 있는 시대는 아니었지만, 여러 사람들을 모아 놓고서 음란한 활동사진을 상영하는 예는 종종 있었다. 그 구체적인 양상을 찾아보는 게 쉬운 일은 아니지만, 신문에 사례가 하나 남아 있기는 하다.

『황성신문』 1906년 5월 5일자 3면 기사에 의하면 당시 동대문 안에 있던 전기회사(아마도 한성전기회사를 가리키는 듯하다)에서 활동사진 상영회를 열고서 여러 종류의 영상을 보여 주었던 모양이다. 그런데 한 관람자가 신문사에 전한 이야기를 들으니, 남녀가 서로 음란한 행위를 즐기는 모습을 활동사진으로 보여 주어 자연히 관람자들에게 '춘정'(春情)을 일으키게 만들더라는 것이다.

한성전기회사라고 하면 어떤 곳인가. 근대적인 산업 진흥을 꾀하던 대한제국 정부의 지원하에 설립된 최초의 전기회사로, 자본과 기술의 부족을 보완하기 위해 미국인인 헨리 콜브란(Henry Collbran)과 청부계약을 맺고 각종 사업을 진행한 회사다. 경성 시내에 전차를 놓고 이를 운용하는 일을 주관했으며, 그 외에도 전등이나 전화 등에 대한 독점권을 가지고 있었다.

이 회사는 1903년 무렵부터 동대문 내에 있는 회사 소유의 기계창에서 활동사진 상영회를 주기적으로 열었다. 이곳에서 상영회를 연 이유는 관람자들이 전차를 타고서 쉽게 도착할 수 있다는 점 때문이었다. 회사 입장으로서는 전차 운용률도 높이고, 부수적으로 활동사진 입장료까지 받을 수 있으니 이래저래 이득이었다. 실제로도 꽤 실적을 올려서, 『황성신문』 1903년 7월 10일자 기사에 따르면 상영회로 벌어들인 돈이 100원 가량이며 전차표 판매 실적 역시 비슷한 액수를 기록했다고 한다.

『황성신문』 광고 중에 "일요일과 우천 시를 제외하고는 매일 오후 8시부터 10시까지 한다"라고 언급된 것을 보아서는 아마도 노천에서 간이 설비를 갖춰 놓고 진행했던 게 아닌가 싶다. 입장료는 당시 금액으로 동화(銅貨) 10전. 도서 가격이 20~40전 사이를 왔다 갔다 하던 무렵이었으니, 물가 대비로 본다면 오늘날의 영화표 가격보다는 약간 싼 편에 속했다. 이처럼 활동사진 장사를 하던 한성전기회사가 관람객을 더 끌어모으려는 시도 중의 하나로 음란물 상영을 기획했던 게 아닌가 싶다.

같은 일자 『제국신문』에서도 이 사건을 기사화했다. 동시에 두 신문에서 비슷한 내용을 보도한 것을 보면 한성전기회사가 음란물을 상영했다는 것은 분명한 사실이었다고 봐도 좋겠다. 그런데 하나 재미있는 점은, 『황성신문』 기사가 "남녀의 음희"라고만 짧게 서술하고 넘어간 반면 『제국신문』 기사는 해당 내용을 비교적 구체적으로 묘사했다는 점이다. "계집 한 명이 벌거벗고 상 위에 누웠고, 또 남자 한 명이 벌거벗고 그 계집 위에 엎드려서 교합하는 모양을 보여 주는지라"라고 말이다. 이런 차이가 나타나는 것은 아마도 독자 취향의 문제 때문일 것이다. 『황성신문』은 처음부터 '문자 좀 아는' 사람들을 상대로 만든 신문으로, 그래서 언어 자체도 국한문 혼용이다. 위 기사만 보더라도 원문을 옮겨 보면 "可惜ᄒ 事ᄂᆞᆫ 男女淫戲ᄒᆞᄂᆞᆫ 寫眞이니 觀光者中에 血氣未靜ᄒ 男女가 此等事狀을 目覩ᄒᆞ면 自然春情이 涌動ᄒᆞ야"이니, 그냥 보더라도 한문에 어지간히 익숙한 사람이 아니면 쉽게 읽을 수 없는 기사다. 대상 독자가 이렇다 보니 점잖지 않은 이야기를 함부로 기사에 적을 수도 없는 노릇이다.

반면 『제국신문』은 문자에 숙달되지 않은 노동자나 부녀자 등을 대상으로 하는 신문이었다. 누구나 쉽게 읽을 수 있는 한글만으로 지면을 구성한 것도 당연한 일이었다. 독자층이 이렇고 보니 어려운 문자로 주의주장을 펼치기보다는 쉽게 이해할 수 있고, 또한 흥미를 쉬 끌 수 있는 내용으로 기사를 구성하는 경향이 강할 수밖에 없었다. 그러니 전기회사가 보여 준 활동사진의 내용이 어떤 것인지 직설적으로 서술하게 되었던 것이다.

이런 방식은 오늘날 언론에서도 종종 활용된다. 겉으로는 사회의 부정한 측면을 폭로한다는 형태를 취하면서도 정작 그 내용을 상세하게 보도하는 과정 그 자체로 소비자들의 이목을 끄는 방식 말이다. 마셜 매클루언(Marshall McLuhan)이나 월터 리프먼(Walter Lippmann)이 언급했던 '3면 기사'의 역할이라는 게 꼭 이러한 것이었다. 정치나 사회 문제에 큰 관심이 없는 독자들이 신문에 흥미를 갖게끔 만들기 위해 자극적인 사건들을 최대한 흥미롭게 기사화하는 형태 말이다. 『황성신문』보다는 『제국신문』 쪽이 이러한 '3면 기사'에 더 신경을 썼음은 군이 설명할 필요도 없을 터다(자세한 것은 매클루언, 『미디어의 이해』, 233쪽; 리프먼, 『여론』, 350~351쪽 참고).

여하튼 이 대한제국 최초의 포르노 상영 사건에 대해 『황성신문』 기자는 경찰이 나서서 이를 단속해야 한다고 논평했고, 『제국신문』 기자는 "미국과 같이 문명한 나라에서도 그리 풍속에 어긋나는 음란한 일을 하는가?"라고 반문했다. 하지만 이 사건이 그리 큰 파장을 일으키지는 않은 듯하다. 기사가 나간 이후로도 신문 광고란에 계속해서 한성전기회사의 활동사진 상영 광고가 게재되었던 것을 보면, 별다른 제재 조치도 취해지지 않았던 것 같고 말이다. 아마도 한성전기회사 자체가 1906년 당시로서는 한미 합작 형태를 취하고 있던 터라 공권력이 쉬 개입하지 못하는 상황이었을 것이다. 좀 다른 이야기이긴 하지만 『대한매일신보』가 다른 신문에 비해 강경한 논조를 보여 줄 수 있었던 것도 사장이 영국인이었던 덕분에 검열로부터 비교적 자유로웠기 때문이었다.

사실 음란하다는 이유로 가장 많은 공격의 대상이 되었던 것은 협률사(協律社)와 같은 여러 극장들이었다. 극장 중에서도 주로 구식의 공연을 상연하는 극장들이 그러했다. 『대한매일신보』 1908 년 7월 12일자 논설에서는 협률사나 단성사(團成社) 같은 한국의 극 장들이 주로 음탕한 공연으로 청년들을 유인하여 마음을 현혹하게 하고 사상을 오염시킨다고 비난했다.

| 한국 최초의 국립극장 협률사 전경. 정동에 위치했다.
[한국콘텐츠진흥원 컬처링 www.culturing.kr, 한양대학교]

하지만 이때의 '음탕'이나 '음란'이란 오늘날 말하는 '외설'의 개념 보다는 더 포괄적이었다. 극장에 부인석이 따로 있던 시대고, 그것 도 모자라서 남녀가 한 극장 안에서 공연을 보는 것마저도 풍속을 혼란케 한다고 경계하던 때이니 말이다. 세상일에 도움이 되거나 풍속을 개량하는 데 보탬이 되지 않는, 그저 흥미를 위주로 하는 모 든 종류의 공연이나 출판물 등에 대해 '음탕하다'라고 평가했던 것 으로 보인다. 소설을 비판하던 논리도 그랬다. 『춘향전』을 두고 "음탕 교과서"라고 말했을 정도였으니 말이다. 물론『춘향전』에 꽤 적나라한 성행위 묘사가 담겨 있던 것은 사실이지만.

　이러한 풍기문란에 대한 단속이 본격화된 것은 아이러니하게도 합방 이후 총독부가 들어서면서부터였다. 합방 직후였던 1910년 9월 15일,『매일신보』2면에는 장안사(長安社)에서 상연 중이던「춘향가」가 풍속을 문란케 한다는 이유로 금지되었다는 기사가 나온다. 또 30일에는 아예 북부경찰서에서 장안사의 책임자 이동백을 소환하여 극장 내에서 벌어지는 각종 풍속 문란 행위를 철저하게 단속하라고 경고하기에 이른다.

　그럼에도 불구하고 사람의 성욕이란 쉽게 단속할 수 없는 것이어서, 장안사는 그 뒤로도 계속해서「춘향가」나「심청가」를 공연하면서 관객들의 음란한 행위를 부추긴다는 비판을 들었다. 10월 22일자『매일신보』기사에서도 장안사에 몰린 800여 명의 관객이 서로 음담패설을 주고받거나 음행을 일삼는다는 고발이 있었는데, 장안사 측으로서는 공연 내용까지는 조정한다 치더라도 남녀 관객들이 서로 추파를 주고받는 일까지 단속하기는 힘들었던 듯하다. 부랴부랴 남녀 좌석을 분리해서 이를 막아 보려고도 했으나, 공연 도중 창기(娼妓)들이 슬쩍 경계선을 넘어서 남자 좌석 쪽으로 가는 일도 적잖이 벌어졌다.

　이뿐이랴. 명동에 있는 대곡마연예장(大曲馬演藝場)에서는 러시아인 무용수를 고용해서 춤을 추게 하는데, 속옷만 입은 채로 무대 위에 올라가서 춤을 추니 몸을 움직일 때마다 음란한 광경을 연출하여 관객들의 이목을 끌었다고 한다. 당연히『매일신보』에서는 이에 대해 신랄하게 비판하고 반드시 개량해야 한다고 목소리를 높였으나(1910년 10월 29일자), 사람들의 욕망과 결합한 상품자본의 움직임을 단속하기란 결코 쉬운 일은 아니었을 것이다.

　음란물에 대한 정부나 언론의 대응 방식은 100년이 지난 지금에도 크게 다르지는 않다. 아직 정신이 성숙하지 않은 어린 학생들에게 악영향을 줄 가능성이 크다는 우려는 1906년 5월, 포르노 상영 제보를 받았던 『황성신문』 기자도 똑같이 했던 논평이었다. 이런 우려에도 불구하고 음란물은 한 세기를 거친 지금까지도 여전히 문화의 한 부분을 차지하고 있으니, 이 또한 유구하다고 말할 수 있을는지. 시대가 달라지고 매체가 변해도 인간의 성욕이 자본을 만나 상품화되는 현상은 늘 비슷하게 벌어진다. 이를 단속하려는 이들과 그것을 피하려는 이들 사이의 수 싸움 역시 마찬가지고 말이다.

허세 쩔던 우리 젊은 날

변함없는 청춘의 허세

대합소는 이내 적적해지고, 신문 파는 소년만 돌아다녔다. 나는 읽을 줄은 전혀 모르면서도, 어쩐지 내 모습이 초라하다고 생각되어, 혹 영자 신문이라도 읽고 있으면 남 보기에 체면이 좀 설까 하는 가련한 생각에, 10전 은화를 주고서 오늘자『차이나프레스』를 샀다. 기껏 사기는 했지만 영어를 읽을 줄 몰라서, 광고 그림과 사진만 몇 장 본 뒤, 외투 호주머니에 "신문이 다른 사람들에게 잘 보이도록" 반쯤 삐져나오게 집어넣어서 몸 치장용으로 삼았다.

이광수, 「해삼위에서」, 『청춘』 6호, 1915년 3월

예나 지금이나 남들 앞에서 있어 보이고 싶어 하는 건 인간의 본성인가 보다. 『청춘』 6호에 실린 이광수의 블라디보스토크(=해삼위) 기행문을 보면 실소를 금할 수 없다. 화자인 이광수는 왠지 자신의 모습이 초라해 보여서, 스스로도 가련하다고 생각하면서도 읽을 줄

도 모르는 영자 신문을 구매한다. 글자를 읽을 줄 모르니 사진이나 그림만 빠르게 훑는다. 그러고는 굳이 신문이 잘 보이도록 외투 호주머니에 꽂아 넣는다. "나 영자 신문 보는 남자야!"라고 강변하기라도 하듯이.

『청춘』이 어떤 잡지인가? 『소년』, 『붉은 저고리』, 『아이들보이』 등 아이들을 대상으로 한 여러 잡지를 창간했던 육당 최남선이 청년들을 계몽할 목적으로 이광수, 홍명희, 현상윤 등 당대의 문인들을 필진으로 끌어들여 야심 차게 발간한 잡지다. 이 외에도 최초의 서양화가 고희동이 표지 그림을 맡고, 내부 삽화도 당대 최고의 화가였던 안중식이 맡는 등 가히 식민지 조선의 문화예술 드림팀이라고 할 만했다. 이렇게 뛰어난 사람들과 함께 최남선은 우선 조선의 청년들에게 문학·미술·음악 등 예술은 물론, 세계사와 과학 등 다양한 지식을 전수해 주고자 했다. 무엇보다도 배움이 우선이라고 첫 호에서부터 내세웠다.

그런데 그런 『청춘』에서조차 읽지도 못하는 영자 신문을 사람들이 잘 보이도록 치장용으로 삼는 치기 어린 젊은이의 모습이 보인다. 이런 묘사는 아무런 지식도 없는 자의 허세에 대한 비판을 목적으로 한 것일 수도 있고, 이러한 허세를 경계하자는 의미로 쓴 것일 수도 있다. 혹은 정말로, 아무런 이면의 의도 없이 자신이 취했던 행동을 있는 그대로 적은 것일 수도 있다. 어쨌든 100년 전 그 시대의 사람들에게도 '있어 보이고 싶은' 허세의 욕망은 분명히 존재했던 것이다.

| 최남선이 창간한 『청춘』 창간호 표지

1920년대 홍영후가 쓴 소설 「사랑하는 벗에게」에서도 비슷한 유의 허세가 나타난다. 홍영후의 호는 난파(蘭坡). 그렇다, 음악가로 유명한 그 '홍난파'다. 홍난파가 소설도 썼느냐고? 홍난파는 작곡자이자 바이올린 연주자이기는 했지만 그와 동시에 번역가이자 소설가이기도 했다. 그리 잘 쓴다고 보기는 어려웠지만, 1920년대 초반의 상황을 생각한다면 그 정도 수준만 하더라도 결코 무시할 만큼은 아니었다. 게다가 투르게네프나 도스토옙스키의 소설 등을 번역한 공로도 무시하기 힘들다. 어떻게 음악을 하면서 번역에 창작까지 했는지 납득하기 힘들지도 모르겠지만, 그 시절에는 다 그랬다. 미술 하는 사람이 잡지에 기고도 하고, 건축 기사가 시도 쓰고……. 오늘날처럼 전문화·세분화가 철저하게 이루어졌던 시절은 아닌지

라 이리저리 넘나드는 것도 가능했던 때다.

여하튼 이 소설은 제목에 '벗'이 들어가기는 하지만, 사실은 연애소설이다. H와 S라는 두 남녀의 이야기인데, H는 묘사된 프로필을 보건대 홍난파 자신이다. 아마도 자신의 연애 경험을 소재로 하여 소설화한 듯하다. 원래 홍난파는 도스토예프스키의 소설 『가난한 사람들』을 『青春의 사랑』이라는 제목으로 번역하여 출판한 적이 있었는데, 이 『사랑하는 벗에게』는 『가난한 사람들』에서 힌트를 얻어서 원작의 틀 위에 자신의 사적인 이야기를 얹어서 만들어 낸 소설이다. 1920년대에는 이렇게 자기 주변의 사적인 이야기들을 큰 윤색 없이 소설화하는 경우도 잦았으니 그리 신기한 일도 아니다. 「사랑하는 벗에게」는 별다른 설명 없이 두 사람 사이에 오고간 연애편지만을 번갈아 보여 준다.

> 오오 S씨! 좋은 생각이 났습니다. 제게는 어떤 친한 친구로부터 기증받은 소설이 2~3권 있습니다. 그것을 보내드리오니 틈틈이 읽어 보십시오. 나는 아직 한 권도 읽지를 못했습니다마는, 이 소설은 유명한 걸작이라고 합니다. 러시아 문호 투르게네프의 『First Love』와 『On the Eve』 이것은 모두 영역본입니다.
>
> 홍난파, 「사랑하는 벗에게」, 86쪽

S에게 호기롭게 두 권의 소설을, 그것도 굳이 '영역본'으로 보내는 것까지는 좋았다. 사실 저 작품들은 이미 일본에 번역·소개된 것들이므로 일역본으로 읽는 편이 훨씬 수월했겠지만, 어쩐지 이들은 영

역본으로 읽어야만 했던가 보다. 그것도 친한 친구가 보내온 것을 보면, 이것 자체가 이들 사이에서는 일종의 트렌드였던 듯도 싶다.

정작 문제는 S가 책의 속표지에서 "From A. L. Koh"라는 문구를 발견한 것. 즉 책을 준 사람은 그냥 '친한 친구'가 아니라 여자라는 점을 눈치챈 것이다. 이때부터 S는 의심과 질투라는 감정의 쌍곡선 사이에서 출렁이게 되는데, 그 와중에도 H는 무엇이 문제인지를 정확하게 인지하지 못하고 오히려 여자의 오해를 터무니없다고 질타하는 데 이른다. 어정쩡한 허세가 낳은 비극이라고 할까. 결국 이 둘은 헤어지게 된다. 물론 이별의 이유에 대해 H는(그리고 아마도 홍난파 자신은) S가 자신과의 약속을 배신하고 집에서 정해 준 다른 남자에게 시집을 가게 되었기 때문이라고 설명하고 있긴 하지만 말이다.

이처럼 자신의 개인적인 경험을 이름만 익명화하여 소설로 만드는 방식은 비단 연애와 같은 사적인 경험의 영역에만 해당되지는 않았다. 다소 공적인 행적에 대해서도 1920년대의 청년들은 꾸준히 기록을 남긴다. 물론 소설이라는 포장을 씌워 두기는 하지만 말이다. 그 덕분에 우리는 곳곳에서 그 시대 청년들의 허세와 그 이면에 감춰진 어리숙함 혹은 시쳇말로 '찌질함'의 민낯을 여과 없이 볼 수 있다.

나는 H라는 사람을 소개받았다. 그는 꽤 전도가 유망한 청년 실업가라고 하였다. 그와 나를 연결시켜 준 K는, H를 향하여 이런 소리로 나를 소개했다.

"이 사람이 바로 조선에서 유일한 문예 잡지 『창조』의 기자일세. 전도유망한 청년이지. 그러니까 잘 대접하라구."

이렇게 서로 인사를 주고받은 뒤에, 나는 바로 화제를 돌렸다. 기왕 소개받은 말도 있겠다, 남들이 들으면 무슨 대단한 문학가라도 되는 양 이런 소리를 늘어놓았던 것이다.

"거 평양 물색 구경 좀 시켜 주구려. 이거 나도 동경 돌아가서 쓸 기삿거리라도 하나 장만해 가게." 사실 나는 문학에 재능이라고는 별로 없었고, 고작해야 뭔가 하나 써보겠다고 끄적대는 식이었다. 하지만 정작 이 '화류계'라는 걸 겪어 본 적이 없다 보니, 막상 쓴다고는 해도 순 머릿속 공상으로만 쓰는지라, 실생활과는 아주 거리가 먼 이야기가 되곤 하는 것이었다. [……]

H, K 두 사람의 인도로 어떤 집를 들어가니, 두 사람은 한참 '보이'와 이것저것 수군대다가 2층으로 올라갔다. 나도 따라 올라갔다. 한참을 앉아 있으려니 "실례합니다" 하고서 두 사람이 들어오는데, 이들이 바로 기생이었다. 그중 어려 보이는 하나는 나를 위아래로 훑어보는데, 나는 혹 내가 무슨 실수라도 하지 않았나 하여 자연 얼굴이 붉어졌다.

이 꼴을 본 H가 호기롭게 외쳤다.

"너희들, 이분이 무슨 일 하는 양반인지 아느냐?"

기생들은 일제히 나를 훑어보더니 이구동성으로 이렇게 말했다.

"신문기자 아니옵니까?"

"허허허 그래 그래 바로 맞혔다!!!"

흰뫼, 「동경 가는 길」(東渡의 길), 『창조』 3호, 1919년 12월

『창조』는 김동인을 주축으로 하여 동경에서 창간된 문예지다. 이 글의 필자인 '흰뫼'는 당시 『창조』의 동인으로 참가했던 김환(金煥)으로, '백악'(白岳)이라는 필명을 주로 썼다. 일반인에게는 거의 알려져 있지 않은 작가이고, 국문학계에서는 김동인의 '비평가 논쟁'을 이끌어 낸 사람 정도로 기억되는 게 고작이다(이 논쟁에 대해서는 2부의 「조선의 하믈레트」에서 자세히 다룬다).

아무튼 어느 시대에나 화류계란 남자들에게 호기심의 대상일 수밖에 없었나 보다. 방학을 틈타 잠시 귀국했던 김환 역시 동경으로 떠나기 전에 잠시 평양에 들른다는 것이, 실업가인 H를 만나서 화류계 탐험을 하러 갔다. 핑계는 좋다. '기삿거리를 얻기 위해서'. 하지만 그냥 화류계가 궁금했던 것뿐이다. 원래 남자들이 이런다. 무슨 일에든지 대의명분을 가져다 붙이는 것. 하물며 100년 전이다. 남자들이 한창 허세를 부리면서 어깨에 힘주고 다니던 때다. 그것도 허울도 좋은 '동경 유학생'님이 아닌가.

아니나 다를까, 우리의 김환 씨는 계속 속으로 허세를 부린다. 저들이 저렇게 정조를 팔아 그 대가로 힘겹게 살게 된 것은 부모의 잘못이다, 저들은 불쌍한 여인들이다, 그러면서 열심히 '관찰'도 하고 '인터뷰'도 한다. 하지만 우리는 이렇게 반문할 수밖에 없다. "당신, 놀러간 거 맞잖아."

1910~1920년대 식의 허세, 그리고 그 이면에 감춰진 '찌질함'의 결을 알고 싶다면 『창조』와 『학지광』(學之光)을 읽어 보면 된다. 그 무렵 막 10~20대를 거쳐 가던 청년들은 한편으로는 일본 등지에서 유학을 하면서 앞으로 다가올 신시대를 준비하는 엘리

트이기도 했지만, 다른 한편으로는 지금 시대의 청년들과 하등 다를 바 없는 젊은이들이기도 했다. 오늘날의 청년들이 그러하듯 그 시절에도 청년들은 연애 감정 앞에서 바둥거렸고, 보잘것없는 체면이나 허세에 신경을 썼으며, 그러면서도 자신도 어찌할 수 없는 초라함을 감당하기 위해 몸부림을 쳤다. 그래서 재미있고, 그래서 또한 아름답다. 마치 지난 시절 내 자신의 기록을 다른 사람의 입을 통해 듣는 것만 같은 부끄러움과 즐거움을 동시에 느낄 수 있다.

| 『창조』와 『학지광』

어쩌면 앞으로 다시 한 세기쯤 지나서 지금 이 글과 비슷한 이야기를 하는 사람이 나올는지도 모르겠다. 한 세기 뒤의 저자는 아마도 이렇게 쓸 것이다. "21세기 초 무렵에도 청년들은 허세를 부리고 초라함을 감추며 그 사이에서 한없이 흔들렸다. 당시 유행하던 소셜미디어네트워크인 페이스북이나 인스타그램의 수많은 '셀카', '먹방' 등을 보면 무엇을 과시하고 싶었고, 또 무엇을 감추고 싶었

는지를 여실히 알 수 있다. 시대가 변하고 매체가 바뀌더라도 사람은 크게 달라지지 않는다. 그래서 우리는 늘 말한다. '예나 지금이나'라고."

조선의 썸 타기
개화기 연애와 결혼의 풍속도

경성원에서 연극을 보고 나오니 밤 열 시가 넘었다. 남산호텔에 들어가서 밤참을 먹자고 춘식이 제안하였다. 남산호텔은 경성원 바로 옆이었다. 곧 두 사람이 들어가서 조용한 곳에 자리를 잡고 밤참을 먹느라고 1시간 이상을 허비했다.

그런데 성희는 춘식의 권에 이기지 못하여 포도주를 너댓 잔이나 마셨다. 알코올 성분이 성희에게 이상한 작용을 일으켰다. 춘식은 본래 술잔깨나 하는 사람이므로 여덟 잔가량을 벌컥벌컥 마시고는 얼굴이 빨개져서는, 머리가 아파서 집에 갈 수 없다고 근심을 하기 시작한다.

"웬일인지 모르겠습니다, 원래는 이 정도 마셔서는 아무렇지 않은데 이상하게 머리가 펑펑 돌고 아파서 일어설 수가 없습니다."

"아마 극장 안 공기가 탁해서 그런가 봐요."

"좀 편히 누웠으면 좋겠는데……."

"글쎄요, 댁에 가시는 것 외에는…… 자동차 부를까요?"

"자동차가 다 무엇입니까……. 참, 좋은 수가 있어요. 보이 좀 불러 줘요."

[……]

방에 들어서자마자 춘식은 불문곡직하고 침대 위에 푹 하고 쓰러진다. 부축하던 보이가 그의 구두를 벗겼다. 보이가 나가자, 춘식은 눈을 반쯤 뜨더니 자기 시계를 들여다보고는 깜짝 놀란 듯이 말한다.

"아이구 이런, 벌써 열한 시가 넘어 버렸네."

하지만 춘식은 근심한다기보다는 성희더러 어디 가지 말고 자기 옆에 와서 간호해 달라는 표정을 하고 있다.

이일, 「몽영(夢影)의 비애」, 『창조』 4호, 1920년 2월

남자와 여자가 연극을 보고 나오니 밤 10시. 늦은 시간이지만 둘은 밤참을 먹으러 극장 바로 옆에 있는 호텔에 간다. 그리고 함께 포도 주를 마신다. 그런데 평소 술을 잘 마시는 남자가 그날따라 술이 깨지 않아 머리가 아프단다. 여자는 집에 가자 하지만 남자는 더 좋은 방법이 있다며 호텔 방을 잡는다. 그러고는 이미 시간이 11시가 넘었다며 호들갑을 떨더니 여자보고 옆에 와서 간호해 달라고 한다.

요즘 청춘 남녀들의 흔한 '쉬었다 가자' 스토리 같지만 1920년의 이야기다. 보아하니 남자는 일부러 가깝다는 핑계로 밤참을 먹으러 호텔을 갔고, 일부러 술을 마시고 아픈 척을 한 것이다. 11시가 넘었다고 능청을 떠는 꼴은, 꼭 섬에 놀러 가서는 일부러 마지

막 배를 놓치고 하는 수 없다며 숙소를 찾아가는 뻔한 스토리와 오 버랩된다.

1920년대는 우리나라에 본격적으로 자유연애가 도입(?)된 시 기다. 이전까지 혼례란 집안 어른들이 정하는 대로 따르는 것이었 기에 미혼 남녀 간에 자연스러운 연애라는 것이 성립하기 힘들었 다. 하지만 1920년대 이후 본격적으로 서양 문물이 확산되기 시작 하면서 유교 윤리에 근간한 가족과 사랑에 대한 관념과 행태도 흔 들리기 시작했다.

앞의 소설에서도 이 커플은 '호텔'에서 저녁을 먹고 함께 '포 도주'를 마신다. 호텔 방에 올라가자 보이가 남자의 '구두'를 벗긴 다. 전형적인 서구식 복식에, 서구식 데이트를 즐기는 모습이다. 1920년대 서구식 스타일을 말한다면 '모던보이'와 '모던걸'을 빼 놓을 수 없다.

> 안국동 네거리를 활개 치며 내닫는 '모던보이'와 '모던걸'. 햇빛에 번쩍이는 복삿빛 '파라솔'과 봄바람에 날리는 노랑빛 '넥타이'. 그 리고 구두 뒤축에 질겅질겅 씹히는 '곤[紺]세루' 바지와 정강이 위 에 펄렁거리는 '사지' 치마. 급한 일이나 있는 것같이 부리나케 달 아나는 '보이'의 손에는 발을 뗄 때마다 '바이올린'이 앞뒤로 왔다 갔다.
>
> 『동아일보』1928년 4월 19일자

안국동 사거리에서 멋진 정장과 치마를 차려입은 남녀가 바쁘게

| 모던보이와 모던걸 [『동아일보』 1928년 4월 19일자]

걸어가는 모습이 눈앞에 그려진다. '보이'의 손에 들려 있는 바이올린이, 정말로 연주할 줄 알아서 들고 다니는 건지, 아니면 마치 읽을 줄도 모르는 영자 신문처럼 패션 소품으로 들고 다니는 건지는 알 수 없지만 말이다. 어쨌건 그런 새로운 패션은 이렇게 신문에서 자세히 묘사할 정도로 상당한 화제를 모았다. 1920년대는 할리우드 영화가 유입되고 대중음악도 확산되던 시기였다.

이처럼 자유연애는 서구식 복식은 물론 대중문화의 유입과도 맞물리면서 기존과는 완전히 다른 라이프스타일을 복합적으로 만들어 갔다. 따라서 겉모습만 서구화되어 간 것은 아니다. 이렇게 급진적인 문화의 변화는 때로는 위험하기도 하다. 특히 젊은 남녀가 사랑의 장벽에 부딪혔을 때는 때로 극단적인 선택을 하기도 한다. 1922년 상반기에 경성에서 일어난 자살의 첫 번째 원인이 바로 연애 때문이었다고 하며, 「사의 찬미」를 대히트시킨 당대의 성악가

윤심덕과 극작가 김우진이 배에서 뛰어내려 동반 자살 한 1926년의 사건은 이러한 연애 자살 사건 중에서 가장 유명한 예다. 개인의 의식은 자유로워지는데 세상의 변화가 이에 미치지 못하던 때다.

연애에 목숨까지 내걸 만큼 의식 변화가 일어나자, 결혼 생활에도 큰 변화가 일어나기 시작했다. 전에 볼 수 없던 '이혼'이라는 것이 등장하였으며, 동경 유학생들 같은 경우 전통적인 생활양식을 따르는 배우자를 두고는 신식 교육을 받은 신여성과 연애를 하는 일이 빈번해지기 시작한다. 유학생들 사이에는 신여성 애인을 두는 것이 마치 유행처럼 번졌다. 이에 따라 소위 '배운 남자들'이 배우자와 이혼하는 일이 급증한 것이다. 반면에 배우지 못한 계층에서는 경제적 이유로 이혼하는 일이 생겨나기 시작한다. 경제적으로 궁핍해지면서 남편이 집을 나가 돌아오지 않자 여자 측에서 이혼을 청구한 것이다.

> 작년도 통계에 의하면 조선에서 결행된 이혼 건수가 8220여라 한다. 재작년의 6991건에 비하면 증가한 수가 1년에 1200여 건이다. [……] 소위 유산 지식계급에서는 남성이 여성을 이혼하고 무산 하류계급에서는 여성이 남성을 이혼한다.
>
> 『동아일보』 1929년 10월 25일자

1930년대로 넘어가면 독신자와 만혼자도 나타난다. 남녀가 때가 되면 중매를 통해 짝을 짓는 것이 당연하던 것이, 이제는 의식의 변화와 경제적 여건 때문에 결혼관 자체에 균열이 일어난 것이다. 아래 나혜석과 이광수가 '만혼 타개 좌담회'에서 말한 내용을 보면 이들은 만혼을 타개하자는 좌담회에서 오히려 독신과 만혼을 옹호하고 있다.

> "행복한 결혼보다 불행한 결혼이 많다는 점에서 독신 생활을 주장하는 건 당연해요. 여성의 경우 더욱 그렇죠." (나혜석)

> "혼자 살기도 어려운 세상에 아내까지 얻어서는 생활할 도리가 없다 보니 젊은 남자들도 결혼하지 않는 겁니다. 경제적 요인이 가장 큰 이유죠." (이광수)
>
> 「만혼 타개 좌담회」, 『삼천리』 1930년 6월호

당시 보기 드문 여성 화가이자 대담한 자유연애를 했던 나혜석은 결혼을 통해 고통받는 여성의 입장을 대변한다. 반면 이광수는 일제의 수탈과 경제불황으로 빈곤과 실업이 만연한 사회 현실을 꼬집으며 만혼의 원인을 지적하고 있다. 이혼, 만혼, 독신 등은 신문물이 들어오고 있다고는 하나 여전히 유교 사상이 사회의 근간을 이룬 당시의 사회 풍토에서 커다란 사회문제로 부각된다.

연애를 위해 목숨까지 걸던 젊은이들이 경제적 요인으로 인해 결혼하지 않는 시대로 접어드는 모습을 보면서 요즘의 연애 및 결혼 세태가 자연스럽게 떠오른다. 언론에서는 연애, 결혼, 출산을 포기한 '삼포세대'라는 말을 쓰기도 하고, 일본의 '사토리 세대'를 빌려와 '달관 세대'라 칭하기도 하며 우려의 목소리를 내곤 한다.

1920~1930년대 신문물의 유입과 경제불황을 동시에 겪었던 100여 년 전 세대와 마치 데칼코마니처럼 닮았다.

1920년, 눈에 뻔히 보이는 수작을 벌여 가며 여자를 호텔 방에 끌어들이던 남자들이 1930년대가 되자 경제적 빈곤에 허덕이며 결혼을 미루거나 포기하는 사람이 생긴다. 여자의 눈치를 살피다 조금의 빈틈만 보이면 어떻게든 한 번 해보려고 하는 것도 예나 지금이나 변하지 않는 애처로운 남자의 습성이라면, 연애나 결혼도 안정적인 경제적 기반이 있어야 가능하다는 것 역시 예나 지금이나 변하지 않는 진리 아닐까.

'얼개화'에서 '된장녀'까지

여성을 바라보는 시선의 이중성

2000년대 초반, 한국 사회를 풍미했던 현상 중 하나가 이른바 '된장녀'에 대한 논란이었다. 이 논란의 요체는 대체로 이러했다. 한국의 20~30대 여성들이 한 끼 식삿값보다도 비싼 모 수입 브랜드의 커피를 즐겨 마시면서 허영심을 부리는 통에 사회 풍조를 어지럽게 만들고 있다는 식이었다. 당연히 여성들은 이런 주장에 대해 격렬하게 반발했고, 논란은 이내 격화되어 성 대결의 구도로 이어지기까지 했다. 이러한 논란은 아직까지도 현재진행형인데, 2015년에는 외교부의 권고를 무시하고 홍콩에 다녀온 여성 여행객이 메르스의 최초 전파자라는 루머가 퍼지기도 했다. 여기에도 이른바 '된장녀', '김치녀' 따위의 비하적 호칭이 따라 붙었음은 물론이다.

그런데 이 '된장녀' 논란은 사실 꽤 유구한 역사를 가진 것이었다. 한국 사회에서 여성들이 본격적으로 대문 밖을 나서기 시작했던 것은 20세기 초, 서구에 문호를 개방하면서 여성들 역시 보통 교육을 받고 경제활동에 보탬이 되어야 한다는 인식이 확산되면서였다. 아이러니하게도 '된장녀' 논란의 역사는 이와 거의 비슷한 시기에 시작되고 있었다. 다음은 1914년 2월 3일자 『매일신보』에 실린 기사의 내용이다.

평양부 대흥면 능라도에 사는 최일순이라는 사람의 처 이미자는 16세 된 여자다. 원래 경성 출생으로 친정에 있을 때 경성의 어느 보통학교에서 공부하고, 그 후 평양에 와서도 학교를 다녀서 일본말도 어느 정도 할 수 있게 되었다. 작년(1913년) 10월에 시집을 갔는데, 시댁은 그다지 재산도 많지 않고 집도 대단치 않아 다들 검소하게 살고 있었다. 부유한 집에 출가하여 사치를 누리기를 꿈꾸던 이미자는 이처럼 가난한 집으로 출가하게 되어 매일 물 긷고, 빨래하고, 밥 지으며 시부모 명령까지 들어야 하는 처지가 되었다. 그리하여 이미자는 시집 온 직후부터 항상 시댁의 빈곤함을 괴롭게 여기며, 시부모를 존중하지 않고 외려 불온한 언사를 일삼았다.

하루는 친정으로 돌아가겠다고 몰래 집에서 빠져나와 평양성내로 들어갔다가 경관에게 발견되어 경찰서로 갔는데, 전후 사실을 물어보는 경관에게 유창한 일본어로 말하기를 "나는 원래 그렇게 가난한 곳에 시집가기를 원치 않았다. 각종 집안일과 시부모 봉양은 하기 싫다. 좋은 옷을 입고서 히사시가미[庇髮, 당시 유행하던 챙머리식 헤어스타일] 해볼 날이 없으니 언제까지 그렇게 구차하게 살겠나"라고 당돌하게 말하기에 경관이 그 철없는 행동을 엄중하게 꾸

| 1910년대 인기를 끌었던 히사시가미 헤어스타일

짖고 시댁으로 돌려보냈다(『매일신보』 1914년 2월 3일자).

　　대략 정리하자면 이렇다. 일본어 회화가 가능할 정도의 '배운 여자' 이미자가 결혼한 뒤에도 자신의 허영심을 누르지 못하고 시댁에서 도망쳤다가 경관에게 붙들려 꾸지람을 듣고 다시 돌아가게 되었다는 것이다. 말하자면 검소한 생활을 지키는 현모양처라는 전통적인 여성상을 지키지 못하고 양장에 히사시가미를 하고서 길거리를 활보하고 싶은 '신여성'의 욕망을 허영심이라 비판한 셈이다. 참고로 이 기사의 제목은 '얼개화와 허영심'. 여기서 '얼개화'는 완전하지 않고 어중간하게 된 개화를 의미한다.

　　1910년대 무렵, 이와 같은 신식 여성을 비판하는 기사는 어렵잖게 찾아볼 수 있었다. 혹자는 여성들이 양장을 하고 극장 따위를 다니면서 역시 극장을 찾아오는 남자들과 추파를 주고받는 광경을 거론하면서 풍속이 문란해진다고 우려하기도 했다. 혹자는 이른바 '하이칼라' 여성들이 남자들을 유혹하면서 그네들의 재산을 갈취하려는 풍토를 강하게 비판하고, 이들이 하루속히 반성하여 성실한 신식 여성이 되기를 종용하기도 했다. 어떤 식으로든 길거리에 나선 여성들은 당대 신문의 날카로운 시선을 피해 가기 힘들었다.

사실 이런 인식은 비단 신문 매체만의 것은 아니었다. 『매일신보』 1912년 6월 23일자 3면에 실린 단편소설 「걸인 여자의 탄식」(乞食女의 自歎)은 수석청년(漱石靑年)이라는 기고자가 보낸 것이다. 이 소설 속 주인공인 걸인 여자는 어느 집에 찾아가 구걸을 시도한다. 그런데 그 집에는 여러 하이칼라 여성들이 모여서 자신이 남자로부터 어떻게 돈을 우려내었는지를 서로 자랑하고 있다. 그 와중에 걸인에게는 눈길도 주지 않던 이들은 결국 돈 한 푼 내주지 않고 걸인을 쫓아낸다. 그런데 쫓겨 나오던 걸인이 스스로 탄식하며 말한다. "나 또한 너희처럼 이름깨나 날리던 사람이나 지금은 이 모양 이 꼴이 되었다, 나의 잘못으로 인함이니 누구를 탓하랴?"라고. 요컨대 '전직' 하이칼라 여성인 거지를 내세워서 신여성들의 허영심을 꼬집고 경계하려고 했던 것이다.

한 가지 재미있는 아이러니는, 정작 이 여성들을 거리로 나서게 만들었던 것 역시 신문 등의 대중매체를 기반으로 한 주류 담론이라는 사실이다. 적어도 당시 신문들은 여성이 집 안에서 나오지 않고 그저 가장에게 기댄 채 살아가는 것을 달가워하지 않았다. 양반들이 생업에 종사하지 않고 무위도식한다는 점 때문에 비판받았던 것처럼, 여성들 역시 규중에만 머무르면서 경제활동에 종사하지 않는 상황에 머물러서는 안 된다는 인식은 신문 논설이나 각종 기사를 통해 꾸준히 제기되고 있었다.

『매일신보』1912년 3월 2일자 3면 「귀부인의 정론」이라는 기사에서는 어느 대갓집 부인들이 모여 생일잔치를 하다가, 더 이상 남편의 재산에만 의지하지 말고 각자 실업에 힘을 써서 스스로 돈을 벌어야 한다고 주장한다. 남녀에게 서로 동등한 권리를 부여하여 각자 사회에 기여할 수 있도록 해야 한다는 인식은 이미 1890년대부터 줄기차게 언급되어 왔던 것이고, 여성 교육에 대한 필요성도 그런 관점에서 제기된 바 있었다. 적어도 당시 주류 담론의 관점에서 여성들은 더 '배워야' 했고, 그리하여 집 안을 벗어나 바깥세상으로 나와서 더 '일해야' 했다.

결국 여성들이 규중의 바깥으로 이끌려 나온 것은 당대의 주류 담론에 의한 적극적인 호명의 결과였던 셈이다. 애초에 사회의 주도권이 남성에게 주어져 있는 상황에서, 이들이 주도하는 담론이 여성을 사회의 일원으로 호명하지 않는 한 여성의 사회활동은 본격화되기 어려웠을 것이다. 그러나 문제는 정작 여성들이 집을 나서서 본격적인 외부 활동을 시작하자, 여태껏 여성들에게 '규중으로부터 빠져나와라'라고 주문했던 주류 담론의 논조가 변해 버렸다는 데 있었다.

애초에 1890~1900년대의 주류 담론이 남녀 권리의 동등함을 강조하거나 여성 교육의 중요성을 역설했던 것은, 양성을 평등한 개인으로 취급하려는 목적에서가 아니었다. 당시 언급되던 동등한 권리란 우리가 일반적으로 생각하는 '차별 해소'라는 측면보다는 외려 인간으로서의 기본적인 권리를 보장한다는 측면이 더 컸다. 즉 종래의 풍토에서는 여성이 짐승과도 같은 대접을 받고 있으니,

이를 해소하고 여성 또한 인간으로서 살아갈 수 있도록 해야 한다는 식이었다.

하지만 그러한 기본권의 측면을 넘어서는 것은 외려 경계의 대상이 되었다. 이 문제에 대해서는 2부에서 좀 더 자세하게 설명할 것이지만, 여성에게 부여되는 권리란 인간으로서의 대접을 받을 권리지, 독립된 개인으로서 자신의 욕망을 적극적으로 표현할 권리는 아니었다. 말하자면 인간으로서의 기본권은 누리되, 여전히 여성들은 현모양처여야 했고 좋은 내조자여야 했다. 집 밖에서 사회활동을 하는 것은 남성의 몫이요, 여성은 그러한 남성을 보좌할 수 있도록 가정을 안정적으로 꾸리고 자녀 교육에 힘써 다음 세대를 준비해야 한다는 것이었다.

길거리에 나선 신여성들은 이러한 주류 담론의 목적의식과 상충될 수밖에 없었다. 앞서 언급한 16세 이미자의 경우처럼, 가정이라는 경계선을 뛰어넘어서 개인으로서의 삶을 추구하려는 신여성들은 주류 담론의 지속적인 견제와 질타를 받았던 것이다. 이는 때로는 『매일신보』와 같은 언론 기사의 고발이나 훈계로 나타나기도 했고, 어떤 경우에는 경찰 혹은 총독부와 같은 규율 권력의 제도적인 압박의 형태로 구체화되기도 했다. 주류 담론은 자신의 통제로부터 벗어난 여성들, 즉 부인이나 어머니로서가 아니라 '개인'으로서 가정의 담벼락을 빠져나간 여성들을 '신여성', '하이칼라 여성' 등으로 대상화하면서 이를 비난하는 방향으로 나아갔다.

말하자면 이들은 '불안했던' 것이다. 여태까지 규중이라는 안전망 속에 갇혀 있던 여성이 바깥세상으로 뛰쳐나옴에 따라, 더 이상 이들을 제어할 수 없으리라는 위기의식이 불안을 낳고, 그 불안이 구체화되어 1910년대판 '된장녀' 담론을 형성했던 셈이다. 그리고 이런 구조는 비단 1910년대만이 아니라 1920년대, 더 나아가서는 21세기에 이르러서까지도 그 기제와 용어를 약간씩 달리한 채 반복되고 있다.

1910년대보다 약간 후대에 놓인 양건식의 『노라』(1922)에 실린 이광수의 서문에서는 이와 같은 불안감이 여과 없이 표출되는 장면을 목격할 수 있다. 양건식은 오늘날 일반 대중들에게는 이름이 잘 알려지지 않은 사람으로,「슬픈 모순」을 비롯한 몇 편의 단편소설을 저술한 소설가이기도 하지만, 그보다는 번역가로 더 알려졌던 인물이다. 『노라』는 입센(Henrik Ibsen)의 유명한 희곡 『인형의 집』을 번역한 것으로, 원래는 1921년 『매일신보』에 '인형의 가(家)'라는 제목으로 연재되었던 것을 단행본으로 편집·출간한 것이다. 『인형의 집』이야 워낙 유명한 작품이니 여기서 굳이 그 상세를 말할 필요는 없겠다. 어찌 되었든 이광수는 '노라야'라는 제목의 이 서문에서 주인공 노라를 향해 이렇게 외친다.

노라야, 너는 사람이라는 깨달음에서 그쳐서는 아니 된다, 너는 여자라는 자각을 얻어야 하고, 인하여 아내이자 어미라는 자각을 얻어야 한다. 다시 네 남편에게로 돌아가라, 그리하여 새로운 의미에서 얌전하고 귀여운 아내와 어미가 되어라. 조선의 딸들에게 소리쳐 사람임을 깨우쳐 넓은 마당으로 나오게 하여라, 그러나 다시 계집으로 깨어 규문(閨門) 안으로 들어가게 하여라. 다만 그 규문은 노비의 감옥이 아니요, 여황제의 대궐이 되게 하여라.

이광수, 「노라야」, 양건식 옮김, 『노라』, 영창서관, 1922

이쯤 되면 명료하게 보이지 않는가? 요즘 언어로 '다소 삐딱하게' 표현하자면 "오빠가 허락한 페미니즘"의 원형이라고도 할 수 있을는지 모르겠다. 21세기의 한국 사회에서도 페미니즘과 관련된 논란에서 '진정한'이라는 수사가 남성들의 입을 통해 심심찮게 나오는 상황이니 말이다. 그리고 보면 주류 담론의 양가적인 반응은 한 세기를 격한 상황에서도 놀랄 만큼 닮은 형태로 반복되는 게 아닌가 싶다.

사실 따지고 보면 2000년대 초반의 '된장녀' 논란 역시 기실은 커피 등의 기호 식품을 무기로 삼은 상품자본이 여성들을 적극적인 소비자로 호명한 데에서 비롯되지 않았던가. 애초에 여성들을 특정 상품에 대한 소비자가 되게끔 하려는 마케팅을 통해 성공을 거둔 것이 외국계 커피 전문 브랜드들이었으니 말이다. 말하자면 자본은 소비자로서의 여성을 호명했지만, 정작 그 여성이 소비자로서 시장에 뛰어들었을 때 남성을 중심으로 한 사회의 담론은 '된장녀'라는 새로운 호칭을 뒤집어씌워 버리고 말았던 것이다.

분야와 영역을 약간 달리하고 있을 뿐, 여성을 새로운 주체로 불러내고자 하면서도 정작 그 기획이 실현되었을 때에는 두려움과 반감을 내비치는 이중성, 그리고 이런 양가적 태도를 감추기 위해 애초에 실재하지 않는 환상의 '무개념녀'를 형상화하고 비판하는 방식은 한 세기를 돌고 돌아서 다시 비슷한 형태로 반복되고 있다. 20세기 초 수많은 남성들과 이들이 지탱해 온 주류 담론이 무수한 '노라'들을 경계하고 질타했던 것처럼 말이다. 그 불편한 진실을 한 세기 전의 역사를 통해서 비춰 보고자 한다면 과연 무리한 시도일까.

이 미인은 누구인가?

100년 전 티저 마케팅

기억하는 사람이 있을지 모르겠다. 벌써 10년도 더 된 이야기니까. 2000년 3월 무렵 사람들의 호기심을 자극했던 그 광고 문구 말이다. 아무런 설명도 없이 시내버스 곳곳에 흰 바탕에 갈겨쓴 듯한 글씨로 쓰여 있던 그 문장, "선영아 사랑해".

사람들은 버스나 지하철 등에서 이 문구를 접하고는 아마도 어떤 남성이 누군가에게 고백하기 위해 거액을 들여서 이런 이벤트를 마련한 게 아닌가 하고 생각했다. 요즘 기준으로 생각해 보면 꽤나 순진하고도 낭만적인 반응이지만 말이다. 오죽하면 당시 광고를 집행했던 서울지하철공사나 각 버스 회사에 '선영이'의 정체를 문의하는 전화가 빗발쳐서 업무에 차질을 빚을 정도였다고 하니, 이쯤 되면 시선 끌기용 광고로서는 제 몫을 다한 셈이다.

이처럼 사람들의 호기심을 끄는 광고 방식을 티저(teaser) 광고라고 한다. 광고에서 제품에 대한 정보를 일부러 은폐함으로써 사람들의 주목을 끄는 방식이다. 보통 광고라고 하면 홍보하려는 제품의 정보를 가급적 낱낱이 밝혀서 사람들로 하여금 이를 구매하게끔 유도해야겠지만, 이런 광고가 여기저기 난무하다 보면 외려 홍보 이전에 관심 자체를 끌기 어려우므로 거꾸로 광고의 목적을 숨겨서 사람들의 호기심부터 자극하는 것이다.

그러나 이 '티저'라는 방식이 하나의 광고 기법으로 정착하기 이전부터, 광고주들은 이런저런 방식으로 사람들의 호기심을 자극하기 위해 무던히 애를 썼다. 100년 전, 『매일신보』2면 하단을 통째로 빌렸던 어느 광고주가 그러했듯이 말이다.

광고라고는 하지만 제품에 대한 정보는 하나도 없다. 도대체 무엇을 위한 광고인지조차 가늠할 수 없다. 상품명도, 광고주도 없다. 단지 한복을 곱게 차려입은 한 여성의 사진과 "이 미녀는 누구인가?" "무엇을 위한 광고인가?" "내일 같은 지면의 광고를 확인하시

라!" 같은 몇 줄의 문구만이 있을 뿐이다.

당시 기준으로 치자면 상당히 돈을 많이 들인 광고다. 일단 차지하고 있는 지면의 면적부터 그렇다. 당시 『매일신보』는 총 9단 체제였는데, 2면 하단의 광고는 보통 2~3단 정도가 배당되었다. 그나마도 이 광고란을 하나의 광고가 전부 채우는 경우는 드물었다. 바로 하루 전인 2월 24일자 2면 하단 광고와 비교해 봐도 이 차이는 명확하게 드러난다.

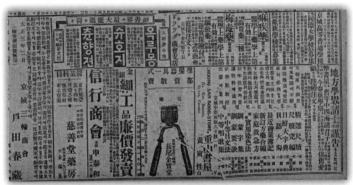

║『매일신보』1914년 2월 24일 2면 하단 광고

여기에 들어간 광고의 숫자만 해도 10개, 각각의 광고 도안을 보더라도 앞에서 언급한 25일자 광고에 비하면 훨씬 빽빽하다는 게 단번에 눈에 보인다. 사진이나 그림은 별로 없고, 대부분 글자가 중심이다. 그나마도 눈이 아플 정도로 빼곡하게 들어차 있어서 하나하나 눈여겨보지 않으면 눈에 잘 들어오지도 않는다. 하지만 당시는 이게 신문광고의 '스탠더드'였다. 그나마 1900년대에는 광고에 삽화나 사진이 쓰이는 일도 거의 없었고, 철저하게 활자 중심이었다.

이러고 보면 앞의 25일자 광고는 꽤나 신선하다. 일단 여백이 많고 글자 수가 적다. 게다가 가운데에는 버젓이 사진까지 있다. 그러면서도 광고 10개가 들어갈 수 있는 3단 전체를 독차지했다. 그런데 정작 무엇을 위한 광고인지는 일절 설명이 없고, 그저 다음날 광고를 주목하라는 권유밖에 없다. 당연히 눈길이 갈 수밖에 없는 구조다.

아마도 이러한 광고 기법에서 재미를 봤는지, 이 광고의 광고주는 3월 1일자에도 똑같은 시도를 반복한다. 게다가 무려 1면이었다. 이번에는 아예 사진도 없고 "겨우 2전으로 천금을 얻었다. 내일 본지 1면에 어떤 물건이 등장할까?"라는 문장만을 실었다. 이쯤 되면 티저 광고를 넘어서 숫제 사이비 수준이지만, 어찌 되었든 독자들의 시선을 끌기에는 충분했을 것이다. 하물며 1면 하단의 2단 전체를 차지한 광고이니 그 효과는 의심할 여지가 없겠다.

한국에 처음 민간 신문이 등장한 것이 1896년, 불특정 다수의 독자를 상대로 광고를 시작한 것도 대략 이 무렵이다. 그래서인지 광고란 당시 사람들에게는 어쩐지 낯선 것이었다. 일반 신문 기사와 광고를 혼동하는 사람들도 많았고, 그래서 신문사에 돈을 보내면서 "이러이러한 기사를 실어 달라"라고 청탁하는 경우도 적지 않았다. 그럴 때마다 신문사 측에서는 돈을 내고 싣는 것은 광고요, 기사는 별도의 청탁을 받지 않는다면서 양자를 구분해 줄 것을 요구하는 사설을 싣곤 했다. 하지만 사람들은 여전히 신문사에 기사를 청탁하면서 돈을 보내곤 했다.

그나마 광고와 기사를 구별하는 인식이 생긴 뒤에도, 광고의 용도를 '오인'하는 사람들이 많았다. 광고를 통해서 자신의 개인적인 의견을 불특정 다수에게 널리 퍼뜨리거나, 혹은 특정인에 대한 비방 따위를 시도하는 경우도 있었다. 예컨대 당시 많이 등장했던 광고 중 하나는 자신의 아들 내지는 친척인 모 씨가 자신의 인감을 위조하거나 훔쳐서 여기저기에서 돈을 빌리고 다니나, 이는 본인의 것이 아닌즉 혹 자신의 인감을 들고서 돈을 빌리러 오는 자가 있으면 무시하라는 식이었다. 그 외에도 자신이 개명한 사실을 주변 사람들에게 알리거나, 잃어버린 물건을 찾아 달라는 식의 광고도 자주 실렸다.

예를 들자면 이런 식이다. 『황성신문』 1906년 12월 13일자 3면 광고 중에는 과천 사는 이경삼이라는 사람이 낸 것이 있는데, 1단 전체를 차지한 이 광고는 전(前) 한성부 판윤 이방현의 양자인 이승익을 비방하는 내용을 담고 있었다. 이 광고의 말미에 이경삼은 다음과 같이 광고를 낸 사유를 밝혔다. "미구에 승익이가 나올 지경이면 일도 아니 되고 집안이 뒤집어 엎어질 터이니 그 집안은 아무것도 볼 게 없게 될 듯하고 그 집이 한심하기로 여기에 광고함."

일각에서는 신문의 광고란이 이런 식으로 쓰이는 것을 비판하기도 했다. 『황성신문』 1901년 3월 29일자 논설에는 서구와 한국의 사례를 비교하면서, 개인적인 일로 신문 광고란을 채우는 일을 비판하는 대목이 있다. 광고란 영업이나 상업, 관청의 고시, 새로 발명한 물품의 소개, 학교의 학생 모집 등과 같이 세상에 도움이 되는 것들을 실어야 하는데, 한국에서는 자기 친지 중 누군가가 못된

짓을 하고 다닌다거나 자기 이름을 이러저러하게 바꾸었으니 이를 알아 달라는 따위의 광고가 대부분을 차지하니 문제라는 것이었다. 이것은 광고를 의뢰한 사람들뿐만 아니라 이를 게재한 신문사 측에 대한 비판이기도 했는데, '나라의 명예'는 생각하지 않고 그저 광고료 받는 일에만 몰두하니 이러한 일이 벌어지지 않느냐는 힐난도 함께 제기되었다.

하지만 여기에 대해 황성신문사 측은 위 논설을 통해서 먼저 이러한 비판을 소개한 뒤에, 신문은 단지 광고를 의뢰한 사람의 의향을 좇을 뿐 그 내용 자체의 정당함을 판단하지는 않는다며 자신들의 입장을 피력했다. 사실 따지고 보면 광고란의 오용을 지적한 독자 쪽이 외려 광고와 일반 기사의 성격을 온전히 구별하지 못했다고 봐야 할 것이다. 그해 8월 22일자 논설에서도 비슷한 성격의 문답 기사가 나오는 것을 보건대 말이다. 어찌 되었든 당시 광고를 둘러싼 사람들의 인식은 이처럼 명료하지 못했고, 덕분에 이런저런 해프닝이 많이 일어났다.

그럼에도 불구하고 신문광고는 점차 본연의 목적을 위해 이런저런 방안들을 모색하기 시작했다. 초창기의 신문광고는 상품명이나 가게 이름, 주소 따위를 적당히 나열한 명함 수준의 쪽광고에 지나지 않았고, 대개는 삽화 같은 것도 없이 문자로만 작성되고는 했다. 활자의 크기를 달리한다거나 독자들의 시선을 끌 만한 요소를 강구하는 일 따위는 없었다. 기껏해야 상점 이름이나 광고 제목 따위를 좀 더 크게 넣고, 테두리에 간단한 무늬 같은 것을 넣는 게 고작이었다. 얼핏 보아서는 보통의 신문 기사와 구별하기도 힘들었고, 상품과 관련된 정보를 쉽게 찾아서 읽을 수 있도록 가독성을 고려하지도 않았다. 단지 일정한 돈을 내고 광고를 냈다는 것 자체에만 의미를 두었던 듯하다.

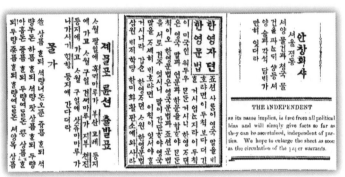

┃『독립신문』 1896년 4월 7일 3면 광고

하지만 이랬던 것이, 시간이 흐르면서 어떻게 해야 독자들의 시선을 끌 수 있을지의 문제를 점차 고민하게 된다. 이런 시도에 가장 먼저 눈을 뜬 것은 담배 광고와 약 광고였다. 담배 광고의 경우에는 긴 말 필요 없이 담뱃갑 모양을 삽화로 넣어서 신문 지상에 게재하면 충분했다. 요즘이라면 모를까, 1900년대 중반까지만 해도 삽화가 들어가는 광고는 찾아보기 어려웠으므로, 이 정도만 해도 독자들의 눈에 띄는 데에는 충분했다.

약 광고도 마찬가지였다. 1901년 8월에서 9월 사이에『황성신문』에 광고를 냈던 수생당(壽生堂) 약방은 '원덕단'(元德丹)이라는 제품 광고를 내면서 우측 상단에 세 인물의 초상화를 그려 넣었다. 광고 문안의 내용을 보건대 이들은 삼국지에 나오는 유비, 관우, 장비

삼형제로 보인다. "고금에 유명한 중국의 공명 군사가 군중에서 사용하시던, 둘째가라면 서운한 효험의 양약"이라고 설명하고 있기 때문이다. 여기까지만 봐도 살짝 '약장수' 느낌이 나는데, 이어지는 광고 문안을 보면 그야말로 기가 막힌다. 문체만 국한문일 뿐, 내용으로 보면 길거리에서 각종 정체불명의 약을 파는 약장수의 그것과 하나도 다를 게 없으니 말이다.

▮『황성신문』 1901년 9월 2일 3면에 실린 원덕단 광고

"그때에는 이름을 삼국단(三國丹)이라 했는데, 지금은 이름을 원덕단이라 하였노라. 이 원덕단을 평일에 드시면 정신이 활발해서 하루 종일 봄같이 되는 고로 군인은 전쟁에서 대승리를 거두고 상인은 커다란 이익을 얻으리라. 남녀노소와 질병 유무에 관계없이 매일 아침저녁으로 복용하시오. 특히 악성 전염병이 돌 때에는 예방에 아주 큰 효험이 있노라. 말이 필요 없으니 일단 한번 복용해 보

시고 이 원덕단을 알아주시라."

　담배나 의약품을 광고하는 회사들은 대체로 광고에 상당히 많은 비용을 투자했고, 그래서 신문광고에서도 비교적 큰 지면을 차지하는 경우가 많았다. 예컨대 자혜의원(慈惠醫院)은 1908년 무렵에 종로 한복판에 2층 양옥을 짓고 1층에는 약방을, 2층에는 병원을 운영했다. 이 자혜의원은 『대한매일신보』 1908년 11월 20일자 4면 2단 전체에 걸쳐서 영업 광고를 냈는데, 병원에서 환자를 수술하고 있는 장면을 찍은 '사진'을 함께 게재했다. 삽화로도 모자라 사진을 찍어서 이를 신문에 게재하려면 예나 지금이나 상당한 비용이 든다. 하물며 삽화조차도 통상적인 게 아니었던 당시 실정에서 사진을 넣었다는 건 그만큼 광고에 많은 투자를 했다는 의미겠다.

　하지만 독자들의 시선을 끌기 위한 전략은 비단 대형 광고에만 시도되는 건 아니었다. 글자로만 구성된 소규모 광고들도 나름대로의 시선 유도법이 있었다. 바로 광고 전체의 방향을 거꾸로 뒤집거나 좌우로 틀어 버리는 방법이었다.

| 『황성신문』 1904년 9월 1일 4면 광고

위의 오른쪽 광고를 보라. 좌측의 『대한강역고』 서적 광고를 보면 알겠지만, 우측의 광고만 거꾸로 인쇄된 것이다. 혹시 신문사 측의 실수가 아닐까? 천만에. 우측의 저 광고는 2일자는 물론 3, 4, 5, 6 일자에도 계속 거꾸로 뒤집힌 채 인쇄되었다. 만일 신문사 측의 실수였다면 당시 풍토로 보건대 오류를 바로잡는다는 내용의 공고를 어떤 형태로든 내고서 바로 수정했을 것이다. 며칠 동안 연속해서 저런 식으로 광고가 나갔다는 건 광고주 측에서 고의적으로 뒤집어서 냈다는 뜻밖에는 되지 않는다.

이렇게 광고를 거꾸로 싣는 데에는 그만한 이유가 있었다. 당시 신문의 광고란은 대체로 문자 중심이었고, 일부 대형 광고를 제외하고는 각기 1단 내지 2단, 그것도 전체가 아닌 일부만을 차지한 채 한 면을 빼곡히 채우는 것이 보통이었다. 이러다 보니 신문 4면은 보통 소규모 광고들의 난립으로 인하여 무엇 하나 눈에 들어오지 않게 되는 경우가 많았다.

이런 상황에서 유독 광고 하나가 방향이 틀어진 채로 들어가 있다고 생각해 보라. 인간의 시선이란 종래의 관습에서 벗어나는 것, 즉 '독특한' 것을 향해 먼저 쏠리게 마련이다. 뒤집어진 광고를 보면서 독자들은 이게 무엇인가 한 번 확인하게 되고, 그 과정에서 자연스럽게 신문을 뒤집어 가며 해당 광고를 눈으로 접하게 된다. 소규모 광고이기에 채택할 수 있는, 아니 오히려 더 '효율적인' 시선 유도 전략인 셈이다.

시대가 변하고 문화가 달라진다 해도 본질이란 쉽게 변하지 않는 법이다. 우리가 십수 년 전 '선영아 사랑해'라는 티저 광고를 통해 보았던 시선 끌기의 노력은 이미 100여 년 전부터 다각도로 이루어져 온 것이기도 했다. 오늘날 종종 거론되는 '낯설게 하기'라는 행동 준칙은 비록 일정한 용어로 규정되지는 않더라도, 알게 모르게 우리네의 생활 속 원리 중 하나로 자리 잡고 있었던 셈이다.

그럼 여기서 다시 처음으로 돌아가서. "이 미인이 누구인지 아시오?"라고 반문했던 그 광고의 정체는 무엇이었을까. 예나 지금이나 자극적인 소재를 내세워서 사람들의 시선을 유도하는 건 역시 술이나 담배와 같은 기호품들일 것이다. 이때라고 크게 달랐을 리 없다. 바로 담배 광고였다. 정말이지, '예나 지금이나'라는 말이 절로 나온다.

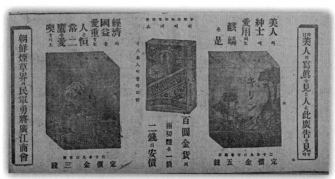

‖『매일신보』 1914년 2월 26일 2면 하단 광고

1900년대의 어떤 개그

어떤 부잣집에서 큰 잔치를 열게 되었다. 이를 앞두고 그 집에서 기르는 소, 말, 닭, 개, 돼지가 모여서 회의를 열었다. 회의의 주제는 이러했다. "조만간 열리는 잔치에서 필경 우리 중 누군가는 잡아먹힐 것이다. 과연 누가 먼저 희생해야 할까?"

소: 나는 주인님을 위해 밭을 갈아 드린 공로가 있으니까.
말: 나는 주인님을 태우고 이곳저곳 모셔다 드릴 수 있지.
닭: 나는 매일 아침마다 주인님께 시간을 알려 드리는걸.
개: 나는 주인님을 도적으로부터 지켜 드리고 있지.

이렇게 저마다 앞다투어 자신이 잡아먹히지 않아야 할 이유를 말했다. 하지만 그 와중에도 혼자 아무 말 없이 묵묵하게 앉아 있던 돼지가 마지막에 체념한 듯 이렇게 말했다.

돼지: …… 그래, 물 끓여라.

『황성신문』 1909년 7월 24일자 「국외냉평」(局外冷評)을 재구성

2부
조선의 교육과 문화

일본어 조기교육
언어는 경쟁력이 아닌 민족의 정신이다

최근에 들으니 학부[學部, 오늘날의 교육부]에서 소학교용 교과서를 일본어로 편찬한다고 한다. 우리는 이 문제에 대하여 한편으로는 놀라고 한편으로는 많은 우려를 품고 있다. [……] 한 나라의 교과서를 일본어로 함으로써 학생들에게 다른 것보다 먼저 일본어부터 배우는 데 많은 세월을 소모하게 하고, 이를 다한 이후에야 소학교 수업을 들을 수 있게 만들 셈인가?

무릇 교육이란 어떤 전문 분야를 막론하고 반드시 자기 나라, 자기 민족의 정신을 먼저 배양하도록 주의를 삼아야 할 것이다. 국민정신이 관철된 후에야 비로소 그 국가를 이끌어 나갈 인재가 된다 할 것이요, 이러한 국가정신을 갖춘 인재라야 나라를 개명한 선진국으로 이끌어 나갈 수 있는 법이다. 그러나 이처럼 교과서에 자국 말을 쓰지 않고 일본어로 교과서를 편찬한다면, 제아무리 고등 학문을 가르친들 자기 나라의 정신을 익힐 수 없고, 자기 나라 사정에 어두운 꼴이 되니, 이는 결국 일개 고용인 내지는 통역관을 만드는 일에 불과할 것이다.

『황성신문』 1906년 4월 5일자

1906년 학부에서 소학교 교과서를 '일어'로 만들겠다는 계획을 발표한다. 조금이라도 이른 시기부터 외국어를 접하게 하여 외부로부터의 문물을 받아들이는 데에 효율성을 기하겠다는 것이 그 골자였다. 어려서부터 일본어를 익힌다면 빠른 시일 내에 일본인과 어깨를 나란히 하며 선진화된 제도나 기술을 배우는 데 더 효과적이지 않겠는가?

이런 발상은 꽤 그럴듯하게 들리기는 했다. 일단 당시 한국이 대부분의 기술과 제도를 들여오는 통로가 일본에 편중되어 있다는 점은 엄연한 현실이었다. 아니, 한국에서는 제대로 된 책조차도 구하기 힘들었다. 신지식을 익힐 만한 서적 중에 우리말로 번역된 것은 별로 없었고, 다른 한편으로는 조선시대에 나왔던 고전조차도 제대로 남아 있는 게 없었다. 오죽하면 『징비록』 같은 책을 한국에서보다 일본에서 구하는 게 더 수월하다고 했을까.

사실 이런 논리는 비단 대한제국 정부 측에서만 내놓았던 것은 아니었다. 1896~1898년 무렵의 『독립신문』이나 『매일신보』 등도 비슷한 수준의 서구 추수주의를 여과 없이 드러내곤 했다. 아마 한글이라는 고유한 문자가 없었다면 공용 문자조차도 영어나 일본어로 변경해야 한다고 주장했을지도 모르겠다. 애초에 한문을 배격하고 한글을 중시했던 이유도 '우리의 것'이라는 관점보다는 "더

142 · 2부 | 조선의 교육과 문화

▎국보 132호 『징비록』 [문화재청]

새롭고 편리한 것"이라는 시각이 강했기 때문이었으니 말이다. 한
문은 단지 남의 것이라서가 아니라 중국이라는 존재 자체가 '낡고
썩었으므로' 굳이 불편함을 감수하면서까지 그들의 글자를 쓸 필
요가 없다는 것이었다.

　하지만 학부에서 일본어 교과서 도입 가능성을 가늠하고 있
던 1906년 무렵에는 이미 이런 식의 사고는 통용되지 않았다. 1890
년대의 막바지에 국가나 민족 간의 차이조차도 백지로 돌린 채 오
직 '문명화'만을 유일한 가늠좌로 여겼던 지식인들은, 의화단 사태
나 러일전쟁, 을사보호조약 등을 거치면서 그저 열강의 등 뒤를 쫓
는 것만으로는 살아남을 수 없다는 점을 명백하게 깨달았기 때문
이다. 기술을 익히고 실력을 키우는 것만으로는 대한을 열강으로
만들 수 없었다. 문명국의 일원에게 필요한 최소한의 덕목만 유지
하면 국제공법에 의거하여 독립을 보장받을 수 있으리라는 믿음조
차도 여지없이 깨져 나갔던 게 1906년 무렵의 상황이다.

　이런 시대였으니 열강의 뒤만 열심히 쫓으면 되리라는 사고
는 먹혀들지 않을 것이 뻔했다. 이미 교과서에 대해서조차도 비슷

한 생각이 전파되던 상황이었다. '몽학'(蒙學), 즉 어린아이들을 가르치는 데 필요한 독자적인 교과서가 없으며, 여태껏 사용해 오던 『천자문』(千字文)이나 『동몽선습』(童蒙先習) 등으로는 시대의 수요를 따라갈 수 없다는 생각은 이미 1890년대부터 꾸준히 있어 왔지만, 교과서 문제를 '정신'과 연결시키게 된 것은 1900년대 중반부터의 일이었다. 일반적인 의미에서의 정신이 아니라, 국가 내지는 민족과 연결된 정신, 즉 국수(國粹) 내지는 국혼(國魂) 말이다.

교과서라는 것, 특히 어린이용 교과서라는 것은 '정신'을 깨우치고 나아가 '문화'를 발달시키는 데 중요한 도구였다. 『대한매일신보』 1905년 10월 5일자 논설에서도 어린이들에게 자국의 말글이나 역사보다 타국의 말글을 먼저 가르치면 "타국의 정신이 뇌수에 박힐 것"이라면서 이런 문제를 경계했다. 물론 지금과 같은 시대에 외국어를 배우지 않을 수 없고, 특히 일본은 가까운 곳에 있어 교류가 활발하니 일본어를 배우는 일은 필수적이겠지만, 그럼에도 불구하고 어린이들이 가장 먼저 배워야 할 것은 우리의 말글이라는 것이었다.

이 글의 첫머리에서 인용한 『황성신문』 논설에서도 마찬가지다. 학부의 훈령대로 소학교용 교과서를 일본어로 제작한다고 해봐야 일단은 일본어를 제대로 말하고 쓸 수 있는 어린이가 거의 없으므로, 제대로 된 교과에 들어가기도 전에 일본어부터 익히느라 제대로 된 학식을 익힐 수가 없다고 했다. 하지만 이보다 더 큰 문제는, 남의 말글부터 먼저 익히게 되면 가장 중요한 "자국 정신"을 갖출 수 없다는 것이었다. 같은 해 5월 30일자 논설에서도 "먼저 한국의 정신을 주입하여 사람들의 뇌수에 뿌리박히게 할 수 있어야 비로소 한국 국민을 만드는 교육이라 할 수 있다"라고 재삼 강조했을 정도였다.

> 본 기자는 말하건대, 일본어로 된 교과서로 한국의 어린이들을 교육하게 된다면 그것은 곧 일본이 이미 한국을 자기 것으로 만들어 버린 것이라 해도 될 듯하다.
>
> 『대한매일신보』 1906년 6월 6일자

어떻게 보면 이런 반발은 너무나 당연한 것이었다. 한국의 독립을 보장해 줄 줄 알았던 미국이 너무나 손쉽게 일본에게 한국을 넘겼다. 동아시아 3국의 평화를 위해 러시아와 싸운 줄 알았던 일본이 너무나 손쉽게 한국을 보호국으로 만들어 버렸다. 나보다 잘난 '남'을 열심히 쫓아가면 나도 잘난 사람이 될 줄 알았는데, 따라가기는커녕 오히려 앞선 이들에게 이용만 당한 꼴이었다. 비로소 위기감이 표면으로 떠오르기 시작한다. '아, 이러다가 정말 우리 자신은 형체도 없이 사라지고 말겠구나.'

　하지만 이미 '제도'로서의 정부나 국가는 한없이 흔들리던 때다. 저마다 정도의 차이는 있겠지만, 1906년 무렵의 지식인들 중 상당수는 이미 대한제국의 명운이 회복 불가능한 상태에 달했다는 데에 어느 정도 공감했던 듯하다. 실력을 키워 국권을 다시 되찾을 수 있다는 희망을 품기는 했지만, 이는 '먼 미래'의 일이지 한두 해 안에 이루어질 소망은 아니었다. 나라가 망해 간다는 감각은 너무나 생생했고, 반면에 현시점에서 손을 내밀어 잃어버리지 않도록 붙잡을 수 있는 '유형(有形)의 것'은 너무나 적었다. 이런 상황에서 몸부림치듯 발견한 것이 바로 '정신'이다.

『이태리 건국 삼걸전』이라는 소설이 있다. 중국의 사상가 량치차오(梁啓超)가 쓴, 제목 그대로 이탈리아 건국의 주역이었던 가리발디, 마치니, 카보우르 3인에 대한 전기다. 이는 한국에도 번역·소개되었는데, 『황성신문』의 논설 기자는 이 책을 읽은 뒤 독후감 한 편을 게재했다. 이 글에서 가장 눈에 띄는 대목은 이것이다. "국가의 존망은 그 정신에 있지 형질에 있는 것이 아니다"(『황성신문』 1906년 12월 25일자).

국가의 요체는 곧 '정신'이다. 이는 곧잘 '혼'(魂)이라는 말로 승화되기도 했다. 이게 살아 있으면 설령 제도로서의 국가가 망하더라도 영혼으로서의 국가는 살아남는다. 예컨대 대한제국이 멸망하더라도 한국의 정신이 살아남는다면 국가는 먼 훗날에라도 언제든 다시 살아남을 수 있다. 오늘날의 우리는 이것을 '민족정신' 정도로 이해하고 있지만, 당시 사람들에게는 곧 우리가 우리 됨을 깨닫게 만드는 모든 종류의 것을 뜻했다. 우리 말글이 그러했고, 우리 역사가 그러했다. 이런 상황에서 다른 곳도 아닌 학부에서 일본어로 된 소학 교과서를 만들겠다고 했으니, 지식인들이 들고일어나는 것도 당연한 일이었다. "혼이 없으면 국가는 존속할 수 없다"(『황성신문』 1907년 2월 6일자)라고 주장하는 판국에 정부가 앞장서서 그 혼을 팔아 치우자고 이야기하는 격이었으니 말이다.

사실 이 장면은 우리에게도 꽤나 익숙한 것이다. 글로벌 시대

2부 | 조선인 교육과 문화

라든가 무한 경쟁이라든가 혹은 세계화에 발맞춰야 한다는 명분 따위로 교육 현장 곳곳에서 오직 영어만을 강조하고 있는 것이 작금의 현실 아니던가. 대학에서 전공을 불문하고 영어 강의를 하라고 종용하는가 하면, 아직 한국어도 제대로 하지 못하는 아이들에게 영어 유치원이니 뭐니 하면서 영어 교육부터 열을 올리는 게 지금 우리의 모습이다. 심지어 영어를 발음하는 데 유리하게 한답시고 영유아를 상대로 혀 수술까지 받게 하는 웃지 못할 해프닝까지 벌어지곤 한다.

세계화를 대비한다는 것은 좋다. 외국어 교육이 필요한 것도 사실이다. 그러나 세계화라는 것이 곧 '서구화'를 의미하지는 않는다. 우리가 영어를 유창하게 하고 서구식 문화를 체화한다고 해서 그것이 곧 세계화 시대의 '존중받는' 일원으로 편입된다는 걸 뜻하지는 않는다. 적어도 한 세기 전의 지식인들은 이 점을 명확하게 알고 있었다. 자기 자신을 버리고 그저 남의 형식을 좇는 행위의 결과란 곧 누군가의 '심부름꾼'이나 될 뿐, 주체적인 존재로서 타자에게 존중을 받을 수는 없다는 것을 잘 알고 있었다. 그래서 어린아이들에게 타국의 말글을 먼저 가르치는 것이 얼마나 위험한 일인지를 열심히 설파하려고 했던 것이다.

그러나 지금 시대는 어떠하던가. 그 어떤 언론에서도 이러한 '외국 추수주의'에 근거한 외국어 교육이 잘못되었다는 이야기를 하지 않는다. 오히려 세계화라든가 글로벌이라든가 하는 수사들을 열심히 동원해 가면서, 살아남기 위해서는 조금이라도 빨리 영어에 익숙해져야 한다고 부추기기에 바쁘다.

그러면서도 한글날만 되면 한글이 세계에서 가장 과학적이고 우수하다느니, 아름다운 우리 말글을 보존해야 한다느니 입으로만 떠들어 댄다. 그나마도 10대 청소년들이 쓰는 통신어 같은 걸 내밀면서 한글에 대한 사랑이 부족하다느니, 이런 한국어 파괴 현상을 막아야 한다느니 하는 훈계를 내쏟는 게 고작이다. 한국의 고유한 문화를 보존해야 한다고 주장하면서도 정작 어느 누구도 어릴 때부터 '한국적인 것'이 어떠한 것인지에 대해서는 배우지 못하도록 만들어 두었다. 이런 상황에 딱 맞는 고사성어가 있다. '양두구육'(羊頭狗肉), 즉 간판에는 양 머리를 내걸어 놓고서는 실제로는 개고기를 팔고 있다는 것. 100여 년 전의 한 신문기자는 이러한 세태에 대해 다음과 같은 일갈을 남겼다. 오늘날에도 새겨들을 법한 말이기도 하다.

> 요즘 국내의 추세를 가만히 살펴볼진대, 지금 시대에는 외국어가 가장 중요하다 하여 가르치는 사람이나 배우는 사람이나 어학에 힘을 쓰지만 [……] 고작해야 앵무새나 원숭이처럼 남의 흉내나 내는 노예나 될 따름이다.
>
> 『황성신문』 1906년 10월 13일자

너는 앞으로 장차
무엇이 되려고 하니?
꿈을 키울 수 없는 사회

요즘 학생들의 장래 희망 중 가장 인기 있는 게 건물주라던가. "조물주 위에 건물주 있다"라는 말도 그저 우스개로 들리지 않을 정도이니 말이다. 혹은 좀 더 범위를 좁혀서 희망하는 '직업'을 묻는다하더라도, 대부분 공무원이나 교사와 같은 안정적인 직장을 선호한다고 한다. 장군이라든가 과학자, 대통령 따위의 거창한 꿈은 이제는 아이들조차도 잘 이야기하지 않게 된 시대다.

비단 어린 학생들만의 문제는 아니다. 언제부터였던가, 대학교에서조차도 동아리나 학과 활동과 같은 '대학생만의' 활동에 뛰어드는 대학생들은 큰 폭으로 줄었고, 이들은 대부분 도서관에 몰려들기 시작했다. 배움의 전당에서 학생들이 도서관에 간다는데무엇이 문제인가 싶지만, 기실 이들이 도서관으로 몰려드는 이유는 학문 탐구를 위해서가 아니다. 취업에 대비하여 조금이라도 더좋은 '스펙'을 쌓기 위함일 따름이다. 대학 생활의 낭만이라든가 시대를 고민하는 대학생 같은 것들은 이미 사라져 버린 지 오래다. 학기 초마다 캠퍼스를 메우는 것은 신입생을 모집하려는 동아리들의 대자보가 아니라, 취업에 대비하여 이런저런 스펙을 제공하겠다는 각종 리크루팅 관련 업체들의 홍보물이다.

그래서 해마다 꽃이 피면 캠퍼스 곳곳에서 모여 앉아 꽃 구경이나 하면서 얘기를 나누거나, 대낮부터 술 한잔씩 기울이는 모습은 이제는 더 이상 찾아볼 수 없게 되었다. 2000년대 초반만 해도 그런 모습들이 가끔 눈에 띄었는데 말이다. 어쩌다가 이런 시대가 되었는가 한탄하다가 문득 아래의 글이 눈에 띄었다. 이것은 또 누구의 이야기인가. 요즘 학생들과의 대화인가?

> 가끔 학생들을 만나서 "너는 앞으로 장차 무엇이 되려고 하니?"라고 물으면 나오는 대답은 보통 "모르겠어요"다. 그나마 대답을 한다고 하면 "글쎄요……. 공무원 시험이나 볼까 해요." "변호사가 되었으면 좋겠지만, 영 쉽지 않아요."
> 한번은 수학을 열심히 하는 학생이 있기에, 이 학생에게 질문하면 나중에 위대한 수학자가 되어서 새로운 원리를 밝히겠거니 하는 따위의 대답이 나오리라 기대하여 물어보았다. 그러나 이 학생 답하기를 "교사 자격증 따면 중학교 선생 노릇이라도 할 수 있지 않겠어요?"
> 저마다 영웅이나 위대한 학자가 되겠다며 공상에 빠지는 것도 문제겠지마는, 우리 학생들이 이래서야 큰 문제다.
>
> 「냉매열평」(冷罵熱評), 『청춘』 6호, 1915년 3월

요즘 이야기라고 해도 하등 이상할 게 없지만 무려 1915년에 쓰인 글이다. 이 「냉매열평」이라는 지면은 제목 그대로 '냉정하게 꾸짖고 열렬히 따지'는 목적의 지면인데, 시사적인 이슈들을 짤막하게 다루는 식으로 구성되어 있다. 위에 인용된 지면의 다른 부분에서는 희망 없는 학생들과 더불어 별 이유도 없이 기차를 타는 사람들, 쓸데없이 사치하는 젊은이들 따위를 거론하고 있다.

부연하자면 『청춘』은 과거 『소년』을 창간했던 최남선이 한일합방 이후 청년들을 상대로 하여 만든 잡지였다. 『소년』 창간이 1908년이요, 『청춘』이 1914년에 등장했으니 어린 시절 『소년』을 읽던 독자들이 좀 더 나이가 들어 청소년, 청년이 될 무렵에 『청춘』과 마주하게 된 셈이다. 한 세기 전의 학생들을 상대로 하여 쓴 글이니, 어떻게 본다면 당시 학생들이 장래에 대한 희망을 그저 현실적인 데에만 두는 것을 비판하고 깨우치려는 목적에서 썼다고도 볼 수 있겠다.

이 당시의 학생들은 왜 이랬을까. 오늘날의 관점에서 비추어 본다면 대답이 쉽지 않을까 싶다. 오늘날의 학생들이 건물주나 공무원이 되기를 희망하는 것은, 그만큼 불확실성이 큰 세상이기 때문일 것이다. 큰 뜻을 품고 열심히 노력하는 이에게 그만큼의 성과를 돌려주는 사회라면 학생들이 굳이 '안정'과 '수익'만 좇을 이유가 없다. 하지만 노력보다는 출신 성분이나 부모의 재산이 더 중요하다는 인식은 이미 우리 사회 전반에 퍼져 있는 상태가 아니던가? 이런 시대에 학생들이 원대한 꿈 같은 것을 가지려고 할 리가 없다. 그런 이상과 포부를 품고 달려들던 이들이 현실 앞에서 여지없이 깨져 나가는 장면을 목격해 온 사람이 그러한 전철을 좇을 이유가 없지 않겠는가.

1910년대의 상황도 크게 다르지 않았다. 굳이 '식민지'라는 말을 거론하지 않더라도, 당시 학생들이 목격했던 세상은 커다란 이상이나 포부 따위를 허용하지 않았다. 당장 총독부의 교육정책만 들여다보더라도 '건전한 국민' 내지는 천황폐하와 국가에 '충성스러운 신민'을 양성하는 것을 기본 목표로 두고 있었다. 이 목표를 실현하기 위한 기본 방침은 산림업이나 광업, 농업 등 실제 산업에 필요한 기술 및 지식을 전문적으로 교육하도록 하는 것. 정치나 사상과 같은 일반 학문에 주력하는 것은 한반도 내에서는 불필요한 일로 여겨졌다. 심지어는 '불온하다'라는 딱지까지 붙이는 일도 흔했다(『매일신보』 1911년 12월 3일자).

과연 이런 시대에 어떤 학생이 커다란 포부와 이상을 가지고서 학문에 임하려 들까. 그냥 공부해서 자격증 따고 변호사나 교사가 되는 것이 가장 안전하면서도 확실한 길이다. 전망이 사라진 시대에 학생들이라 하여 어른들이 가지지 못하는 새로운 전망을 품을 리 없다. 타인에 대한 배려나 세계를 향한 넓은 시야, 혹은 미래에 대한 이상 따위는 제쳐 놓고 일단 친구와의 경쟁에서 이겨서 더 많은 연봉을 받는 것을 최고선으로 여기는 지금 시대가 그러하듯이 말이다.

다음은 역시 어느 신문의 논설이다. 앞의 『청춘』 기사와는 약간 다른 시대다.

요즘 학생들이 무슨 공부나 열심히 하는 듯 분주하게 책을 들고 모여들어서 이런저런 학교에 가지만, 그 명색을 보면 오늘은 사법학교에 가서 시험을 보고, 또 내일은 법관양성소에 가서 시험을 보다가 혹 합격이라도 하면 희색이 만면하여 옛날 과거 보던 시절마냥 춤을 추면서 미칠 듯이 기뻐한다.

혹 시험에 떨어지면 자기가 공부를 부지런히 하지 않은 것은 생각지 아니하고 시험 출제관이나 원망하면서 장래에 큰일을 할 것은 생각지 아니하고 자신의 낙제한 것만 분하게 여기며 혹은 울고 탄식하고 혹은 방황하고 주저하니 그 광경은 실로 우습다.

학생들의 목표가 과연 이런 것인가, 교사나 한자리 혹은 기술관이나 법원 서기 한자리가 학문의 목적인가, 학생들이여 그 목적이 어쩌면 이리도 비루한가?

시야가 좁아서 큰 업적이나 영광은 보려 하지도 않고 어디든 한자리나 얻어 장하다 할 지경이면 이는 개돼지와 다를 것이 무엇인가? 저 개돼지를 보라, 주인이야 어떤 사람이든지 뼈다귀나 돼지죽 한 그릇만 있으면 다행이라고 하며, 내일은 죽더라도 오늘 편안히 누운 것만 즐거운 것으로 알지 아니하는가? 저 비루한 짓이 오늘날의 학생들과 무엇이 다르리오.

『대한매일신보』1909년 3월 24일자

꽤나 날 선 비판이다. 『청춘』의 경우와 시대는 조금 다르지만, 역시 눈앞의 취직과 경제활동만을 바라보는 학생들을 향해서 일갈한다는 점에서는 취지가 크게 다르지 않다. 어떻게 보면 뼈아픈 지적이면서도, 또 어떻게 보면 의미 없는 충고인 것처럼도 보인다. 시쳇말로 '꼰대질'이랄까. 틀린 말은 아니지만 아무리 잔소리를 한다 한들 무엇 하나 바뀌지 않을, 그런 종류의 말 말이다. 마치 "너희는 아직 젊으면서 왜 그렇게 패기가 없느냐"라고 힐난하는 지금 시대 어른들의 푸념처럼.

다만 이 경우에는 앞서 『청춘』이 발간된 1910년대와는 그 배경이 다소 다르다. 1910년대가 총독부의 교육 시책에 의해 거시적인 전망을 기대할 수 없었던 것과는 달리, 1900년대는 그래도 나름의 포부를 가져도 될 법한 시대였다. 물론 1909년이면 이미 망국이 가시화된 시점이므로 실질적인 기대를 품기에는 다소 어려웠을 터이지만 말이다.

저 무렵의 학생들이 저처럼 법원 서기나 기술관 따위에 목을 매게 된 이유는 당대의 통념이 작용한 바가 컸다. 원래 조선시대까지만 해도 공부의 목적은 어디까지나 벼슬자리에 나아가는 데 있었다. 기술을 익혀서 실무에 종사하는 것은 '천한 일'에 속했고, 이를 위한 별도의 교육과정 역시 없었다. 익히 알다시피 과거제도에서 이들 기술 부문의 일은 잡과(雜科)에 속했고, 대우 또한 썩 좋지 않았다. 당연히 공부의 목적은 관료가 되어 한자리 차지하는 것이 될 수밖에 없었다. 굳이 이런 속된 욕망 때문이 아니라 사대부들의 관점에서 보더라도, 이들이 이상을 실현하는 가장 확실한 방식은 과거에 급제하여 나라를 다스리는 일에 참여하는 것이었으니 어떻게 보든지 공부의 목적은 '사환'(仕宦, 벼슬살이를 함)에 집중될 수밖에 없었다.

언뜻 보면 낯선 관점이지만, 실제로는 그다지 낯설다고 할 것도 없다. 아직까지도 5급 공무원이나 법관 등의 직종이 선망의 대상이 되는 것을 본다면 말이다. 너도나도 고시에 뛰어드는 시대지 않은가. 한 세기 전에도 마찬가지였다. 너도나도 가급적이면 정부의 녹을 먹는 관료가 되고 싶어 했다. 아니면 역시 지위가 보장되는 교사나 기술관이라도 하기를 원했다. 어지러운 시대에는 조금이나마 안정적인 자리를 택하려는 것이 인지상정인 법이니까.

청년들이 더 큰 포부와 이상을 품고서 교육에 임해 주기를 바라는 것은 시대를 막론하고 어떤 어른이든 품게 되는 생각인가 보다. 그러면서도 다른 한편으로는 현실을 직시하고 당장의 먹고사는 문제에 집중하지 않으면 안 된다고도 한다. 보통 제3자의 입장에 놓였을 때에는 전자를 이야기하지만, 자식을 둔 부모의 입장에서는 후자를 말하게 된다. 이 또한 시대의 차이를 초월하는 통념이지 싶다. 자식을 먼 타국으로 유학 보내면서도 언제고 그네들이 졸업하고 돌아와서 한자리 번듯하게 차지해 주기를 바라는 게 부모 마음이라는 건 예나 지금이나 마찬가지다.

대중적으로는 잘 알려져 있지 않지만, 양건식이라는 작가가 있다. 입센의 『인형의 집』을 옮겨서 『노라』를 펴낸 바 있는 바로 그 사람 말이다. 그의 대표작이 1918년에 쓰인 단편소설 「슬픈 모순」인데, 이 소설에 등장하는 인물이야말로 '커다란 포부와 이상을 품고' 현해탄 바깥으로 달려 나갔던 청년들이 처할 수밖에 없었던 서글픈 운명을 적확하게 보여 준다.

스스로 생활의 광야에 서서 본즉 내가 지금까지 꾸던 꿈은 시시각각으로 깨어져 감을 볼 수 있다. 그저 다만 이상만 그리던 숫보기[순진하고 어수룩한 사람] 마음은 냉랭한 현실의 장벽에 다닥쳐 부서져 비참한 잔해만 남았다. [……] 지금 여기 가는 나의 모양을 보건대 무정하게 어느덧 허위의 옷을 두르고 방편(方便)의 낙인이 박혀 있음을 보겠다.

이러한 생활은 슬프고도 더러운 것이다.

양건식, 「슬픈 모순」, 『반도시론』 2권 2호, 1918년 2월

아무리 이상을 꿈꾸며 달려 나가더라도 그 앞에 버티고 선 현실은 그저 가혹하기만 할 뿐. 과연 그들의 시대는, 그리고 지금 우리의 시대는 학생들에게 커다란 포부를 품으라고 말할 수 있을 만큼의 '그릇'을 갖추고 있는지. 너도나도 공무원이나 임대업자를 희망하는 현실을 개탄하기 이전에 그 부분부터 돌아봐야 하는 것은 아닐까.

감추지 말고 생각한 대로
서술하시오
100년 전 소학교의 시험 문제

프랑스에는 바칼로레아(Baccalauréat)라는 시험이 있다. 프랑스의 교육과정 중 중등교육에 해당하는 학생들이 졸업할 때 보는 시험으로, 50% 이상의 점수를 받아야지만 대학교에 진학할 수 있는 자격이 주어진다. 한국으로 치자면 대학수학능력시험과 비슷한 성격이지만, 수능과는 달리 석차 개념이 없고 절대평가로만 이루어진다. 문제 역시 단순히 지식만을 점검하는 것이 아니라 논술 및 철학 시험을 필수로 넣어서 수험생의 '생각'을 파악할 수 있도록 한다는 점에서 차이가 있다.

이 바칼로레아는 종종 한국의 교육 현실을 비판하려는 목적에서 거론되곤 한다. "우리는 과학적으로 증명된 것만을 진리로 여기는가?"와 같은 질문이 수능에 출제된다는 건 확실히 우리 교육 현실에서는 상상할 수조차 없는 일이기도 하다. 수험생의 암기나 문제 풀이 능력을 묻는 것이 아니라, 주어진 명제에 대해서 자신의 생각을 정리하여 밝히도록 하는 일은 많은 한국인들에게 일종의 '선망'이 된 듯도 하다.

그런데 재미있는 점은, 한때는 한국에서도 이처럼 수험자들의 '생각'을 묻는 시험 문제를 낸 역사가 있다는 사실이다. 그것도 교육 관련 정부 부처에서 관할 학교에 직접 문제를 하달하기까지 했다. 그 문제가 어떤 것이었는지 살짝 들여다보자.

① 프랑스는 왜 큰 난리를 겪었으며, 나폴레옹 1세는 어떠한 영웅인가?

② 영국은 어째서 저렇게 발전하여 선진국이 되었으며, 그 정치의 장단점이 우리나라에 비하면 어떠한가? 감추지 말고 사실을 들어 솔직하게 쓰라.

③ 인도는 왜 영국의 속국이 되어 지금까지 독립하지 못했는가?

④ 보불전쟁에서 프로이센은 어째서 승리했으며 프랑스는 왜 패배했는가?

⑤ 오스트리아 황제 빌헬름은 왜 손자에게 제위를 물려주었으며, 지금은 그 나라 형편이 어떠한가?

⑥ 러시아의 정치가 어떠한지, 영토 개척에 따라 새로 부속된 지역의 국민들을 어떻게 대우하는지, 그리고 러시아와 [우리가] 긴밀한 관계를 맺는 일이 어떠할지 말하라. 이 문제는 『아국약사』(俄國略史)를 읽은 뒤 참고해도 좋다.

⑦ 터키는 어떤 나라인가, 그 정치의 장단점에 대해서 말하는 것도 좋다.

⑧ 미국은 세계에서 그 발전 정도와 각 분야의 형편이 어떠한 위치에 있다고 말할 수 있나?

⑨ 새로운 정치[新政]가 흥하게 된 후의 세계를 이전과 비교하면 어떻다고 말할 수 있나?

⑩ 우리 대한은 어떤 정치를 해야 세계에서 으뜸가는 나라가 되며, 만일 옛 습관을 개선하지 않으면 어떤 지경에 처할 것인가? 숨기지 말고 구체적이고 명료하게 서술해도 좋다.

이상의 문제는 『태서신사』[泰西新史, '태서'는 서양 전반을 지칭하므로 '태서신사'는 서양 근대사를 의미한다]를 먼저 읽고 난 뒤에 그 내용을 참고할 것.

『황성신문』 1898년 11월 5일자

글쎄, 비교적 참신한 문제처럼 보이긴 하지만 이걸 바칼로레아에 빗대는 건 다소 무리가 아닐까 하는 의문이 들지도 모르겠다. 이런 시험 문제가 왜 참신한 것인지, 혹은 왜 놀라운 것인지를 파악하려면 다소의 배경 설명이 필요하다.

1898년 11월 4일부터 5일까지 이틀에 걸쳐 『황성신문』에 게재된 위의 기사는 당시 교육을 담당하던 대한제국 정부의 학부(學部)에서 평안남도에 위치한 공립 소학교에 보낸 훈령을 그대로 가져왔다. 학부는 오늘날의 교육부이고, 공립 소학교는 국공립 초등학교라 할 수 있으니, 말하자면 오늘날 초등학교 시험 문제에 저와 같은 질문들을 넣은 셈이다.

이게 초등학생들에게 주어지는 문제라고? 지금 시대의 초등

감추지 말고 생각한 바를 서술하시오 어

학생들을 생각하면 믿기 힘든 일이겠지만, 지금보다는 인생의 사이클이 비교적 빨랐던 시대임을 감안하자. 참고로 신채호가 성균관 박사에 임명되었을 때의 나이가 스물여섯이었고, 최남선이 잡지 『소년』을 창간했던 게 열여덟 살 때의 일이다. 이광수는 열일곱 살에 『엉클 톰스 캐빈』(*Uncle Tom's Cabin*)을 한글로 번역하여 '검둥의 설움'이라는 제목으로 출간하기도 했었다. 오늘날로 치자면 기껏해야 고등학생에서 대학교 학부생 정도에 해당하는 연령대지만, 당시에는 이미 성인과 다를 바 없는 활약을 펼칠 나이였던 것이다.

▌1931년 『동아일보』에 연재된 『검둥의 설움』

하지만 다른 관점에서 이야기하자면, 소학교 학도들에게조차 국제 정세에 대한 감각을 익히게 하고, 이러한 지식을 토대로 자국의 정치를 개선하는 데 필요한 '실용적' 학문을 습득하게 해야 할 정도로 급박한 정세라는 뜻이기도 했다. 실제로 이 훈령에서도 서구 열강이 패권을 다투는 이런 시대에 하루라도 빨리 실용적인 학문을 익힌 인재를 키우지 못하면 곤란한 처지에 빠질지 모른다는 위기의식이 뚜렷하게 드러나 있다.

그러나 당시로서는 아직 제도적인 교육을 뒷받침할 만한 인프라가 충분히 마련되지 못한 상태였다. 이 훈령에서도 밝히고 있듯이, 소학교 교육을 시행하더라도 당장 그 교과과정에 충당할 만한 교과서가 미비한 상태였다. 어쩔 수 없이 기존에 나온 책들 중 그나마 교육에 적합하다고 생각하는 것들을 추려서 각 학교에 보내게 되었는데, 『공법회통』(公法會通), 『태서신사』(泰西新史), 『서유견문』(西遊見聞), 『중일약사』(中日略史), 『아국약사』(俄國略史), 『심상소학』(尋常小學) 등 그것이다. 이 중에서 학부가 교과서로 제작하여 발행한 책은 『심상소학』 하나뿐이었고, 나머지는 전부 기존에 나온 책이었다. 이런 책들을 난이도의 차등에 따라 연령별로 익히게 하라고 당부하고, 다시 10여 개의 문제를 보내어 소학교 학도들에게 이에 대한 답안을 서술하고 학부로 보내도록 하라고 지시했다. 그게 바로 위에서 인용한 문제들이다.

하나 재미있는 점은 위 문제들이 하나같이 '정치'와 관계되어 있다는 것이다. 세계 각국, 그중에서도 서구에 대한 관심이야 당시의 국제 정세를 생각하면 당연한 일이겠지만, 수학이나 지구학 같은 이학에 관심이 없었던 것도 아니지만, 당시 대한제국 정부가 생각했던 신식 교육의 중심은 아무래도 '정치'에 있었던가 보다. 세계사와 현재의 세계 정세를 잘 읽어 내고, 그 안에서 우리가 참고할 만한 교훈을 찾아내어 적용하는 것이 곧 '실사구시'(實事求是)라고 여겼던 듯하다. 다른 관점에서 말한다면, 정치에 대한 문제가 수학이나 물리 등과 같은 기초학문을 압도해 버릴 만큼 당시 대한제국이 느꼈던 위기의식이 강렬했다고 봐도 좋을 것이다.

이런 위기의식은 대한제국 정부가 앞장서서 학도들에게 정론(政論)을 펼쳐 줄 것을 거듭 당부했다는 데에서도 엿볼 수 있다. 앞의 문제 중 2번과 10번을 눈여겨보라. 수험자에게 한국의 정치 문제에 대한 자신의 생각을 "감추지 말고" "숨기지 말고" "구체적으로" 밝히라고 요청하고 있다. 앞서도 말했지만, 이 문제에 대해 서술해야 하는 수험생들은 조정에서 일하는 관료나 혹은 과거를 준비하는 성균관 학사 같은 이들이 아니라 보통교육의 첫 단계인 소학교에 재학 중인 학생들이다. 쉽게 말하면 양반도 관료도 뭣도 아닌, 평범한 '어린 국민'을 대상으로 한 문제라는 말이다.

| 함흥 영생소학교 제1회 졸업 기념 사진 [독립기념관, 한국독립운동사 정보시스템]

오늘날에야 국민이라면 누구나 정치 문제에 대해 이야기할 수 있고, 또 그것이 그다지 낯선 일도 아니지만, 1898년 무렵이라면 왕이나 고위 관료가 아닌 일반인들이 '감히' 국가 정치에 대해 언급한다는 것은 아무래도 불편하고 두려운 일이었다. 21세기인 요즘조차도 몇몇 사안에 대해서는 말을 꺼리게 되는 경우가 종종 있고 보면, 대통령도 아니고 '황제'가 존재했던 시대에 평범한 사람이 국가 통치를 논한다는 건 꽤 부담스러운 일임에 틀림없다. 아직까지는 국민보다는 백성 혹은 신민(臣民)이라는 말이 더 자연스럽게 통용되던 시대였으니 말이다.

물론 이 무렵이면 그래도 대한제국기 중에서도 사회 분위기가 비교적 개방적이었던 시기이기는 하다. 백정이든 어린아이든 단상 위에 올라 다수의 청중을 향해 나랏일에 대한 열변을 토하던 만민공동회의 열기가 최고조에 달했던 무렵이니 말이다. 같은 해 9월에 열린 역대 최대 규모의 관민공동회에서는 정부를 상대로 대한제국의 정치를 개선하기 위한 여섯 개의 강령을 결정하여 이를 고종에게 상주(上奏)했다. 황제에게 올린 여섯 개의 안건이라 하여 '헌의 6조'(獻議六條)라 일컬어지는 이 결의를 고종은 적극적으로 반기면서 외려 자신이 다섯 개의 조항을 덧붙여서 11개의 안건을 즉각 실행할 것임을 천명했다. 이런 분위기에서라면 소학교 학생이 정치에 대해 자신의 견해를 밝히는 것도 아주 불가능한 일은 아니었을 것이다.

하지만 당시 신문이나 만민공동회 측이 아니라, 대한제국 정부의 산하 조직인 학부에서 직접 이를 권장했다는 점은 여전히 놀랍다. 평범한 신민, 그것도 아직 성년이 되지 못한 소학교 학도들을 대상으로 "감추지 말고 생각한 대로 서술하라"라고 요구한 것이기 때문이다. 불과 10여 년 전만 해도 나랏일에 대해서는 감히 함부로 공론을 제기하지도 못했을 소년들은, 어느새 국가로부터 정치에 대한 자신의 의견을 적극적으로 내놓을 것을 요구받는 처지에 놓이게 되었다. 황제나 소수의 관료들만이 세계 정세를 이해하고 대한제국의 나아갈 바를 가늠하는 방식만으로는 세계 전체가 약육강식의 원리하에 돌아가던 격동의 시대 속에서 더 이상 살아남을 수 없으리라는 공감대가 형성되고 있었다. 교과서도 준비되지 않았고, 교육 커리큘럼도 아직 명확하지 않았던 그 혼란한 틈바구니에서 유독 '국민'의 탄생을 촉구하는 강렬한 외침만큼은 선명하게 드러나고 있었던 것이다.

그러나 이러한 외침이 본격화되기에는 여전히 무리가 있었다. 소학교 학도들에게까지 "대한제국이 택해야 할 길을 기탄없이 말하라"라며 널리 시무책(時務策)을 구하던 대한제국 정부는 이내 민간에서의 정치활동을 전면적으로 금지하고 학교에서조차도 정치적인 토론을 하지 못하도록 언로를 막아 버리게 된다. 이 기사가 나갔던 1898년 11월 무렵만 해도 수구파의 정치 공작으로 인해 독립협회 간부 17인이 체포되는 사건이 발생했고, 다음 달인 12월에는 모든 종류의 민회(民會)를 철저하게 탄압하게 된다. 만민공동회로 촉발되었던 '경성의 봄'은 그렇게 짧은 순간의 꿈으로 끝나 버리고 말았다.

오늘날의 한국 사회 일각에서 프랑스의 바칼로레아에 대한 선망을 품게 되는 건, 어쩌면 우리 사회가 앞으로 나아가야 할 방향에 대해서 스스로 갈피를 잡지 못하고 있다는 불안감에서 촉발된 것은 아닐까 싶다. 1898년 무렵의 대한제국 사람들은 설령 그 실천 방법은 세련되지 못했을지언정, 적어도 자신들에게 필요한 게 무엇인지에 대한 인식은 확고했다. 그런 확고한 인식은 절실한 욕망을 낳았고, 그리하여 저간의 관습을 내던지고 소학교 학도들에게까지 "우리나라의 정치에 대해 숨김없이 말하라"라는 요청을 시험 문제의 형태를 빌려서 던질 수 있었던 것이다. 바칼로레아가 수험생들을 향해 인간과 사유의 본질에 대해 끈질기게 질문을 던질 수 있는 것도, 그들 자신이 현재 프랑스 사회에 필요한 것이 무엇인지에 대한 나름대로의 '확신'을 품고 있기 때문일 것이다. 지금의 우리에게 부족한 것은 아마도 그와 같은 자기성찰과, 그로부터 얻을 수 있는 자기확신이 아닐까. 그와 같은 성찰과 확신이 곧 '인문학적' 사유가 아닐까 생각해 본다.

오직 아내이자 어머니일 뿐

근대 여성 교육의 한계

●

많은 사람들은 조선시대에는 여성들의 권리가 억압되어 있다가 근대로 접어들면서 서서히 그 지위를 회복했다고 생각한다. 어느 분야를 막론하고 역사가 과거에서 미래로 갈수록 한 발자국씩 진보한다고 여기는 건 사람들의 보편적인 역사 인식이니 말이다. 사실 아주 틀린 말도 아닌 것이, 여성의 권리를 인정해야 하고 여성들에게도 국가에서 교육을 시켜야 하며 여성들도 규중에서 벗어나서 사회활동에 나서야 한다는 주장이 본격화된 건 1890년대 이후의 일이기도 하다. 하지만 이때의 '권리'라든가 '교육'의 성격이란 오늘날 우리가 생각하는 것과는 사뭇 달랐다. 누군가의 아내이고 누군가의 어미이지만 정작 '누군가'는 될 수 없었던 이들의 이야기, 바로 근대 초기의 여성 교육에 대한 이야기다.

북서(北署) 장동에 사는 김 모 씨는 기생을 첩으로 삼고 밤낮으로 노닐면서 본처를 박대하다 못해 쫓아내기까지 했다. 그 처는 본래 친정도 없고 갈 곳도 없는지라 졸지에 이런 지경에 이르러 길거리를 방황하다가 진명여학교에 입학하여 즉시 삭발을 한 후 일본 모자를 쓰고 양복과 구두를 신고 다니니 엄연한 남자의 모습이 되었다.

하루는 김 모 씨와 길 위에서 우연히 마주쳤다. 김 모 씨는 전처의 모습이 갑작스레 변한 것에 의심하며 주저하는데, 부인이 먼저 알은척을 하며 그간의 안부를 물었다. 놀란 김 씨가 "무슨 이유로 삭발을 하였는가?" 묻자 부인은 이렇게 대답을 했다.

"네가 기생을 첩으로 삼고 죄 없는 나를 내쫓은 까닭에 정처 없이 방황하다가 지난 일을 생각한즉 우리나라의 여자 사회가 학문이 부족한 까닭에 누군가의 아내가 되어서도 부부 동등의 권리를 잃고 남편의 억압과 능욕을 무한히 받는 것 같다. 내가 너에 대해 분하게 생각해서가 아니라, 우리나라의 근본적인 병폐를 고치고자 진명여학교에 입학하였고, 바깥출입과 행동의 편의를 위해 삭발하고 양복을 입은 것이다. 지금은 나도 역시 너와 같은 남자의 모양을 하였다. 이제 너와 나는 부부의 의가 완전히 끊어진 것이다."

『만세보』 1906년 7월 24일자

꽤나 드라마틱한 기사다. 사실 이런 류의 기사는 100% 사실이라고는 단언할 수 없는데, 사건 속 인물들의 이름이 모두 가려져 있기 때문이다. 1900년대는 오늘날과는 달리 '사생활'이라는 개념이 따로 존재하지 않았고, 개인사에 해당하는 일이라도 보통은 실명을 낱낱이 까발렸다. 군이 실명을 밝히지 않았다는 건 실제 사건과는 아무래도 다른 부분이 많기에, 어쩔 수 없이 익명화시킬 수밖에 없는 상황이었다는 의미다.

여하튼 남편에게 쫓겨나 처지가 막막해진 여성이 외려 여학교에 들어가 삭발과 양장을 하고 새로운 삶을 찾게 되었다는 설정은 흥미롭다. 아마도 마지막 한 문단을 말하기 위해서 이와 같은 설정을 한 것일 테다. 이런 경우는 고전에서도 흔히 보이는데, 대표적인 사례가 『허생전』이다. 『허생전』의 핵심은 마지막에 허생과 포도대장 이완의 문답에 있는데, 이 문답을 이끌어 내기 위해 박지원은 허생의 이력을 상세하게 서술한다. 그와 마찬가지다. 여성 교육의 중요성과 그 취지를 역설하기 위해서 '김 모 씨의 처'라는 드라마틱한 인물을 기사화하고 있는 것이다.

하지만 당대의 여성 교육을 둘러싼 실질적인 논의들과 그 실천은 이런 '연설'과는 사뭇 달랐다. 1부에서 1910년대판 '된장녀' 논란을 다루면서도 잠깐 언급한 바지만, 여자들을 규중에서 벗어나게 하려는 시도는 남녀를 동일한 자리에 놓기 위한 목적에서가 아니었다. 당장 김 모 씨의 처만 하더라도 「노라야」를 썼던 이광수의 말을 빌린다면, 동등한 인간일 뿐만 아니라 여성임을, 나아가서는 아내와 어미임을 깨닫고 가정으로 돌아가라는 남성 주류 담론의 훈계를 들을 법했을 테니 말이다(『만세보』에서 실제로 그런 논평을 한 것은 아니다).

물론 남자와 여자가 인간으로서 동등한 권리를 보장받아야 한다는 주장들은 많았다. 하지만 이때의 권리란 인간으로서의 기본권, 즉 매를 맞거나 모욕을 당하거나 감금당하지 않을 권리 정도를 가리켰다. 여자가 남자와 동등하게 학교를 졸업해서 정치경제 영역에 진출하여 실업가가 되거나 관료를 한다는 의미가 아니었다는 이야기다. 여성은 여전히 집에 머무르면서 아내로서 남편을 내조하고 어미로서 자식을 키우는 데 전념해야 했다. 다만 달라진 게 있다면 이를 천시하지 말자고 주장하게 된 것 정도다. 어미나 아내로서의 역할 또한 사회생활을 하는 남편의 그것만큼이나 중요하다고 여기는 것을 '부부 동등'이자 '여성의 권리'라고 생각했다는 것이다.

| 선교사 집 안에 있는 이화학당 학생들 [Norman Thorpe Korean Stereoview Photo Collection]

이 차이가 명확하게 감이 오지 않는다면 이렇게 생각하면 된다. 갑오경장 이후 신분제는 일단 명목상으로는 철폐되었다. 반상(班常)의 구분이 사라졌다는 뜻이다. 당연히 노비도 해방되었다. 이대로라면 사농공상(士農工商)이라는 전통적인 직분 개념 역시 해체되어야 했겠지만, 실제로는 그렇지 않았다. 오히려 각자의 자리에서 자신의 할 일을 해야 한다는 의미에서의 직분론은 강화되었다. 단지 선비가 제일 귀하고 상인이 제일 천하다는 식의 위계 관념만 소거되었을 뿐이다. 즉 신분제도 자체는 없애더라도 각각의 직분이 해야 하는 역할은 서로 다르다는 식이었다. 그리고 이 관점은 남녀의 경우에 대해서도 마찬가지였다.

『독립신문』 1898년 9월 13일자 논설에서는 여성의 손에 의해 여학교가 건립되는 것을 축하하면서 여성 교육의 중요성을 역설한다. 그런데 여성 교육이 중요한 이유는, 그들이 '어머니'이기 때문이다. 즉 사람은 날 때부터 어미의 슬하에서 자라게 되어 있으므로, 어미의 교육 수준이 낮으면 어렸을 때 제대로 된 교육을 받지 못하여 성인이 되어서도 총명한 사람이 되기 어렵다는 것이다. 아내의 역할에서도 마찬가지여서, "내조란 곧 안에서 돕는다는 뜻"임을 제시하면서 아내가 일정한 교육 수준을 갖추고 있어야 남편이 바깥에서 하는 각종 사업에 대해 도움을 줄 수 있다는 식이다. 즉 여성 교육이 필요한 이유는 여성으로서 가정 내에서의 역할을 충실히 수행하기 위해서라는 이야기다.

비슷한 시기의 『황성신문』 논설에서도 같은 주장이 등장한다. 같은 해 11월 3일자 논설은 기자와 시골 손님이 주고받는 문답의 형태로 되어 있는데, 여성 교육이 왜 필요한가 하는 질문에 대해서 기자는 "한 나라의 어미에게 배움이 있으면 그 자녀들이 예의를 익힐 것이요, 천하의 아내들에게 배움이 있으면 그 남편들이 다 대신들이 될 것이다"라고 대답한다.

지금의 관점에서 보자면 꽤 이해하기 힘든 논법이기는 하다. 여성 교육의 궁극이 그들을 다시금 규중으로 돌려보내기 위해서라니? 이광수가 「노라야」에서 언급했던 '규문에서 나와 규문으로 다시 돌아가라'라는 역설적인 선언이란 오늘날의 젠더 담론에서는 상당히 반동적으로 여겨지는 주장이다. 그렇다면 과연 당시의 여성들은 이걸 어떻게 받아들였을까.

3월 29일에 사립 육영어학교(育英語學校)에서 교육 발전을 위한 강연회를 개설하였는데, 학생 200여 명과 학부모 및 내외국인 방청객 600여 명, 그리고 부인 50여 명이 토론을 진행하였다. [……] 그중 기이한 것은 부인들의 토론이었다. 교장 이동휘 씨의 부인 강 씨가 연설하기를, 우리 대한의 급선무는 여자 교육이라 따라서 여학교를 세우기를 강구한다 하였고, 김우제 씨의 부인 박 씨는 "지금 우리나라 형편은 눈 하나, 손 하나, 발 하나로 사는 격이니 여자를 교육시켜 다른 나라처럼 [남자와] 동등한 권리를 주어 그 남편을 찬조하면 완전한 인간과 같은 형편이 될 것이다"라 하였다. 김봉일 씨의 부인 허 씨는 "여자가 학문이 있으면 태교부터 입학까지 어미의 가르침을 받을 수 있으니 여학교를 세우는 것이 시급하다"라고 하였다.

여성 본인의 이름이 등장하지 않고 '누구의 부인 모 씨'와 같이 표현되는 건 특별히 여성을 낮춰서라기보다는 이 시대의 관례다. 보통 딸에게 정식으로 이름을 지어 주는 경우가 많지 않고, 설령 있다 해도 이를 공공연하게 드러내는 것을 꺼리는 일이 잦았다. 그래서 부인들 스스로도 자신을 나타낼 때 자신의 이름 석 자를 직접 말하지 않았다.

어찌 됐든 여기서도 볼 수 있듯이, 당시 비교적 학식이 있는 것으로 알려졌던 여성들의 교육론도 당대 주류 담론의 그것과 크게 다르지 않았다. 현모양처로서의 제 본분을 다하기 위해 남자와 동등한 교육이 필요하다는 것이었다. 여자들에게 교육 자체가 허락되지 않았던 종래의 풍조를 생각한다면 당시의 여성 교육, 나아가서는 여성 인권론이 직분론의 한계를 넘어서 동등한 '개인'을 양성하는 방향으로 전개되기를 기대하기란 어려웠다. 직분론의 벽은 비단 여성에게만 부과된 한계가 아니라, 당시 사회 전반에 팽배했던 인식이었던 탓에 여성이라 해도 현모양처라는 직분으로부터 자유로울 수는 없었기 때문이다.

애초에 당시의 교육론 자체가 개인의 자아실현이라는 측면과는 한참 동떨어진 것이었다. 교육의 목적이란 각자의 직분을 수행할 수 있는 충실한 '국민'을 양성하는 데 있었고, 개인의 영달이나 부귀를 위해 공부를 한다는 것은 언제든 비난의 대상이 되곤 했다. 조선시대의 교육이 '사'(士)만을 중시하고 '농공상'(農工商)을 무시했던 것과 달리 이 시대의 교육은 각각의 직분을 모두 중요하다고 여기고 이들을 모두 교육시켜야 한다고 보았다는 게 새로웠을 뿐이다. 아니, '뿐이다'라고 말할 수 없는 것이, 이 정도의 의식 변혁만 해도 당시로서는 어마어마한 것이었다. 남녀에 대해서도 마찬가지여서, 여자는 그저 집안일이나 하면 되지 교육이 무슨 쓸모가 있느냐는 종래의 인식을 비판하고 여성들도 자신의 직분을 충실하게 수행하기 위해서는 반드시 배워서 실력을 쌓아야 한다는 방향으로 나아간 것도 그 나름대로 '혁명적'인 변화였다.

　이러한 인식이 다시금 동등한 '개인'의 단계로 나아가려면 아직도 많은 세월을 거쳐야 했다. 주류 담론이 여성 교육론을 이끌어 낸 것은 직분론에 의거하여 가정의 기초를 더욱 견고한 것으로 만들기 위한 수단이었고, 1900년대 무렵에는 일단 여성들도 여기에 동의하는 움직임을 보였다. 하지만 여성 교육이 확대되고 실제로 신식 교육을 받은 여성들이 하나둘 사회 전면에 모습을 드러내기 시작하면서, 여성들의 목적의식은 점차 현모양처로부터 탈피하여 자아실현을 추구하는 '개인'을 향해 확장되어 나갔다. 이는 곧 같은 시대 남성 중심의 주류 담론에 의해 거센 저항을 받게 되지만 말이다.

　하지만 이와 같은 시대의 한계 속에서도, 직분을 중시하는 여성 교육론의 굴레로부터 벗어나 자아실현을 꿈꾸면서 조선으로부터 뛰쳐나간 여성들도 있었다. 물론 이들에게도 여전히 국가의 부름 내지는 교사라는 직분으로서의 사명은 부과된 상태였지만, 현모양처라는 틀을 벗어나겠다고 선언한 것만으로도 훗날의 싹이 되기에는 충분했다. 그들이 누구였는지는 지금으로서는 알 길이 없다. 다만 '몇 명의 여학생'이라는 이름으로만 남아 있을 뿐이다.

> 인천 영화여학교(永化女學校) 학생 중 평생 결혼하지 않고 학업에 종사하기로 선언한 이가 몇몇이 있는 고로, 이들을 해외로 유학을 보내어 훌륭한 인재로 양성하여 우리나라의 풍조를 개량하는 데 도움이 되도록 하고, 나아가서는 우리나라로 돌아와 여학교 교사를 삼을 수 있도록 하기 위해 그 학교 교원들이 열심히 [유학을] 주선하고 있다고 한다.
>
> 『황성신문』 1906년 9월 29일자

| 영화여자소학교(1903년)

착한 사람이 되어야지?

시키는 대로 살라는 식민지 교육

나태는 사람을 버리는 마성(魔性)이요, 근면은 사람을 보호하는 근본이라. 그러므로 사람의 성질을 근면한 데로 이끌면 인간 도리의 근원을 다스릴 수 있을 것이요, 뜻을 버리고 나태해지면 날이 갈수록 더욱 심해져서 가정의 일을 돌보지 않고 스스로를 망하게 하며 세상도 등지게 될지라. 그러므로 부지런하면 천하에 어려울 일이 없고, 나태하면 하는 일마다 되는 게 없을 뿐만 아니라, 황금과도 같은 세월을 허무하게 흘려보내어 직업도 재산도 잃게 될지니 생각건대 우리 동포들은 부지런히 힘써서 나태함을 일절 물리치고 각자 직업에 종사하여 자신을 보호하라.

『매일신보』 1910년 11월 19일에서 대구 달서여학교 이인순(10세)의 글

'착하다'라는 말처럼 많은 오해를 불러일으키는 단어도 드물다. 한 자로 선량(善良)하다고 하면 우리가 일반적으로 이야기하는 '착하

다'의 의미가 명확하게 전달된다. 그런데 희한하게도 우리말로 '착하다' 내지 '착한 사람'이라고 표현하면 말 그대로 선한 사람을 의미하는 것인지, 혹은 타인과의 의견 충돌을 달가워하지 않거나 설령 자신이 피해를 입더라도 애써 반항하려 들지 않는 무난한 사람을 의미하는 것인지 아리송해진다.

만화가 강풀 씨의 작품 「26년」 중에서도 그런 대목이 나온다. 군사정권에 의해 감금되어 있던 문익환 목사에게 형사는 "왜 이렇게 힘든 길을 걸어가는 것이오?" 하고 의문을 표한다. 그러자 문 목사는 이렇게 대답한다. "착하게 사는 것과 올바르게 사는 것은 다른 것 같아." 설령 대부분의 사람들이 하자는 대로 좇아서 '착하게' 산다 하더라도, 그것이 불의라고 한다면 올바른 것과는 거리가 멀다는 이야기다. 이 지점까지만 와도 착하다는 말의 뜻은 '선량'과는 꽤나 동떨어진 것이 되고 만다.

1900년대는 격랑의 시대였다. 특히 을사보호조약이 체결된 1905년 말부터 고종이 강제로 양위(讓位)를 하고 대한제국의 군대가 해산됨으로써 사실상 망국이 현실화된 1907년 여름까지는 그야말로 격정이 꿈틀거리던 시대라고 해도 좋았다. 사회 곳곳에서 망국의 위기를 강조하는 수사가 빗발치고, 모두가 이에 맞서서 마음을 단결하여 적극적으로 행동해야 된다는 주장이 난무했다. 을사조약 체결에 항거하며 자결한 민영환이 대나무로 소생했다며 너나 할 것 없이 그 기이함과 그의 애국심에 감탄하고, 네덜란드의 헤이그까지 건너갔으나 뜻을 이루지 못하고 병으로 죽은 이준이 어느덧 스스로의 배를 갈라서 내장과 피를 각국의 대표 앞에 뿌리며 한국의 독립을 외친 열사로 변형되곤 했다.

| 을사조약을 체결했던 중명전(重明殿)

하지만 이런 격랑은 망국과 더불어 급격하게 가라앉게 된다. 아니, 1909년 무렵에도 이런 움직임은 이미 크게 줄어들었다. 예컨대 대한제국의 사법권을 통감부(훗날의 총독부)에 위탁하도록 했던 1909년 7월의 기유각서(己酉覺書)는 그 내용이나 중요성만 놓고 본다면 을사조약 못지않았다. 하지만 반응하는 사람은 별로 없었다. 불과 2년 전 군대가 해산될 때만 해도 경성 일각이 치열한 시가전을 겪었음을 생각하면 그 온도차는 참으로 극심한 것이었다. 같은 해 10월에 안중근이 이토 히로부미를 저격했고, 12월에는 장인환과 전명운이 이완용을 습격했으나 이런 소식에 대해서도 대중들은 별달리 격동하지 않았다.

합병 직후 『매일신보』가 묘사한 한국 각지의 모습을 한번 볼까. 순종황제와 메이지덴노(明治天皇)의 칙서가 발표된 지 이틀 뒤인 8월 31일, 이 소식을 전해 들은 한국의 일반 신민들은 대체로 온건한 반응을 보였다고 전해진다. 경성 시가에서는 "내왕하는 한국인들이 모여들어서 이[조서]를 구경하되, 그중 한 사람이 큰 소리로 낭독하며 나머지는 이를 듣고 있다가, 핵심적인 내용에 이르러서는 '좋다, 좋다' 하며 서로 수긍"하더라는 것이다(『매일신보』 1910년 8월 31일자).

　지방에서도 마찬가지였다. 당시 『매일신보』의 보도에 따르면, 소위 '불온분자'가 가장 많이 활동하던 서북지방에서조차 합병 발표에도 불구하고 별다른 동요나 불온 행위가 나타나지 않았다고 한다. 합병을 둘러싼 조선 내부의 풍경은 항상 평온, 안정, 온량(溫良) 따위의 단어로 표현되었다. 불과 몇 년 전까지 들끓던 한반도 전체가 하루아침에 잔잔한 내해(內海)처럼 되어 버리고 만 것이다. 아니, 실제로 그랬는지의 여부와는 무관하게 『매일신보』는 어찌 됐든 그렇게 표현했다. 당시 『매일신보』는 식민지 조선인들을 상대로 하는 총독부의 기관지 역할을 자처했다는 점을 상기하자.

　이제는 더 이상 격정에 끓어넘치는 지사나 영웅은 필요치 않게 되었다. 오히려 이런 존재들은 방해가 되었고, 한때 이 땅에 영웅들이 태어나기를 열망하며 부르짖던 열혈의 사상 또한 그 지위를 상실했다. 이미 한반도가 일본제국의 한 부분이 된 상황에서, 사람들의 강개(慷慨)한 마음을 일깨우는 행위는 외려 통치에 방해 요소만 될 뿐이었다. 당시 식대로 표현하자면, 이런 것들은 '불온한' 사상에 지나지 않았다.

> 자신의 역량을 스스로 잰다 할지라도 귀순 이외에는 다른 방법이
> 전혀 존재하지 않는다. 이처럼 격앙된 마음을 일절 포기하고 평화
> 주의를 각자 받아들여 함께 진화를 향해 나아가면 앞날에는 좋은
> 일들만이 무궁히 기다리고 있을 것이다.
>
> 『매일신보』 1910년 9월 7일자

위의 논설은 물론이려니와 합병 초기 『매일신보』는 끈질기게 '새롭다'[新]라는 표현을 내세웠다. 새로운 시대가 열렸고, 새로운 정치가 시작되었으며, 조선인들은 일본의 새로운 신민이 되었으니 이에 알맞은 새로운 교육이 필요하다는 식이었다. 이런 어조의 변화는 상당히 교묘해서, 얼핏 보기에는 이전 시대 신문들이 쏟아내던 교육에 대한 열망과 크게 다르지 않은 것처럼 보였다. 하지만 가만히 뜯어보면, 교육의 '목적'에서 정반대의 목소리를 내고 있었다. 결론부터 말하자면, "착하게 살아라"라는 것이었다.

교육이라는 게 개인의 영달을 위한 것이 아니라 무한 경쟁의 시대에 우리 민족 전체의 생존을 위한 것이라는 관점은 전대와 별반 다를 바가 없었다. 그러나 그 '민족'의 지향점이란 국가의 위기를 극복하는 게 아니라, 거꾸로 새로운 국가이자 군주인 일본과 천황에게 충성을 다함으로써 일본제국의 충실한 신민이 되는 것이었다. 이전의 대한제국은 난세(亂世)였으므로 교육을 통해 깨우친 국민이 이를 바로잡고 구원해야 했지만, 지금의 조선은 일본제국의 휘하에서 치세(治世)를 누리고 있으므로 조선인 개개인이 교육을 통해 이러한 새 시대에 어울리는 국민으로 성장해야 한다는 논리다.

당시『매일신보』는 조선인들이 법적으로는 일본제국의 새로운 신민이 되었으나, 사회문화적으로는 아직 기존의 일본인들과 어깨를 나란히 할 만큼의 수준에 달하지 못했으므로, 조선인들을 일본인과 동등한 수준의 신민으로 양성하는 것이 교육의 중요한 목표라고 주장했다.

이는 물론 조선총독부, 나아가서는 일본 정부의 방침이었음은 말할 필요도 없다. 초대 조선총독이었던 데라우치 마사타케(寺內正毅)는 일본인 교원들을 대상으로 한 어느 간담회 자리에서 조선인 교육의 기본 목표와 방향에 대해 언급했다. 그는 말하기를 "교육의 정신은 일찍이 [천황께서] 하사하신 교육에 관한 칙어(勅語)의 정신을 깊이 받아들이고 간직하여 건전한 국민을 만드는 데 있으니, 건전한 국민이라 함은 자기 자신과 가정을 돌보는 데 주력하고, 각자의 직업에 성실히 종사하는 것"이라 하였다(『매일신보』 1911년 8월 4일자).

정리하자면 총독부나 일본 정부가 시키는 대로 잘 따라하고, 생계 유지를 위해 열심히 일하는 사람을 만드는 게 교육의 목표라는 것이다. 전자를 잘 따르지 않는 사람은 불온분자 내지는 불량선인(不良鮮人)이라 일컬어지곤 했으며, 후자에 최선을 다하지 않는 사람은 부랑패류(浮浪悖類)로 분류되었다. 양자 모두 총독부의 집중적 단속 대상이 되었음은 말할 필요도 없다. 말 잘 듣고 상품 열심히 생산하는 '착한 노동자'가 되어 주는 것이 조선총독부가 원했던 조선인의 이상형이었던 셈이다.

이런 시각은 비단 교육에 대해서뿐만이 아니었다. 종교에 대해서도 그러했다. 1900년대 중반 무렵 종교는 원래 국민의 감정을 하나로 통일하여 나라의 발전에 보탬이 될 수 있는 중요한 기제로 인식되곤 했다. 『제국신문』은 1901년 3월 14일자 논설에서 크림전쟁 당시의 일화를 각색하여 소개하면서 서양인의 '힘'이 기독교를 공통으로 믿는 데에서 비롯되었다며 국교(國敎)의 중요성을 강조한다. 1905년 무렵에는 아예 구국기도문 같은 것을 만들어 사람들에게 배포하면서 국가를 위기로부터 구원하는 데 종교를 이용하기도 했다.

그러나 합방 직후인 『매일신보』 1910년 11월 16일자 논설 「각 교회에 대하여」에서는 종교의 가치를 인간 내면에 대한 제재, 즉 개개인의 내면을 다스리는 데에서 찾는다. 종교의 목적이란 도덕심을 배양하여 죄악을 저지르지 않게 하고, 감화를 통해 인간의 마음을 '착하게' 만드는 데 있다는 것이다. 즉 종교든 교육이든 그 기본 목적은 개개인을 온화하고 순종적인 인간으로 만들어 체제의 명령에 의구심을 품거나 집단적으로 저항하지 않고, 최대한 성실하게 주어진 일에만 몰두하게끔 만드는 데 있었던 셈이다.

식민지 조선에서의 교육은 기본적으로 조선인 학생 대 일본인 선생이라는 구도를 택했다. 『매일신보』는 1911년 3월 14일자 논설 「민족의 계급」에서 같은 민족 구성원이라 해도 모두가 무조건 평등한 것은 아니며, 개개인의 현명함과 어리석음에 따라 차등이 생기는 게 당연하다고 주장한다. 따라서 어리석은 자가 현명한 자에게 지도를 받는 것은 당연한 일이며, 이런 질서를 문란하게 만드는 것은 결국 사회 전체를 어지럽히는 일이라고 평가한다.

말하자면, 일본인과 조선인은 같은 제국의 신민이기는 하지만 그렇다고 결코 동등한 입장에 놓인 건 아니었다. 같은 신민이라는 건 어디까지나 제도적인 차원에서만 그러할 뿐, 조선인이 일본인과 똑같이 '문명한' 수준에 달했다는 의미는 결코 아니었다. 따라서 어리숙한 조선인은 현명한 일본인에게 아직 지도 편달을 받아야 한다, 그 과정이 끝나고 온전한 일본제국의 신민이 되기까지는, 어디까지나 성실하고 순량(順良)한 태도로 일본인의 가르침을 받아야 한다는 게 일제강점기 초기의 교육론이었다.

이런 관점은 1900년대에서부터 이어져 내려온 직분론과 연결되기도 했다. 앞서 살펴보았듯이, 1900년대의 남녀 동등권이란 오늘날처럼 젠더에 구애받지 않는 동등한 '개인'을 목표로 하는 것이 아니라 외려 각자의 직분을 강조하면서 이를 원활하게 수행할 수 있도록 만드는 데 주안점을 둔 것이었다. 같은 식의 논리가 1910년대 당시 식민지 교육에서도 적용되었다. 일본인과 조선인은 같은 신민이지만, 각자 도달한 수준이 다르고 맡은 바 직분이 다르므로 받아야 하는 교육도 다르다고 본 것이다.

예컨대 대한제국 시절 신식 교육을 받았던 학생들은 주로 정치학이나 경제학을 공부하기를 희망했으나, 이는 결국 졸업 후에 관직 한자리나 해보려는 사환열(仕宦熱)에서 비롯된 것이므로 일종의 허영에 불과하다고 비난한 뒤, 지금의 조선인들에게 필요한 교육은 광업이나 농업, 어업, 제조업 등에 관한 실업교육임을 강조하는 식이었다(『매일신보』 1913년 10월 16일자 논설).

정리하자면 이런 이야기다. 국가를 운영하는 데 필요한 학문은 일본인들의 몫이니 그들에게 맡겨 두고, 조선인들은 '기술'부터 배우는 일에 힘쓰라는 것이다. 물론 여기에도 꽤나 그럴듯한 명분이 달라붙어 있다. 조선은 경제력이 빈약하므로 제국의 정치 따위를 논란하기 이전에 먼저 산업부터 육성해야 한다는 식이었다. 다른 한편으로는 대한제국 시절처럼 정치가 혼잡한 시대가 아니라 새로운 정치의 도래로 모든 제도적 문란함이 사라지고 평화로운 시대가 되었으니 정치보다는 실업에 힘쓸 필요가 있다는 식으로 회유를 꾀하기도 했다.

말하자면 "당장 먹고사는 일이 중요하지 정치나 철학 따위가 중요한 게 아니다"라는 식이었다고나 할까. 조선인이라고 해서 실업교육 이외의 학문을 연구할 수 없다는 식의 제한을 둔 것은 아니나, 실업교육에 치중하는 것이 조선인의 직분에 어울린다는 식으로 여론 자체를 가둬 두려고 했던 것이다.

그런데 이렇게 정리하다 보니 어디서 많이 듣던 이야기와 비슷하다는 인상을 갖게 된다. 세상일의 옳고 그름에 대해 함부로 논하거나 비판하지 말고 경제활동에 적극적으로 참가하여 산업의 역군 노릇을 해야 한다는 이 논법 말이다. 산업 부흥을 미끼로 하여 내부의 비판적인 목소리를 단속하고, 이를 교육 단계에서부터 철저하게 주입시켰던 것은 비단 식민지 시대만의 방법론은 아니었다. 이미 우리는 한국의 근현대사를 통해서 이러한 경험을 여러 차례 해왔고, 역사의 전환기마다 앞장섰던 청년들은 기성의 세력들로부터 "가만히 있으라"라는 주문을 받아 오지 않았던가.

21세기라고 해서 이런 상황은 크게 다르지 않다. 경제위기나 불황, 취업난 따위를 앞세워 청년들로 하여금 지도층의 요구를 순순히 따르면서 '착하고 성실하게' 살라고 요구하는 건 예나 지금이나 크게 변하지 않은 논법 중 하나다. 예전에 비하면 정치적으로 자유로워진 세상이므로 그런 문제보다는 당장 먹고사는 일에 노력을 기울이는 것이 낫다는 식의 압력 역시 한 세기 전 『매일신보』의 논법과 놀랄 만큼 닮아 있다는 것을 문득 깨닫게 된다.

성실하게 산다는 것은 단지 주어진 환경에 순응하면서 허락된 몫만큼만을 지켜 나가는 삶의 방식을 뜻하지는 않으리라. 착하게 산다는 것이 그저 다수가 이끄는 대로, 혹은 '위에서' 허락하는 대로 살아가는 방식이라 한다면, 한 세기에 걸친 우리의 근현대사 중 상당 부분은 불온함과 방탕함으로 평가절하될 수밖에 없다. 그러나 지금 시대를 사는 우리는 그 '불온함'을 반문이 불가능한 '정의'로 기억한다. 불량선인 등으로 낙인찍혔던 독립운동가들에 대해서도 그러하고, 친북 세력이나 간첩 따위로 내몰렸던 민주화 세력들에 대해서도 그러하다. 그리고 그런 시대에, 우리는 여전히 불온함이라는 딱지가 붙게 됨을 두려워하면서 살지 않으면 안 되는 처지에 놓이고 말았다. 그야말로 역사의 아이러니가 아니라면 무엇이겠는가.

조선의 하믈렛트

개화기 문인들의 '키보드 배틀'

●

나는 여기서 제월(霽月) 씨가 소설 작법에 대해 전혀 무지한 사람이라는 것을 깨달았다. 소설을 쓰는 법을 모르는 사람이 소설에 대해 비평한다는 것은 말도 안 되는 일이다. 소설 쓰는 법을 모르는 사람이, 그 소설이 어디가 잘못되었는지를 제대로 발견하지 못할 테니 말이다……. 이처럼 제월 씨는, 자신이 비평가로서 어떤 가치를 지닌 사람인지, 수많은 사람들 앞에서 노출시키고 말았다.

김동인, 「제월 씨의 평자적 가치」, 『창조』 6호, 1920년 5월

김동인이 처음으로 타인을 직접 거론하면서 가열찬 인신공격을 가했던 글이다. 이 글이 나오게 된 경위를 간단하게 짚어 보면 이렇다. 김동인이 주축이 되어 발간되던 『창조』라는 문예지가 있다. 여기 동인으로 함께 참여하던 김환이라는 사람이 다른 잡지에 「자연의 자각」이라는 소설을 발표했는데, 이에 대하여 '제월'이라는 필

명을 쓰는 사람이 가혹한 비평을 했던 것.

사실 김동인도 『창조』 5호에서 「자연의 자각」에 대해 '아직 소설이라 할 수 없다'라는 혹평을 내린 바 있다. 하지만 원래 사람 마음이라는 게 내가 내 식구 욕은 해도 남이 내 식구를 욕하면 기분이 나쁜 법. 같은 『창조』 동인인 김환을 '보호'하기 위해 김동인이 칼을 들고 나섰던 것이다.

┃ 소설가 김동인과 그의 대표작 「감자」 [경북대학교 인터넷 신문]

「제월 씨의 평자적 가치」라는 글에서 김동인은 이 '제월'이라는 평자를 한없이 깎아내린다. 요지는 한마디로 이렇다. "소설도 쓸 줄 모르는 주제에 남의 소설 가지고 평가하지 마라!" 여기에는 김동인 자신의 상대적 우월감도 녹아들어 있었다. 당시 김동인이 개인적인 라이벌로 여기고 있던 것은 이광수였으며, 그 외에는 '감히' 자신만큼 소설을 쓰는 사람은 없으리라고 확신하고 있었던 것이다.

그러하기에 자신은 김환의 소설에 대해 이러쿵저러쿵 하마평을 늘어놓을 수 있지만, '근본도 알 수 없는' 제월이라는 사람은 그런 평가를 할 자격이 없다는 식의 우월감이 있었던 것이다.

사실 '제월'이 김환의 소설에 대해 내린 평가는 김동인 자신이 내렸던 평가와 크게 다르지 않았다. 김동인이 길길이 날뛰게 된 원인은 김환이 같은 『창조』 식구였던 까닭도 있겠지만, 다른 한편으로는 듣도 보도 못한 이 '제월'이라는 사람이 자신과 비슷한 수준의 식견을 보인 데 대한 본능적인 반발이었을는지도 모르겠다.

김동인과 제월 두 사람은 이 문제를 두고서 수차례의 기고를 반복하며 설전을 벌인다. 그 제목도 가히 멋지다. '제월 씨의 평자적 가치' → '나의 평자적 가치를 논함에 답함' → '제월 씨에게 대답함' → '김 군께 한 말' → '비평에 대하여'. 말하자면 이들은 각종 잡지와 신문 지면에서 활자의 포화를 주고받았던 셈이다.

> 비평가 가운데 이처럼 사적인 감정을 넣어서 비평을 하는 이가 있으니 이 얼마나 한심한 일입니까?
>
> 김동인, 「비평에 대하여」, 『창조』 9호, 1921년 6월

마치 요즘 논객들의 독설을 보는 듯한 이 문구는 이 '키보드 배틀'의 대미를 장식한 김동인의 마지막 글에 등장한다. 이 글은 비평가의 자격을 논하는 것이 주된 내용인데, 글머리에는 "이것은 특정한 사람을 비방하려는 목적으로 쓰는 글이 아니다"라고 해놓고서는, 정작 본문에는 '특정한 사람'에 대한 온갖 중상모략과 비방으로 점

철시켜 놓으셨더랬다.

　이미 김동인은 첫 글인 「제월 씨의 평자적 가치」에서부터 시종일관 제월에 대한 인신공격을 내뱉고 있었다. 애초에 제월의 비평 내용 자체에 대해서는 반박이 어려웠던 까닭에, 결국은 제월이라는 사람 자체의 '자격'에 대한 논란으로 끌고 갈 수밖에 없었던 것이다. 물론 이 과정에서 김동인은 자신의 비평을 제월과 차별화하기 위해서 무리하게 형식주의 관점을 끌고 오지만, 애초에 '양념'으로 끌고 들어온 이론 체계가 자신의 글을 받쳐 줄 리가 만무했다. 그리고 사실, 받쳐 주지 않더라도 크게 상관은 없었다.

　이런 활자 '워리어질'의 정점을 찍었던 것이 바로 이 글이었다. 사실 그 이전에 이미 제월은 「김 군께 한 말」을 통해서, 이 논전이 상대방에 대한 인신공격으로 변질되고 있다면서, 자신은 더 이상의 대응을 하지 않겠노라고 선언한 바 있었다. 이 시점에서 전투는 끝났어야 했지만, 김동인은 기어이 글 한 편을 더 써서 제월의 자존심을 한 번 더 긁고 만다.

> 　내가 모 잡지의 편집인 C군에게 들으니, 원래 비평가 A씨가 보낸 글 첫머리에는 이런 내용이 있었다 한다. 과거 자신이 『학지광』에 글을 투고했을 때 당시 편집을 맡았던 B가 그 글을 내쳤는데, 나중에 그가 소설을 썼다기에 얼마나 잘 썼나 싶어서 봤더니 영 엉망이어서 이런 비평을 쓰게 되었다는 것이다. 이처럼 상대방에 대한 사적인 감정에 젖어서 비평을 하는 것은 안 될 일이다.

'모 잡지', 'C군'이라는 식으로 전부 이름을 가려 놨지만, 제월을 겨냥해서 쓴 글임은 너무나 명백하다. 게다가 제월이 실제로 저런 내용을 투고 첫머리에 달아 놨는지의 여부도 불분명했다. 김동인 자신도 밝히고 있듯이 "C군이 그 부분은 삭제한 뒤에 글을 게재"했기 때문이다. 김동인은 이미 제월의 '정전' 선언으로 논쟁이 끝난 시점에서, 바로 그 C군에게 들은 이야기라면서 '카데라 통신'을 끌어내어 제월의 자격을 다시 한 번 깔아뭉갰던 것이다.

결국 제월 측에서 더 이상 반론을 제기하지 않음으로써 논쟁은 일단락되었다. 사실 이 논쟁의 패배자는 김동인이었는데, 애초부터 감정적인 이유 때문에 뛰어들었던 데다가, 제월의 반박에 대해서도 이리저리 논점을 회피하면서 인신공격으로 일관했던 까닭이다.

결국 김동인의 입장은 "소설을 쓸 줄 모르면 비평도 하지 마라"라는 것이었는데, 그래서일까. 이 '제월'이라는 사람은 나중에 소설을 한 편 썼다. 마치 "오, 그러서? 그럼 그 잘난 소설 내가 한번 써보지"라고 하듯이. 그 소설의 제목은 바로 '표본실의 청개구리'. 그렇다. '제월'의 정체는 바로 그 이름도 유명한 소설가 '염상섭'이었던 것이다.

그야말로 치졸함과 오만함으로 점철된 김동인의 「비평에 대하여」는 별 논란 없이 묻히게 되었지만, 아이러니하게도 염상섭은 이 논쟁을 통하여 김동인을 비롯한 『창조』 동인들의 예술 지상주의와는 또다른 관점에서 자신의 문예관을 확립하게 되었다.

「표본실의 청개구리」를 읽은 김동인은 깜짝 놀랐다. 그간 이광수만 응시해 오던 그의 옆에, 갑자기 거대한 산맥 하나가 나타난 셈이었으니까. 당시의 '충격과 공포'를 김동인은 다음과 같이 정리했다.

| 염상섭 [나무위키]

상섭이 「표본실의 청개구리」라는 소설을 썼다. 이 사람이 소설을 썼구나, 나는 이런 마음으로 그의 작품을 보았다. 그러나 연재물의 제1회를 볼 때 나는 큰 불안을 느꼈다. 강적이 나타났다는 것을 직감하였다. 이인직의 독무대 시대를 지나서 이광수의 독무대, 그 뒤 2, 3년은 또한 나의 독무대에 다름없었다. …… 과도기의 청년이 받은 불안과 공포, 「표본실의 청개구리」에 나타난 것은 그것이었다. 나는 상섭의 출현에 몹시 불안을 느끼면서도 이 새로운 '하믈레트'[햄릿]의 출현에 통쾌감을 금할 수 없었다.

김동인, 「문단 30년의 자취」, 『신천지』 1948년 3월호

지나가는 행인이 말하기를……

근대 신문의 '썰' 활용법

이달[1898년 11월] 21일 저녁에 보부상들이 새문 밖 한성부 앞에 모여 있었다. 독립문 아래 돌다리 근처 사는 사람 하나가 키는 8척 장신이요 기운이 장사인데, 서서히 그곳으로 내려와서 보부상들이 모인 곳 가운데로 들어왔다. 그는 조용히 사방을 둘러보다가 번개같이 몽둥이 하나를 꺼내어 들고 좌충우돌하며 무인지경같이 휘몰아치니 보부상들이 갑작스러운 일에 정신을 차리지 못하고 사방으로 도망쳤다.

『매일신문』 1898년 11월 23일자

무슨 무협지의 주인공 내지는 영화 「매트릭스」의 '네오'를 연상시키는 대목이지만 엄연한 신문 기사다. 『매일신문』에 실린 「어떤 이가 가로막고 미친 듯이 날뛰다」(誰障狂瀾)라는 기사 전문이다. 그것도 무려 1면에 실렸다. 저 사람이 누구인지, 누가 목격해서 알려 준

지나가는 행인이 말하기를……

것인지, 혹은 이 사건 자체가 실제로 있었는지의 여부조차 알 길이 없다.

사실 이 기사는 당시 상황으로 보건대 허구라고 보는 편이 정확하다. 위에서 보부상들이 새문(서대문) 바깥에 모인 정황은, 우리가 이미 교과서 등을 통해서 잘 알고 있는 역사적 사건의 한 대목이다. 바로 11월 21일 밤, 보부상을 주축으로 한 황국협회 회원들이 만민공동회를 습격했던 당시를 배경으로 하고 있다. 당시의 상황을 보자면 만민공동회는 일방적으로 습격을 당했다고 볼 수밖에 없다. 사태를 예측하기 힘들었던 탓도 있지만, 보부상 자체가 사병(私兵)에 가까울 정도로 숙련된 집단이었다는 점도 간과할 수 없다. 병인양요나 동학농민전쟁 등에도 동원되었을 정도였으니 말이다(조재곤, 「'부상감의비'와 보부상의 동학농민군 토벌」 참고).

┃1920년대 짚신 장수

정황으로 보더라도 거짓일 게 뻔하고, 기사 자체에도 명확한 출처나 등장인물의 신상명세가 밝혀지지 않았음에도 버젓이 1면에 오르게 된 배경은 무엇일까. 여기에 1900년대 당시 언론의 일반적인 속성과 더불어, '소설'이라는 존재가 단순한 오락물에서 시대의 앞길을 밝히는 등불로 올라서게 된 사정이 담겨 있다.

　　출처가 불분명한 이야기가 기사화되거나, 혹은 잘못된 내용으로 인해 정정을 거치는 일은 예나 지금이나 심심찮게 벌어진다. 신문 기사가 오직 '사실'만을 기록해야 하며, 제보자 역시 신분을 명확히 밝혀야만 신뢰할 수 있음은 한 세기 전에도 당연한 상식이었다. 시쳇말로 '팩트'라는 걸 당시에도 강조하기는 했다는 이야기다.

특히 이 시기에는 자신의 실명을 밝히는 것보다는 별호(別號)나 "어디에 사는 김 모"와 같은 식으로 자신의 정체를 아리송하게 밝히는 경우가 많아서, 당시 신문들은 투고자의 거주성명을 정확하게 밝히지 않으면 제보를 하더라도 기사화할 수 없다는 식의 공고를 자주 신곤 했다.

하지만 요즘에도 그러하듯이, 제아무리 신문이 제보자나 정보 그 자체의 신뢰성 확보에 노력을 쏟는다 해도 잘못된 기사가 게재되는 것은 피할 수 없는 일이었다. 게다가 지금처럼 고속 통신망이 발달하지 않은 시대에는 관청에서 흘러나오는 공문서나 편지를 통해 전달되는 독자들의 제보, 혹은 '탐보원'(探報員)이라 하여 여기저기 돌아다니면서 길거리에서 떠도는 풍문을 '채집'해 오는 이들에게 의지하는 게 고작이었으므로 기사의 정확도는 많이 떨어질 수밖에 없었다.

탐보원이란 오늘날로 치자면 기자와 비슷한 개념이지만, 그렇다고 지금의 기자처럼 직접 취재를 하거나 글을 쓰지는 않는다. 탐보원이 활동하는 건 이런 식이다. 하루는 운동 삼아서 남산에 올라가 이리저리 배회하다가 내려오는데, 마침 어떤 막벌이꾼 서넛이 둘러앉아서 이런저런 이야기를 주고받는 중이다. 이를 본 탐보원은 마치 자신은 그 대화에 관심이 없고 그저 누군가를 기다리는 중인 양 담배를 꺼내 피워 물면서 그들의 대화에 귀를 기울인다. 그러다가 쓸 만한 이야기가 흘러나온다 싶으면 바로 신문사로 돌아와서 "내가 오늘 어디 갔다가 이러저러한 이야기를 들었는데" 하면서 자신이 들은 바를 늘어놓으면, 기자들은 이를 바탕으로 기사를 작성하는 식이었다(『한성신보』 1904년 1월 15일자).

　　말하자면 당시의 탐보원이란 오늘날의 관점에서 보자면 승객들을 통해 세상 이야기를 주워섬기는 택시 기사에 더 가까웠을는지도 모르겠다. 정치인들도 세상 민심을 알기 위해서는 택시를 타는 게 제일 정확하다고들 하지 않던가.

　　어쨌든 이 당시 기자라 하면 오늘날과는 조금 달라서, 신문사에 앉아서 글을 쓰는 사람을 가리켰다. 현장에서 정보를 채집해 오는 것은 탐보원들이 했으므로 기자는 이렇게 전달된 정보를 바탕으로 기사를 쓰기만 하면 되었다. "모처에서 아무개가 말한 바를 들으니"로 시작하는 기사들은 이렇게 만들어졌다. 그리고 당시 신문의 기사들은 거의 대부분이 이런 식이었다.

　　그런데 한번 살짝 방향을 바꿔 생각해 보자. 1900년대 무렵의 신문들은 채집된 '소문'을 토대로도 기사를 쓴다고 했다. 물론 기본적인 방침은 "들은 대로 전한다"라는 것이지만, 어차피 소문인 이상 어디서 누가 무슨 말을 했는지에 대한 근거는 남지 않는다. 물론 제보자의 거주성명을 정확하게 밝히지 않으면 기사를 내지 않겠다고는 했지만, 별도의 반박이나 정정 요구가 들어오지 않는 한 이것이 누구의 제보에 의탁한 기사인지는 알 길이 없다. 보통은 굳이 알려고 하지도 않았다. 누가 보고 들은 이야기인가의 여부보다는 일단 신문에 실렸다는 게 더 중요했고, 신문에 기사가 난 이상은 설령 다소 허황되어 보이는 이야기라고 해도 '사실'로 간주하는 게 당시의 풍토였으니 말이다.

　　그렇다면 이런 경우도 가능하지 않겠는가? 겉으로는 "들은 대로 전한다"라는 형태를 취하더라도, 실질적으로는 기자 자신이 원하는 대로 이야기를 변경하거나, 혹은 아예 없는 이야기를 실제인 것처럼 꾸며서 쓸 가능성 말이다. 과연 그 정도까지 했을까 싶지만, 실제로 그런 사례들이 몇몇 보인다. 그중 하나를 보면 다음과 같다.

> 대구에서 온 사람이 하는 말을 들으니, 그곳에 한 부자가 사는데 관찰사 조기하가 그를 붙들어 갔다. 관아에 끌려 들어온 부자는 무슨 죄로 자신을 잡아왔느냐고 물었다. 그러자 조기하는 노하여 외치기를, "네가 갑오년에 동학당에 가담한 죄"라고 하였다. 그러자 부자는 "영감께서 동학 죄인을 잡고 싶으시다면, 내가 사는 곳에 30~40명가량이 있으니 내가 안내하여 모두 사로잡게 해주겠다"라고 하였다. 관찰사는 크게 기뻐하며 순검 10여 명을 내주어 부자와 함께 보냈다. 그는 순검을 데리고 자기 집으로 바로 달려가서 "이 곳간 안에 동학 죄인들이 있으니 잡아가라"라고 하였다. 하지만 문을 열어 본즉, 사람은 없고 단지 좁쌀 30~40석뿐이었다. 순검들이 부자에게 힐문하자 그는 태연하게 말하길 "나는 애초에 동학에 가담한 적이 없고, 저 곡식더미가 바로 동학 죄인이다. 어서 잡아가라." 말뜻을 알아챈 순검들은 포복절도하였다. 이 이야기를 전한 사람들도 모두 시원하게 웃더라.
>
> 『황성신문』 1902년 7월 17일자

당시 지방 관리들 중에는 관할 지역의 부자들을 아무 죄 없이 잡아다가 괴롭히면서 돈이나 곡식 따위를 내놓도록 종용하는 경우가 많았다. 특히 당시 대구부 관찰사였던 조기하는 탐관오리로 악명이 높았다. 오죽하면 이런 그를 조정에서 체임(遞任, 벼슬을 교체함)시키려고 하자, 그에게 돈을 빼앗긴 대구부 부자들이 "빼앗은 것들을 돌려주기 전까지는 체임시킬 수 없다"라며 그를 계속 대구부 관찰사로 머물게 해달라고 요청하는 블랙코미디가 벌어졌을 정도였다(『황성신문』 1902년 7월 15일자).

하나 재미있는 점은, 위에서 인용한 사건처럼 탐관오리를 부자가 골탕 먹이는 유의 이야기가 당시 신문 곳곳에서 발견된다는 점이다. 이보다 3년 앞선 1899년 9월 5일자 『황성신문』 논설에는 관서 지방에 사는 어떤 사람이 제보했다고 하면서 위의 것과 별반 다를 바 없는 이야기가 등장한다. 다만 좁쌀 30석이 황소 한 마리로 바뀐 게 다를 뿐이다. 1906년 10월에 황성기독교청년회(오늘날의 서울 YMCA)에서 거행된 연설회 중에서도 비슷한 이야기가 등장한다. 위에서 거론한 사건만 놓고 보더라도 과연 관청에 끌려온 일반인이 저런 식의 위트를 구사할 수 있을까 의아하지만, 이런 일이 같은 시대에 곳곳에서 벌어졌다고 하는 것은 약간 의아스럽다.

사실 이것은 조선 때부터 전해져 내려오던 야담에 약간의 변형을 가해서 실제 사건인 것처럼 기사를 꾸민 것이다. 사실 유무만을 놓고 따진다면, 저런 사건은 실제로 벌어진 적은 없다. 예컨대 대구부 관찰사 조기하가 어느 부자를 죄없이 잡아들여 재산을 뜯어내려 했다가 웃음거리가 되었다는 사건 같은 것은 애초부터 없었다는 이야기다. 만일 정말로 이런 사건이 있었다면 당시 신문의 관례상 피해자의 거주성명까지 기사에서 소상하게 밝혔을 것이다.

제보자의 이름은 가리더라도 기사 대상이 되는 사람에 대해서는 정보를 공개하는 데 거리낌이 없던 시대였으니 말이다.

왜 이런 짓(?)을 했을까. 효과적이기 때문이다. 신문 독자들에게 "이 사람은 탐관오리다"라고 알리는 가장 확실한 방법 중 하나는 사람들이 생각하는 탐관오리의 '스테레오타입'에 당사자를 덧씌우는 것이었다. 사람들 사이에 널리 알려진 탐관오리 관련 야담에 '조기하'라는 특정 인물을 덧씌움으로써 "조기하는 탐관오리다"라는 명제를 사람들에게 쉽게 각인시킬 수 있었다. 기사 자체만 놓고 보면 허위보도에 해당하겠지만, 사건 자체는 허위일지라도 조기하가 탐관오리라는 점 자체는 진실이므로, 당시의 관점에서는 이런 기사조차도 엄연히 '사실'을 다룬 것으로 간주되었다는 이야기다.

이런 유의 기사들은 그간 허황된 이야기 정도로 치부되면서 사람들에게, 특히 식자층에게 외면당해 온 '소설'이 새로이 생명력을 얻어 신문 지면을 차지하게끔 만드는 데에도 기여를 했다. 만일 특정한 대의를 역설하기 위해 존재하지 않았던 사건을 실제 있었던 일인 양 꾸며서 기사화할 수 있다면, 이를 좀 더 확대하여 '이야기' 전체를 만들어 내는 일도 가능하지 않겠는가? 신문이 등장하기 이전의 소설들이 머나먼 시대나 나라(주로 중국)에서 벌어진 공상적인 일들을 소재로 했다면, 신문 지면에 나타난 소설들은 마치 신문 기사의 일부이기라도 한 양 한국 사회의, 당대의, 혹은 실존 인물의 이야기들을 소재로 하여 대의를 역설하기 시작했다.

이런 사고방식은 오늘날의 관점에서는 낯설게 느껴질는지도 모르겠다. 적어도 대상의 존재 유무 자체를 중시하는 근대적 사유 내에서는 A라는 명제가 참이므로 B라는 기사에서 '가'라는 허위 사건을 만들어 전하더라도, 그 '가'가 A와 합치된다면 B는 허위 기사가 아니라는 발상이 통하긴 어려울 것이다. 하지만 따지고 보면, 꼭 어렵다고 할 일도 아니다. 오늘날에도 저런 수법은 얼마든지 통용되고 있기 때문이다.

　오늘날의 언론 매체들이 유명인, 특히 정치인이나 연예인 들의 언행에 대해 사실과 거리가 먼 기사를 내놓는 것은 비단 '실수'에만 해당하는 문제는 아니다. 여기에는 언론사의 명백한 의도가 담겨 있는 경우도 여럿 있다. 혹은 독자들의 의혹을 '확인'시켜 주기 위해, 아니면 그 의혹이 사실이기를 기대하는 독자들의 '욕망'을 해소시켜 주기 위해 존재하지도 않는 사건이나 발언을 실제 있었던 것처럼 꾸며 쓰는 일은 지금도 종종 벌어지지 않던가?

　그러나 한 가지 차이가 있다면, 적어도 한 세기 전에 나타났던 '허위 기사'들은 사회 전반이 동의할 수 있는 대의에 봉사하는 경우가 대부분이었다는 점이다. 이를테면 민영환이 자결한 뒤 그의 방에서 대나무가 자라났는데 그 잎의 모양이 병풍에 튄 핏방울의 흔적과 똑같다든가, 헤이그 만국평화회의에 참석한 이준이 각국 대표들 앞에서 자기 배를 손수 가르고 창자와 선혈을 내던지면서 '장쾌하게' 대한제국의 독립을 주장했다는 식으로 말이다. 혹은 이완용이 대변을 보려고 화장실에 가려는데, 이걸 지켜보던 '어떤 사람'이 몽둥이로 엉덩이를 후려치자 깜짝 놀란 그가 똥을 흩뿌리며 달아났다는 식의 기사까지도 등장했을 정도다.

저런 사건들이 실제로 있었느냐의 여부는 그리 중요하지 않았다. 다만 저런 기사를 보면서 사람들이 겪게 될 감정의 공명이 중요했을 따름이다. 그런 점에서 본다면 차라리 오늘날이 저 시절만 못한 것인지도 모르겠다. 적어도 저 시절에는 특정 집단이나 개인의 이익을 위해 타인을 억압하거나 멸시하려는 용도로 의도적인 '허위 기사'를 내지는 않았으니 말이다.

이런 것을 보면 과연 역사란 정말로 '진보'를 향해 나아가는 것인지 의문을 품게 된다. 적어도 자연스럽게 진보하는 방향으로 흘러간다고는 생각할 수 없다. 진보란 끊임없는 비판과 반성을 통해서만 얻을 수 있다는 것을 생각해야 한다. 한 세기 전 "지나가는 행인이 말하기를"이라는 말과 함께 시작되던 저 무수한, 사실 여부를 파악할 수 없는 기사들이 오늘날의 우리에게 던지는 메시지란 그런 것이 아닐까.

영원히 고통받는 대중문화

효용가치의 시대와 소설

문득 떠올려 보는 추억의 한 조각. 어린 시절 나는 오락실 출입을 하지 못했다. 부모님은 그런 데 가면 뭔가 대단히 나쁜 아이라도 되지 않을까 걱정하셨던 듯하다. 물론 몰래 먹는 떡이 맛있는 법이라고, 한창 말썽 부릴 나이에 집에서 가지 말란다고 가지 않았을 리 없다. 친구들 따라서 종종 몰래 출입하고는 했다. 아직까지는 가정용 게임기나 컴퓨터가 많이 보급되었던 무렵은 아닌지라, 오락실은 당시의 '국민학생'들에게는 성지와도 같은 곳이었다.

당시 여느 오락실마다 붙어 있는 문구는 다들 비슷했다. 그중 아직도 뇌리에 남는 것 하나는 "두뇌 계발". 게임과 두뇌 계발이 무슨 관계인지 정확하게는 알 수 없지만, 아마도 컴퓨터 따위를 상대로 머리를 쓰면서 게임을 하다 보면 사고력 같은 게 향상된다든가 하는 식이었지 싶다. 물론 과학적 근거 따위는 없겠지만, 아이들이 게임하러 다니는 것을 마뜩찮게 여기는 부모들을 조금이라도 달래기(?) 위해 만들어 낸 문구가 아니었을까. 게임이라는 게 그저 시간 버리면서 놀기만 하는 게 아니라 공부에 도움도 되니 잘 좀 봐달라는 식으로 말이다.

그러고 보면 대중문화에 대한 비판과 폄하는 시대의 차이와는 무관한 것일지도 모르겠다. '고급문화'에 대한 선망이 유독 강한 한국 사회에서는 특히 심하다는 생각이다. 그리고 대중문화 비판에 주로 달라붙는 딱지인 "효용가치가 떨어진다"라는 것도 그렇다. 부모들의 의심 어린 눈초리를 견뎌 내기 위해 굳이 '두뇌 계발'이라는 문구를 달아야 했던 1980년대 오락실 점주들의 고민처럼, 20세기 초에도 "아무런 쓸모가 없다"라는 비판으로부터 벗어나 자기 자리를 잡기 위해 애쓰던 대중문화가 있었다. '소설'이 바로 그것이다.

지금이야 새해 벽두마다 신문 지면에 신춘문예 당선작이 실리는 등 '예술작품' 대우를 받고 있지만, 우리 역사에서 민간 발행 신문이 처음 등장했던 1890년대 후반 무렵만 하더라도 소설에 대한 세간의 인식이란 턱없이 낮았다. 소설은 대체로 각종 구식 연희(演戲), 즉 광대놀음이나 기생들의 주악(奏樂) 등과 비슷한 부류로 취급되었고, 보통 지식 수준이 낮은 하층 노동자들이나 부녀자들이 소일거리로 접하는 것으로 간주되었다. 굳이 오늘날에 비교한다면 컴퓨터 게임이나 만화 정도와 비슷한 지위가 아니었을까. 오늘날에야 취미 활동이라는 것 자체가 독자적인 영역으로 인정을 받고 있지만, 취미나 여가라는 개념 자체가 희미했던 한 세기 전이라면 '심심풀이'란 곧 '나쁜 것'과 등치될 수 있었다.

소설이란 어디까지나 심심풀이로 읽는 글이라고 간주될 따름이었다. 1899년 대한제국 정부에서 「신문지 조례」를 제정하여 신문에서 정치적인 발언을 하는 데 제동을 걸려고 하자, 『독립신문』에서는 이를 비판하면서 신문이 제 역할을 하지 못하면 "세력 없는 약자의 죄목이나 들추거나 감언이설로 권세 있는 자에게 아첨하고, 그도 아니면 소설 따위나 게재하든지"라고 일갈했다(1899년 1월 27일자). 여기서도 살짝 언급되어 있듯이 소설은 '제 역할을 못하는 신문'에서나 싣는 읽을거리에 지나지 않았다.

『황성신문』 1899년 11월 9일자 논설은 당시 신문에서 처음으로 소설을 본격적으로 언급한 기사라고 할 법하다. 하지만 여기서도 소설에 대한 평가는 "거짓을 실제인 것처럼 말하고, 실제를 거짓인 것처럼 꾸며서" 사람들을 현혹시킨다는 것이었다. 세종께서 우수한 한글을 지어서 널리 쓰게 하셨으나, 후대의 사람들이 이런 좋은 글자로 천한 소설이나 이야기책 따위를 지어서 그 가치를 흐리게 했다는 것이 이 논설의 골자였다. 심지어는 남녀 간의 애정에 관련된 이야기를 담아서 부녀자들의 마음을 음탕하게 만든다는 주장까지도 제기되었다.

사실 이런 시각은 별로 특별할 게 없었다. 소설을 바라보는 당시의 시각, 특히 지식인들의 시선이라는 게 대체로 이러했다. 이들은 소설이 사람의 마음가짐을 잘못된 방향으로 이끈다고 생각했고, 따라서 『삼국지』, 『소대성전』(蘇大成傳), 『임장군전』(林將軍傳) 따위의 소설을 전부 없애 버리고 그 대신 "위대한 사람의 본받을 만한 언행"이나 "권선징악을 가르칠 수 있는 실제 미담 사례" 따위를 국문으로 지어 사람들에게 널리 퍼뜨려야 한다고 생각했다.

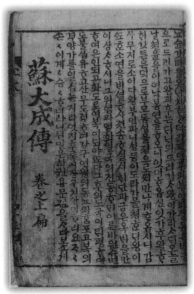

| 고전 영웅・군담 소설『소대성전』. 소대성은 명나라 소양의 외아들로, 어려서 부모를 잃고 고난을 겪다가 오랑캐를 물리치고 노국왕에 오른다는 이야기. [화봉문고]

요즘 시각으로 보자면 대단히 특이한 것처럼 보이지만, 따지고 보면 그렇게 낯선 주장도 아니다. 군사독재 정권 당시 남녀 간의 사랑을 노래하는 대중음악이 풍속을 저해한다고 하여 의무적으로 '건전가요'를 삽입하도록 했던 것을 생각해 보라. 게임이 청소년의 정신 건강을 해친다면서 게임에 대한 규제 법률을 입안하고 있는 오늘날은 또 어떠한가? 다른 한편으로는 게임 산업이 한류 열풍을 이끌어 내는 주력이라고 치켜세우고 있으면서도 말이다. 대중 일반

이 즐기는 문화에 대한 지식인이나 위정자 들의 시각이란 시대가
바뀌어도 어딘가 비슷한 구석을 갖게 마련이다.

| 『삼국지』를 소재로 한 민화 중 삼고초려 부분 [국립민속박물관]

다른 한편으로는 소설 따위나 읽을 때가 아니라는 절박함이 자리
잡고 있기도 했다. 요즘 말로 하자면 "가정이 무너지고 사회가 무너

지는 마당에 소설이라니"라고 할까. 비단 소설만이 아니다. 대중문화 전반이 비슷한 이유로 비판받던 시대다. 나라가 풍전등화의 위기에 놓였는데 봄철에 꽃놀이를 하면서 음주가무를 즐기는 어르신들을 보고서 근처를 지나가던 학생들이 애국가를 부르며 이를 타박할 정도였다(『황성신문』 1907년 4월 23일자). 남녀 간의 사랑에서 비롯되는 슬픔이나 연정 따위를 "음탕하다"라 이르며, 이러한 것들은 나라를 망하게 하는 지름길이라고 비난하기도 했다(『황성신문』 1906년 4월 18일자). 이런 시대였던 만큼, 소설을 읽는다는 건 시대의 급박한 요구 따위는 아랑곳 않고 자신의 쾌락이나 좇는 행위로 평가될 수밖에 없었다.

그런데 말은 이렇게 해도 알게 모르게 소설 자체는 잘도 써먹었다. 『제국신문』 1901년 2월 1일자 논설에는 조선 영조 때 살던 두 친구의 이야기라면서 역사적 사실을 소개하는 것처럼 써놨지만, 이는 사실 고소설 「옥단춘전」 속 혈룡과 진희의 이야기를 적당히 바꾼 것이었다. 혹시나 허황하다거나 음탕하다는 지적을 들을까 저어했던지, 정작 기생 옥단춘에 대한 이야기는 생략했고, 진희 역시 벼락을 맞아 죽는다는 결말을 생략한 채 봉고파직(封庫罷職)을 당했다고만 적어 놓았다. 2월 26일자 논설에는 저 유명한 '네덜란드 소년'의 이야기를 전했는데, 이 또한 수십 년 전에 네덜란드에서 실제로 있었던 일이라면서 소개했지만 사실은 미국의 작가 메리 다지(Mary Dodge)가 지은 소설 『한스 브링커, 은빛 스케이트』(*Hans Brinker, or the Silver Skates*, 1865)에 포함되어 있었던 허구의 이야기다. 어딘가 쓸모만 있다면 비록 소설이라고 해도 얼마든지 가져다 쓸 수 있다는 것이 당시 신문 편집자들의 생각이었던 듯하다. 물론 드러내 놓고 그것이 '소설'이라고 밝히지는 않았지만 말이다.

음탕하거나 허황되고, 그래서 현실적으로는 쓸모가 없다고 비판을 받던 소설이었지만, 거꾸로 이야기한다면 저런 부분들만 잘 걷어내고 현실과 밀접한 내용을 다룬다면 소설 역시 엄연한 '기사'로 인정받을 법했다. 초창기만 해도 소설에 대한 부정적인 인식을 공유하던 신문들이 1900년대 중반에 접어들면서 소위 '소설 개량론'을 내세우게 된 배경에는 이런 사고가 깔려 있었다. 소설을 그저 음탕하거나 허황되다고 외면만 할 게 아니라, 적절한 내용을 담도록 하여 지금 시대에 필요한 효과를 꾀한다면 오히려 유용한 '도구'가 될 수 있으리라는 생각이 고개를 들기 시작한 것이다.

> 우리 사회의 일원들에게 애국심을 심어 주기 위해서는 먼저 동서 각국의 최근 역사와 유명한 인물의 행적 등을 국한문이나 국문으로 번역하고, 소설로 만들거나 가요로 지어 이해하기 쉽도록 만들고 누구나 잘 느낄 수 있게 해야 한다.
>
> 『대한매일신보』 1905년 10월 12일자

어찌 보면 꽤 단순한 사고방식이었다. 소설이 문제가 되는 건 허황하고 음탕하기 때문이니, 이런 문제가 생기지 않도록 역사적 사건이나 위인 등을 소재로 하여 소설을 만들면 되지 않겠는가? 혹은 우리 주변에서 실제로 벌어진 사건을 바탕으로 하여 소설을 만든다면 많은 사람들이 볼 수 있으면서도 교육적인 효과 또한 있지 않겠는가? 이러한 사고방식이 1900년대 중반 무렵 지식인들 사이에 널리 퍼지기 시작했다. 대표적인 것이 우리도 익히 알고 있는 신채호나 박은식 등이다. 특히 신채호는 이순신이나 을지문덕, 최영 같은 위인들의 전기를 새로이 저술했는데, 이것은 곧 '소설'로 간주되었다.

그렇다면 무엇이 이렇게 지식인들을 '소설'에 몰입하게 만들었을까. 크게 나누자면 두 가지일 것이다. 하나는 '답답함'이요, 다른 하나는 '열망'이다. 여기에 대해 이야기하기 전에 기사 하나를 보자. 아직은 소설이 신문에 전격적으로 등장하기 이전인 1898년 2월의 기사다.

이런 사연을 이야기하니, 물고기들이 분함을 이기지 못하여 백로를 물어 죽이고 원수를 갚은 뒤 그중에 총명한 물고기를 뽑아 선생으로 삼고 어린 물고기들을 가르쳐서 자기 분수를 지키고 생업에 부지런히 종사하게 하였다. 그리고 충고하되 혹시 좋은 음식을 보더라도 탐을 내지 말라, 너희 조상이 낚시에 물려 죽었다, 듣기 좋은 말에 혹하지 말라, 너희 조상이 백로에게 잡혀갔다 하여 그 뒤로는 낚시꾼과 백로에게 해를 입지 않았다 한다. [……] 하물며 사람이 이런 때를 맞이하여 호의호식하고 자기 지체 자랑이나 하며 밤낮없이 시기와 싸움으로 동포 형제끼리 서로 잡아먹으려 하니 어찌 부끄럽지 아니한가.

『독립신문』 1898년 2월 5일자

어디서 많이 보던 이야기라는 느낌이 들지 않는가? 위기의식이나 허영을 부채질하여 물고기를 꾀어낸 황새에 관한 우화에서 가져온 이야기다. 『이솝 우화』에도 포함되어 있을 정도로 널리 퍼졌던 이야기인데, 이 기자는 이야기를 있는 그대로 가져오지 않고 뒷부분을 살짝 바꿨다. 원작에서는 물고기들이 자신이 속은 것을 한탄하면서 허망하게 먹잇감이 되지만, 이 기사에서는 물고기들이 힘을 합쳐 자신을 속인 백로를 물어 죽이고, 이후로는 같은 일이 발생하지 않도록 후손들을 잘 가르쳐서 평화와 번영을 누렸다는 것이다.

왜 이렇게 바꿨을까. 이유는 간단하다. 절박했기 때문이다. 이 기사의 말미에서 기자는 이렇게 외친다. "여보시오, 정신들 차리시오. 바로 저기에 백로가 있소!" 호시탐탐 우리들을 속여서 자기 뱃속에 집어넣으려는 열강들에게 경계를 늦추지 말아야 한다는 사실을 어떻게든 독자들에게 전달해야 한다는 절박함이 이와 같은 개작을 낳은 것이다.

당시 지식인들은 재미보다는 효용가치를 중시했고, 때문에 소설이나 연극과 같은 여가는 존재 가치가 떨어진다고 여겼다. 하지만 사람들에게 실상을 알리고 이들을 깨우치기 위해서는 먼저 '읽도록' 만드는 일이 중요했다. 그러나 논설 같은 딱딱한 글은 사람들이 이해하기에도 어려웠고, 또 무미건조한 탓에 잘 읽으려 하지도 않았다. 때문에 당시 기자들은 우화든 야담이든 혹은 외국 소설이든 뭐든 닥치는 대로 가져다가 쓰면서 그 안에 어떻게든 메시지를 담아내려고 애를 썼던 것이다. 그리고 이 와중에 눈에 들어온 것이 바로 '소설'이었다.

소설이나 연극과 같은 대중문화가 일방적인 폄하의 대상에서 벗어나 사람들을 일깨울 수 있는 '도구'로서 그 가치를 인정받게 된 시기는, 공교롭게도 러일전쟁과 을사보호조약 등으로 인해 망국이 가시화되기 시작했던 시대와 거의 일치한다. 설명과 배움만으로는 더 이상 새로운 전망을 기대할 수 없다는 절망, 혹은 이성을 뛰어넘어 사람들을 격동시킬 수 있는 '열혈'을 통해 시대의 장벽을 뛰어넘고자 했던 열망이 기존의 대중문화로부터 새로운 효용가치를 모색하기 시작했던 것이다.

어찌 보면 이러한 사고의 유연성(?)은 지금 시대의 우리가 참고하고 배워야 하는 부분인지도 모르겠다. 성격이 좀 다르기는 하지만 어떤 한계에 봉착했다는 느낌, 더 이상 앞으로 나아갈 수 없다는 절망감은 예나 지금이나 놀랄 만큼 닮아 있기 때문이다. 어쩌면 이러한 시대에 돌파구를 열어 줄 수 있는 것은, 그간 우리 사회가 단순한 여흥거리 내지는 불량한 오락물 정도로만 여겨 왔던 대중문화 속 어딘가에 숨어 있을는지도 모른다. 가치란 고정된 것이 아니다. 그것은 시대의 요구에 따라 언제든 변할 수 있고, 사람은 그 변화를 좇아 삶의 방식을 바꾸며 살아간다. 그 총합을 바로 '역사'라고 부를 수 있는 것이 아닐는지.

잃어버린 양서를 찾아서
책에 대한 열망과 현실의 괴리

"책을 많이 읽어야 한다." 늘상 나오는 소리다. 각급 학교마다 권장 도서 내지는 추천 도서라는 것이 있어서 읽어야 할 책의 목록을 지정해 주는가 하면, 한 달에 책을 몇 권 읽는지를 교양의 척도로 여기는 언론 기사 따위도 심심찮게 볼 수 있다. 혹자는 자기계발서나 투자 비결서 따위의 실용 서적만 팔려 나가는 실태를 개탄하기도 한다. 책을 워낙 안 읽어서 그에 대한 반동으로 책의 중요성을 강조하는 건지, 아니면 원래부터 책을 중시해서 입을 열 때마다 책, 책, 하는 건지는 잘 모르겠지만 말이다.

비단 지금만 그러는 건 아니다. 책 좀 읽으라고 종용하던 건 한 세기 전이나 지금이나 마찬가지다. 공부 안 한다고 잔소리하는 부모가 어떤 시대에나 있는 것처럼, 대중들을 향해 양질의 책을 좀 읽으라고 신신당부하는 지식인과 언론인 등은 어느 시대에나 존재했다. 특히 사회 전반이 위기에 처했다는 자각이 강한 시대일수록 이러한 목소리 또한 크게 부각되곤 했다.

책의 서열을 나누고 양서(良書)를 따로 지정하며, 대중 일반이 애호하는 책에 대해 비판을 가하는 것은 예나 지금이나 벌어지는 일이다. 오늘날 그나마 '팔리는' 축에 드는 만화나 자기계발서 등이 멸시나 비판의 대상이 되는 것처럼, 한 세기 전의 출판 담론에서도 항상 비판의 대상이 되는 건 그나마 잘 팔리는 각종 소설류였다. 많은 사람들이 읽는 것은 잘못된 것이다. 왜냐하면 많은 사람들이 그 책을 읽어도 사람들의 전반적인 지식 수준이 나아지지 않기 때문이다. 오히려 악영향만 끼칠지도 모른다. 그게 당시 지식인들의 출판문화 비판론(즉 소설 비판론)이 택한 핵심 논거였다. 엉뚱한 책 좀 그만 읽고 우리가 읽으라는 책 좀 읽어라, 그리고 출판업자 너희들도 그런 책을 열심히 만들어라, 그래야 세상이 달라질 수 있다고 말이다.

원래 조선의 출판업은 대단히 빈약했다. 서지학자 모리스 쿠랑(Maurice Courant)이 1894년에 발간한 『한국서지』(Bibliographie coréenne)를 보면, 조선에서는 아주 오래된 책이나 혹은 몇몇 문인들 사이에서만 비밀리에 유통되는 책 외에는 접하기가 힘들며, 특히 최근의 역사를 기록한 책 같은 것은 인쇄조차 되지 않았다고 한다. 그래서 쿠랑은 17세기 이후의 역사에 대해서는 사람들의 입소문, 즉 '구전'에 의지하는 모험을 감행할 수밖에 없었노라고 토로한다(쿠랑, 『조선문화사 서설』, 11쪽). 그나마 시중에 유통되는 책들은 대중적인 이야기책이나 소리책(판소리 사설을 문자로 옮긴 책을 말하는 듯하다)이 대부분이며, 이런 것들은 대체로 한글로 되어 하층민이나 부녀자 들만 즐겨 보았다고 한다. 당연히 저자나 출판연도 같은 것은 없고, 중국 소설을 번역·번안하거나 역사적 사건에 제멋대로 살을 붙여서 소설로 만드는 등 그 내용도 제각각이었다.

비슷한 지적은 헐버트(Homer B. Hulbert)도 남겨 놓고 있다. 역사서 따위를 읽는 사람은 극히 소수였고, 식자층 중에서조차도 한문에 대한 소양이 높은 이들만 이를 읽고 이해할 수 있었다고 한다. 남자들 중에 한자를 익힌 사람은 많아도 그중 한문을 유창하게 독해하는 사람은 6분의 1가량에 불과했다는 이야기도 있다. 반면 한글로 된 소설은 대단히 성행해서, 이런 책들을 수백 권씩 비치한 세책가(貰冊家)도 있었다고 한다. 세책가란 오늘날로 치자면 도서 대여점과 비슷한 것이다.

이런 사정은 19세기 말에서 20세기 초 사이의 지식인들에게 끊임없는 비판과 공격의 대상이 되었다. 읽어 봐야 아무런 도움도 안 되고 심지어는 사람들의 음란한 마음이나 자극하는 소설 따위는 집어치우고, 위대한 위인들의 전기나 서양의 역사, 혹은 실제 생활에 도움이 되는 실용 서적 따위를 출판해야 한다고 입을 모았다. 특히 소설은 집중적인 공격 대상이 되었다. 어느 서포(書舖, 서점)를 가더라도 울긋불긋한 표지에 조악한 장정의 소설책들이 전면을 장식하고 있고, 읽을 만한 책이라고는 눈을 씻고 찾아도 보기 힘든 게 당시의 형편이었을 테니 말이다.

이런 상황을 개선하려는 실천들도 있었다. 역사학자 현채는 뜻이 맞는 이들과 의연금을 모아서 광문사(廣文社)를 설립했고, 정약용의 『목민심서』와 『흠흠신서』 등을 책으로 엮어 발간했다. 한글

학자로 유명한 지석영은 기존의 경전을 한글로 번역하여 『삼국지』처럼 널리 읽히게 하겠다는 포부를 밝히기도 했다. 『황성신문』은 중국에서의 서적 번역 작업을 소개하면서 우리 또한 서양의 책을 직접 번역하는 것보다는 일본에 의해 한번 걸러진 것들을 중역(重譯)하는 게 효과적이리라는 견해를 내놓기도 했다(1902년 2월 26일자).

이런 것들만 보면 당시의 출판 상황은 1900년 언저리를 기점으로 크게 호전되었을 듯도 하다. 적어도 뜻 있는 사람들의 시도가 줄을 이었던 것이 사실이고, 그에 대한 약간의 성과들도 나타나기 시작했다. 하지만 서적 출판은 전혀 엉뚱한(?) 곳에서 된서리를 맞고 있었다.

요즘에도 확인할 수 있는 사실이지만, 하나 재미있는 점은 정치적 환경 변화에 따라 출판 시장 역시 민감하게 반응을 한다는 점이다. 출판 시장의 '빙하기'라는 표현까지 사람들 입에 오르내리는 요즘 시대가 최근 10년 사이 언론 자유도의 최저점을 찍고 있다는 점은 단순한 우연의 일치라고 보기 어렵다. 사회가 경직될수록 출판물에 대한 수요는 줄어든다. 신기한 듯하면서도 의외로 간단한 이치다. 한 세기 전에도 그랬다.

대한제국은 1899년에 접어들면서 정치적 '빙하기'에 접어든다. 3인 이상의 야외 집회가 금지되었고, 실내 집회 역시 학술을 목적으로 하는 경우 외에는 불허되었다. 허가받은 집회라 해도 경무청에서 파견한 경관이 배석하도록 했고, 만일 발언 중에 정치적인 내용이 있다고 판단될 시에는 경관의 권한으로 즉석에서 해산할 수 있었다. 말하자면 1910년대 총독부의 '무단통치' 시기와 비슷했다고 보면 된다. 신문이나 출판물에 대해서도 명시적인 검열제도가 도입되지는 않았지만(도입 시도는 있었다) 신문사들은 종종 사장이 구금되거나 신문이 정간되는 등의 필화(筆禍) 사건을 겪었다.

그리고 이와 시기를 같이하여 출판 시장도 얼어붙는다. 민간에서도 서포 설립이 드물어진 가운데 학부에서조차도 1895~1899년 사이에 활발하게 시도했던 교과서 발행을 사실상 중지해 버린다. 이 무렵 신문에 광고된 책들이라고는 『목민심서』, 『흠흠신서』 같은 고전과 『미국독립사』, 『파란말년전사』(波蘭末年戰史), 『법국혁신전사』(法國革新戰史) 등 몇 종의 번역서에 그치는 수준이었다(권보드래, 「동포와 역사적 감각」, 59쪽).

이런 상황은 아이러니하게도 1905년 무렵부터 망국의 위기가 구체화됨에 따라 '호전'된다. 나라가 망할지도 모른다는 감각은 사람들로 하여금 "배워야 산다"라는 열망을 불러일으켰고, 각종 단체 및 학교의 설립과 더불어 도서 출판도 크게 활성화된다.

그럼에도 불구하고 여전히 양서를 찾기란 힘들었다. 조선은 원래부터 책을 대량으로 인쇄하여 유통하는 시스템이 미비하다 보니 『징비록』이나 『동국통감』처럼 조선시대에 나왔던 책들은 한국보다는 오히려 일본에서 구하는 게 더 쉽다는 말조차 나올 지경이었다. 『대한매일신보』 1908년 6월 16일자 논설 「옛 도서를 수집할 필요」(舊書蒐集의 必要)에서도 이런 점이 지적되었거니와, 『황성신문』이 임진왜란 당시의 진주목사 김시민의 일대기를 기록하면서 저지른 오류 역시 자국의 역사를 일본으로부터 건너온 자료를 통해 확인할 수밖에 없는 당시의 상황을 적나라하게 반영하는 바였다(이에 대한 자세한 내용은 3부의 「기록은 기억을 지배한다」 참조).

> 요즘 간행하는 한국의 역사 및 지지(地誌) 관련 책들 몇 종을 보니,
> 어떤 책은 한민족이 일본 출운족(出雲族)의 일부분이라 하며, 또는
> 일본인이 고대부터 고구려에 이주한 자가 심히 많다고 하여 고구
> 려가 여왜(麗倭)라고도 일컬어졌다 하더라. 오호라, 이런 이야기가
> 고기(古記)에 나온 것인가, 아니면 신라사나 백제사, 고구려사에서
> 나온 것인가 혹은 어떤 학자가 인류학이나 역사학을 연구한 결과
> 알아낸 사실인가.
>
> 『대한매일신보』 1908년 10월 27일자

어디 그뿐인가. 번역서에도 문제는 많았다. 원문의 의미나 고증보다
는 번역 그 자체에 치중하는 경우가 많아서 잘못된 내용을 그대로
옮기는 일이 잦았다. 교과서 대용으로 도입했던 번역서들도 사정은
마찬가지여서, 교과서의 본래 목적인 자국 정신 함양에 도움이 되
도록 번역해야 함에도 불구하고 이런 사정은 고려되지 않았다. 특히
역사서의 경우에는 중국이나 일본의 왜곡된 시각이 그대로 번역되
어 발행되는 폐단이 있었다(김봉희, 『한국 개화기 서적문화 연구』, 130쪽).

　　그래도 1905~1908년 사이에 출판 산업의 규모는 상당히 성
장했다. 1900년대에 발간된 서적 중 대다수는 1905년 이후 등장
한 것들이었고, 1901년 무렵부터 등장하기 시작한 광학서포(廣學書
鋪, 『혈의 누』, 『이태리 건국 삼걸전』, 『을지문덕전』 등을 펴냈다)나 대동서시(大東書
市) 같은 전문적인 서점도 이 시기에 온전히 자리를 잡게 된다. 이전

에는 종이나 각종 서양 양품을 파는 전(廛)들이 서적도 구비해 놓고 판매하는 경우가 많았는데, 이제 서적을 전문적으로 판매하는 서포들이 등장하게 된 것이다(같은 책, 70쪽).

다만 대한제국의 망국이 확실시되는 1909년 무렵에는 출판법 등의 강화로 인해 발매 금지 처분을 받는 서적들이 늘어났는데, 여기에는 당시 지식인들이 주장하던 '양서', 즉 서구의 위인에 대한 전기나 자국 및 외국의 역사를 다룬 책들이 상당수 포함되어 있었다. 신채호의『을지문덕』이나 안국선의『금수회의록』, 현채가 번역한『월남망국사』등이 그 대표적인 사례였다.

│『금수회의록』의 표지와 본문 [국민일보]

한일합방 이후에도 출판 현황에 대한 비판과 지적은 누차 반복된다. 그 논지 역시 대한제국 시절의 그것과 별반 다르지 않았다. 소설은 여전히 비판의 대상이 되었고, 이를 대체할 만한 양서가 필요하다는 주장은 항상 제기되었다. 다만 이전처럼 국가·민족의식을 자극할 만한 책들보다는 실무에 보탬이 되거나 개인의 인격 도야에 도움이 될 만한 책들이 거론되었다는 데 차이가 있을 뿐이다.

이런 꾸준한 비판과 갱신의 과정을 거쳐서 결국 양서(良書)의 시대는 도래하게 되었을까. 글쎄, 다음의 글을 본다면 별로 그런 것 같지는 않다. 좋은 책을 기다리는 시대의 열망이란 어쩌면 『고도를 기다리며』와 같은 부조리극을 닮은 건지도 모르겠다. 대한제국 시대의 지식인들은 좋은 책이 출판 시장에서 호황을 누리기를 열망하였고, 한때나마 그런 꿈은 실현에 근접하는 것처럼 보이기도 했지만, 그로부터 10여 년의 세월이 흐른 뒤 출판 시장의 상황은 다음과 같이 전개되고 있었다.

> 우리 출판업자는 어떠한가. 그들이 발행하는 서적의 내용과 표지의 꾸밈, 가격 따위는 어떠한가. 처첩 간의 싸움, 음탕한 이야기, 무의미하고 추잡한 문장 따위가 그 내용이요, 보통학교 다니는 아이들조차 천하게 여길 만한 구역질 나는 그림이 표지에 있으며, 정가는 형식이요 6~7할씩 할인해서 팔기가 일쑤다. 아무리 할인이 성행한다 한들 6~7할씩 깎는 법이 세상에 어디 있단 말인가. [……] 요컨대 조선의 출판업자는 사상과 지식과 도덕이 없으니 책망할 가치조차 없다. 확고한 정의와 원대한 이상을 품은 모범적 출판업자는 도대체 언제나 등장할꼬?
>
> 「냉매열평」, 『청춘』 7호, 1917년 5월

잃어버린 양서를 찾아서. 좋은 책을 희구하는 몸부림이란 시대를 뛰어넘는 공통분모를 지닌다. 좋은 책에 대한 갈망은 사그라들지 않는다. 좋은 책이 사람들 사이에서 널리 회자되는 '출판의 봄'은 어느 시대고 쉬 찾아오지 않기 때문이다. 자기계발서나 투자 지침서 따위의 서적들이 대다수를 점하는 요즘의 출판 시장 현황을 문득 떠올려 보고 어쩐지 쓴웃음을 짓게 되는 대목이다.

오빠는 풍각쟁이야
문화로 인정받지 못한 연극과 극장

오빠는 주정뱅이야, 오빠는 모주꾼이야,

난 몰라이 난 몰라이 밤늦게 술 취해 오는 것 난 몰라,

날마다 회사에선 지각만 하구,

월급만 안 오른다구 짜증만 내구.

1930년대를 풍미했던 만요(漫謠, 해학과 풍자를 담은 노래), 박향림의 「오빠는 풍각쟁이야」 중 한 구절이다. 1990년대 텔레비전을 통해 소개되면서 다시 한 번 사람들 사이에 회자되었던 곡이기도 하다. 이 노래의 제목이자 노래 맨 첫 구절에 등장하는 단어 '풍각쟁이'란 시장이나 집을 찾아다니면서 노래나 연주 따위를 해서 돈을 버는 사람을 뜻하는데, 요즘 말로 굳이 바꾸자면 '딴따라' 정도의 의미와 뉘앙스를 지닌 단어다. 실제로 노래 속 오빠의 직업이 풍각쟁이라는 게 아니라, 풍각쟁이라는 소리를 들을 만큼 얄밉고 부랑한 행동

만 한다는 의미일 것이다.

풍각쟁이라든가 딴따라 같은 말의 뉘앙스에서 묻어나듯이, 극장이나 이를 배경으로 벌어지는 각종 연희에 대한 한국 사회의 시선은 그리 곱지 않았다. 사실 연극이 지금처럼 엄연한 예술 분야의 하나로 인정받게 된 역사도 그리 길지 않다. 소설이 그러했듯이, 연극 또한 심심풀이로나 보는 여가거리의 하나로 여겨질 따름이었다. 그리고 역시 소설이 그러했듯이, 풍속을 문란하게 하고 사람들에게 불필요한 향락을 탐닉하게 만든다는 이유로 가열찬 공격과 비판의 대상이 되기도 했다.

> 지금 소위 무동(舞童)이라는 것은 남사당 혹은 답교패(踏橋牌)라고도 하는데 [……] 이를 보는 사람들의 이목을 놀라게 하는데, 하루 종일 봐도 보여 주는 형상이라고는 전부 음탕한 것들뿐이요, 별 의미도 찾을 수 없거늘 공연하는 사람도 이를 꺼리지 않고 구경하는 사람도 반발하지 않으니 이는 좋지 않은 풍속이다.
>
> 『황성신문』 1900년 3월 31일자

이런 유의 비판에는 보통 서양과의 비교가 포함되게 마련이다. 위 논설에서도 서양의 사례를 거론하면서, 정부에서 직접 출자도 하고 이에 대한 사회 각층의 소비도 활발하며, 관객들에게 역사적 위인의 행적 등을 보여 주어 그 효과가 탁월하다고 전한다. 즉 국가 차원에서 극장을 설립하고 여기에서 연행되는 공연의 내용과 종류를 관리해야 한다는 취지다.

꼭 이런 비판 때문만은 아니겠지만, 실제로 대한제국 황실에서 자금을 출자하여 극장을 건립하기는 했다. 고종의 재위 40주년 경축 의식을 거행하기 위해서 황실 관할의 건물이었던 봉상사(奉常寺) 일부를 터서 '협률사'라는 이름의 극장을 지었던 것이다. 협률사는 꽤나 파란만장한 역사를 겪었다. 1903년 여름에는 활동사진 상영 중 전기 계통의 사고로 인해 문을 닫았다가 관객들의 빗발치는 요구로 재개장했다. 하지만 다시 1904년 문을 닫았고, 1906년 무렵에 궁내부 참서관 김용제, 최상돈, 고희종 등을 주축으로 하여 재개장했다.

기껏 국립극장 비슷한 것을 짓기는 했지만 그렇다고 극장 및 공연과 관련하여 새로운 전기를 마련하지는 못했던 듯하다. 이곳에서 벌어지는 공연이란 기녀들의 가무나 판소리, 사당패들의 곡예 따위를 종합해 놓은 쇼 같은 것이었고, 오늘날 우리가 생각하는 연극 같은 것은 아직 등장하지 않았다. 그래서 1906년 3월에 재개장 소식이 전해졌을 때에도 "외국인들의 조소나 사던 곳"이라 하여 부정적으로 보는 시각이 많았다(『황성신문』 1906년 3월 3일자; 『대한매일신보』 1906년 3월 8일자). 「화용도」나 「춘향가」 따위의 낡은 레퍼토리를 상연하는 것이 과연 외국인의 비웃음을 살 만한 일이었는지는 알 수 없으나, 서구를 기준으로 대중문화에 대한 개량을 주장하던 당시 신문기자들의 관점에서 뭔가 부족한 것만큼은 분명했다.

뜻 있는 사람들이 모두 연극을 개량하고자 하던 차에 이인직 씨가 원각사를 설치하고 연극을 개량한다고 하길래 오늘은 우리나라 역사에 유명한 온달이나 을지문덕의 모습을 볼까 하였더니만, 기껏 들리는 것은 월매가 딸을 꾸짖는 소리다. 다른 날에라도 워싱턴이나 나폴레옹의 웅대한 기개를 볼까 하였더니 이번엔 놀부가 아우를 괴롭히는 것만 나온다. 혹은 충신이나 열녀, 의기 넘치는 사나이의 이야기를 한번 들을 수 있을까 했더니 여전히 「춘향가」, 「심청가」, 「화용도」 타령뿐이구나.

『대한매일신보』 1908년 11월 8일자

말인즉슨 '개량'이라고는 하지만 달라진 게 하나도 없다는 이야기다. 이인직은 세간에 잘 알려진 『혈의 누』의 작가이자, 『만세보』의 주필이었던 인물이다. 1908년 이인직은 협률사를 통해서 연극 상연을 시도하는데, 그렇게 해서 막을 올리게 된 것이 「은세계」, 「구마검」 등이었다. 물론 이런 공연을 하기 위해서는 창부들을 연극 형식에 맞게 새로이 교육을 시켜야 했고 기타 비용 문제도 있었으므로 돈벌이도 동시에 해야 했다. 『대한매일신보』 기자가 목격한 것은 바로 그런 '돈벌이'를 위한 공연 중 한 부분이었던 듯하다. 사실 말이야 바른 말이지, 실질적으로 장사가 되는 것은 대중들에게 익숙한 「춘향가」나 「화용도」 타령이었으니 연극을 위한 재원 마련 때문에라도 이런 레퍼토리는 포기할 수 없었던 것이다.

그래도 「은세계」는 그런대로 호응을 얻었던 듯하다. 이는 소설 『은세계』로도 출간되었는데, 연극으로 상연된 것은 소설의 전반부, 즉 최병도가 강원감사에게 고초를 겪는 부분이었던 것으로 보인다. 황족이었던 선화군 이준용까지 찾아와서 관람한 것을 보건대 꽤 소문이 퍼지긴 했던 모양이다. 그 와중에 이준용은 최병도가 강원감사의 탐관오리 행위를 비난하는 대목에서 '한창 연기 중이던' 창부를 불러다가 "양반을 공박하는 것은 그만두라"라고 분부를 내렸다는 에피소드도 있다. 『황성신문』은 이 사건을 보도하면서 '초록은 동색'이라는 조소 섞인 제목을 붙였다(1908년 11월 21일자). 끼리끼리 논다고 같은 양반이니 편 드느냐는 비아냥이었던 것.

대한제국이 멸망의 길을 걷는 와중에도 연극에 대한 수요는 계속 늘어 갔던 듯하다. 하긴 나라는 망하더라도 개개인의 생활까지 같이 망해 버리는 것은 아닐 테니 말이다. 「남쪽 지방에 사는 한 완고한 사람의 전기」(記南州之一頑固生)라는 『대한매일신보』의 논설 중에도, 갑오년 이후 10년을 넘게 산속에 틀어박혀 있던 선비 하나가 을사년의 소식을 듣고 눈물을 흘리며 서울에 올라왔으나, 조약 무효를 외치던 사람들은 다 어디론가 사라지고 없고 "각 연희장에는 온갖 연극이 올라오고 사람들이 가득"하니 "대체 어떤 미친놈이 나라가 망한다고 소문을 낸 것이냐?"라며 반문했다는 이야기가 있다(1908년 6월 9일자). 나라가 망할 지경에 처한 마당에 연극장이나 출입하는 사람들을 비꼬려는 의도였을 것이다.

어쨌거나 극장의 갯수는 늘어나고 이곳을 찾는 사람들도 많아졌다. 여기에는 한일합방과 같은 정치적 사건의 여파가 그리 크게 미치지 않았다. 하지만 조선총독부나 기관지 『매일신보』 역시 합방 이전의 대한제국 정부나 신문들과 마찬가지로 연극장에서 벌어지는 풍속의 문란함에 대한 지적과 비판을 계속했다. 1910년대의 극장은 서로 마주칠 일이 없는 남녀가 같은 공간에 앉아서 남몰래 정을 통할 수 있는 곳이기도 했다. 시쳇말로 하자면 '썸'을 가능케 하던 공간이라고나 할까.

장안사에서는 「춘향가」, 「심청가」 따위를 공연하는데 남녀 800여 명의 관객이 몰려들어 객석에서 서로 음담패설을 주고받거나 음란한 행동을 하는 등의 풍속을 문란케 하는 일이 잦았다고 한다(『매일신보』 1910년 10월 22일자). 보통 극장은 남녀의 객석이 분리되어 있었지만, 극장 내에서 돌아다니며 음식물 따위를 파는 아이들은 양 객석을 오가며 편지를 전해 주는 거간꾼 노릇까지 했다. 아예 부인석을 쳐다보면서 여자들의 얼굴을 뚫어져라 바라보거나, 혹은 부인석을 향해 농짓거리를 던지는 부랑패들도 있었다.

단성사에서는 앞에서 공연을 하는 창기들이 자꾸 남자 쪽 좌석으로 내려와 이런저런 음란한 행위를 선보이며 돈을 요구하기도 했고, 명동대곡마연예장에서는 러시아인 무희들이 "약간의 옷"만을 걸치고서 움직일 때마다 관객에게 속살이 비치도록 하여 돈을 뜯어낸다는 지적도 있었다. 이런 점 때문에 경시청에서 극장의 대표들을 불러다가 풍기 단속을 철저하게 할 것을 지시하는 경우도 있었고, 신문에서는 학생들의 극장 출입을 금해야 한다며 우려를 표하기도 했다. 혹은 극장에 온 여성 관객들에게 추파를 던지거나 수작을 거는 이들도 있었다. 이 또한 당시에는 풍기를 문란하게 하는 행위로 간주되었는데, 개중에는 마치 스토커라도 되는 양 끈질기게 쫓아와서 '작업'을 거는 경우조차 있었다.

때는 정히 연극장 벽 위에 걸린 시계가 열두 시를 땅땅 치며 상·

중·하 객석의 남녀 구경꾼들은 일제히 일어나서 문이 막히도록 꾸역꾸역 몰려 나가는데, 그중 어떤 별실마마 한 분은 아무런 동행도 없이 광무대(光武臺)를 등지고 종로 쪽으로 향하여 걸어간다. 밤은 이슥하여 인적은 드물고 사방이 고요한데 [……] 어떤 사나이 하나가 뒤에서부터 살며시 쫓아온다. 무서운 와중에도 곁눈으로 엿보니 연극장 대문에서부터 줄곧 따라오던 작자다. 어떤 영문인지 몰라 그저 급히 가기만 재촉하는데 그자가 슬쩍 다가서며 [……] "댁이 어딘지 알 것 같으면 좀 수고롭더라도 모셔다 드리려고 여쭈어본 말씀이올시다" 하며 슬슬 들이대는지라.

『매일신보』 1913년 11월 26일자

하지만 1912년 임성구의 '혁신단'을 필두로 하여 신연극이 점차 무대에 올라오기 시작하고, 문수성의 「불여귀」 등이 공전의 히트를 기록하면서 극장과 연극의 양상은 오늘날 우리가 알고 있는 형태로 급격하게 변화를 겪게 된다. 게다가 「불여귀」, 「쌍옥루」, 「장한몽」 등은 『매일신보』를 통해 소설로도 연재가 되었고, 『매일신보』 측은 이들 소설이 연극으로 상연될 때마다 할인권 따위를 독자들에게 배부하여 연극의 흥행을 돕는 한편, 공연의 흥행과 평가 등을 지속적으로 기사화하면서 인기몰이를 시도하기도 했다. 이렇게 극장은 어느덧 대중문화의 핵심적인 위치로 부상하게 되었다.

물론 그렇다고는 해도 여전히 극장을 둘러싼 풍기 논란은 끊이지 않는다. 위에서 언급한 기사도 1913년 11월 무렵의 것이 아니던가. 한 일본 유학생이 방학 때 귀국하여 원각사에 연극 구경을 갔다가 기생과 연분을 맺어 연인 관계가 되었으나, 방학이 끝나자 애인을 놔두고 일본으로 돌아가야 하는 처지에 놓였다는 기사도 있다. 소설 같은 이야기지만, 무려 기생의 사진까지 공개하면서 기사화된 엄연한 '실제 사건'이었다. 둘은 이별 장면에서는 어지간한 신파극 못지않게 울면서 헤어지지만, 결국 여자 쪽이 나중에 변심하여 다른 사람에게로 떠나자 이 유학생은 아편을 먹고서 자살 소동까지 벌이는 등 온갖 장면들을 연출해 내게 된다(『매일신보』 1913년 12월 20~25일자). 이처럼 극장은 대중문화는 물론이려니와 '연애'라는 새로운 인간관계 형식과도 긴밀하게 연결된 채 시대를 헤쳐 나가고 있었다.

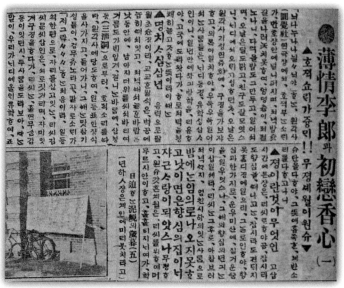

「박정한 이랑과 첫사랑에 빠진 향심」 『매일신보』 1913년 12월 20일자

다시 박명림의 노래로 돌아가 볼까. 「오빠는 풍각쟁이야」의 중간
즈음에는 "명치좌 구경 땐 혼자만 가구"라며 오빠를 원망하는 구절
이 있다. 명치좌(明治座)란 1936년 일본인에 의해 건립된 극장으로,
부민관(府民館)이나 황금좌(黃金座) 등과 더불어 경성의 주요한 극장
가운데 하나였다.

이 여동생은 왜 오빠를 원망했을까. 1930년대까지도 극장이
란 여학생 혼자 갈 만한 곳이 아니었기 때문이다. 이런 데엘 출입하
는 것은 곧 품행이 방정하지 못한 학생으로 취급받는다는 것을 뜻
했다. 오늘날로 치자면 클럽에 출입하는 여고생 정도라고나 할까.
그나마 오빠 같은 보호자라도 동반을 해야 눈치를 덜 볼 수 있을 텐
데, 오빠는 자기를 내버려 두고 혼자서만 좋은 구경을 하러 다녔으
니 동생 입장에서는 샐쭉해질 수밖에.

Koreanman in New York

나라의 운명을 지고 바다를 건너

●

정숙함과 예의바름 때문에 나쁜 평판을 얻을 수도 있어요

Modesty, propriety can lead to notoriety

당신 혼자만 예의 바른 사람으로 끝나 버릴 수도 있죠

You could end up as the only one

이 사회에서 친절과 근엄은 흔치 않아요

Gentleness, sobriety are rare in this society

그래서 밤에는 태양보다 촛불이 더 밝게 빛나는 법이에요

At night a candle's brighter than the sun

스팅(Sting)의 히트곡 중 「잉글리시맨 인 뉴욕」(Englishman in New York)의 가사 일부다. 익숙하고도 낯선 미국의 뉴욕에서 영국인 신사로서의 독특한 정체성을 지켜 나가는 일이란 때로는 유쾌하면서도 또한 때로는 서글픈 것이지만, 그러하기에 고유한 가치가 있는

일이다. 한밤중에 태양보다도 밝게 빛나는 촛불처럼 말이다.

　뉴욕은 이미 100년 전에도 지금 못지않은 불야성을 자랑하던 대도시다. 경성에 이제 막 전차와 전등이 일상화되기 시작한 20세기 초에, 뉴욕의 맨해튼은 이미 거대한 마천루를 이루었다. 이 낯설고 번화한 땅을 밟은 어느 '신사'가 하나 있었다. 그는 오직 공부를 하겠다는 일념으로 태평양을 건너왔고, 의지할 가족 하나 없는 곳에서 한 해의 끝을 맞이했다. 그곳에서 그는 한 장의 편지를 쓴다. 그의 이름은 이원익. 안창호 등과 더불어서 최초로 미국 유학을 떠났던 사람들 중 한 명이었다.

| 1902년 뉴욕 시 [Library of Congress]

황성신문 기자 귀하

광무 6년[1902년] 12월 24일 밤 미합중국 뉴욕 브루클린 시 리버티가 21호에서 보내노라.

만리타국에서 외로운 객 노릇을 한 지 오래라, 적막한 숙소 안에 홀로 그림자를 마주하고 앉아 있으려니 고향에 대한 그리움이 산처럼 밀려들고 이내 몸에 밀려드는 근심이 바다와 같은지라, 돌이나 쇳덩어리와 같은 심장을 가진 사람이 아니고서야 어찌 그냥 지나칠 수 있겠는가.

연말연시를 맞아 학교가 방학하여 잠깐의 여가를 얻었노라. 오늘밤은 큰 눈이 지나간 후라, 삭풍이 휘몰아치고 방이 추워 잠을 이루기 어려운 고로 붓을 들어 예전에 워싱턴에 갔다가 본 워싱턴기념비에 관한 이야기를 적어 보내오니 비록 말은 졸렬하나 귀 신문 지상에 실어서 많은 이들이 보게 해주시면 매우 다행한 일일까 하노이다.

『황성신문』 1903년 1월 23일자

축복받은 성탄 전야, 창밖에는 거센 바람이 휘몰아치고, 모두 휴가를 떠난 숙소에 홀로 남아 그림자를 마주하고 앉은 이 사람은 고향에 대한 그리움과 어느 낯선 땅에서 혼자 한 해의 마지막을 맞이하는 쓸쓸함을 담아 고국에 편지를 보낸다. 방 안에 작은 잔등이 흔들리고, 그 빛이 닿은 흰 바람벽에 자신의 그림자가 어른거리는 광경을 상상해 보라. 이처럼 절절한 마음을 담은 글이 신문 지상에 게재되는 것도 그리 흔한 일은 아니다.

그런데 이렇게 시작한 편지에서 그는 대뜸 다른 이야기는 제쳐 두고 자신이 예전에 워싱턴 관광을 갔던 경험을 풀어 놓겠노라고 선언한다. 그중에서도 편지의 핵심으로 거론된 것은 바로 워싱턴기념탑(Washington Monument). 이원익은 미국에서 유학 중인 개인의 절절한 심정은 뒤로한 채, 자신이 본 워싱턴기념탑을 묘사하는 데 여념이 없다. 높이와 둘레는 얼마이며, 재질은 무엇으로 되어 있으며, 내부 구조는 어떠한지, 꼭대기로 올라가기 위해서는 어떻게 가야 하는지 따위를 상세하게 늘어놓는다. 하필 왜 그랬을까, 크리스마스 이브에 홀로 만리타국의 어느 추운 방 안에 홀로 앉아서 고국으로 편지를 보낸 그가 수많은 이야기들을 제쳐 두고 왜 하필 워싱턴기념탑을 '안내'하는 듯한 글을 쓴 것일까.

당시 사람들에게는 개인의 감정을 문자로 고스란히 기록하여 드러낸다는 것 자체가 상당히 낯선 일이었다. 하물며 개인 간에 주고받는 편지가 아니라 신문과 같은 공공 매체에서 개인의 감정을 공공연하게 서술한다는 건 생각하기 힘들었다. 신문에서의 글쓰기란 집단을 향한 발화여야 했고, 집단의 사상과 감정에 보탬이 되는 것이어야 했다.

게다가 이원익은 최초의 미국 유학생 중 하나였다. 그에게 걸려 있는 기대란 단지 유학하고 돌아와서 성공적인 삶을 누리라는 차원의 것이 아니라, 자신의 배움을 토대로 나라 전체에 보탬이 될 수 있게끔 해야만 하는 차원의 것이었다. 당시의 전반적인 사유 자체가 그러했다. 개인의 영달을 위해서 공부를 한다는 것은 비난의 대상이 될지언정 결코 장려의 대상이 될 수는 없었고, 하물며 해외 유학이라는 드문 기회를 얻은 사람이라면 그 책임은 더 막중한 것이어야 했다. 이인직의 소설 『혈의 누』에서 옥련과 더불어 미국 유학을 갔던 구완서 역시 "우리나라를 독일과 같은 연방국으로 만들겠다는 비스마르크와 같은 포부"를 드러낼 정도였다.

고국을 향한 이원익의 마음이란 개인의 회한에서 그치는 것이 아니라, 나라와 민족 전체를 향한 그리움과 포부여야 했다. 이원익 자신도 그걸 잘 깨닫고 있었고, 그래서 수많은 이야기들을 제쳐 두고서 군이 워싱턴기념탑에 대한 이야기를 꺼낸 것이다. 왜 하필 워싱턴기념탑인가? 답은 간단하다. 이원익이 한국인이었기 때문이다. 그리고 그곳에 한국은 아직 '없었기' 때문이다.

> 내부는 전등으로 환하게 밝혀 두었다. 그리하여 벽면에 부착된 179개의 기념석을 엘리베이터에서도 볼 수 있게 하였다. 하지만 자세하게 보기 위해서는 계단으로 내려가는 편이 나았다. 이 돌들은 여러 곳에서 워싱턴을 기념하기 위해 기증한 것인데, 양질의 돌에 그림이나 문자 따위를 새겼으며, 이를 기부한 곳은 미국 내 40개 주와 16개 시, 15개의 자유토석공장회(自由土石工匠會)와 기타 각 소사이어티 등이며 [……] 그 외에도 동양 각 나라에서 보낸 한문, 일본어, 태국어 등으로 된 돌이 있으나 유독 우리 대한제국의 돌에 한글을 새긴 것만 없으니 이를 보매 감정이 솟아오름을 금할 수 없더라.

미국 유학생 이원익이 이 글 속에서 보여 주는 한국인으로서의 감각은 꽤 신선하다. 그는 글 안에서 꾸준히 '와성톤'과 '화성돈'(華盛頓)을 번갈아 사용한다. 원래 한국에서 워싱턴을 지칭하던 말은 '화성돈'으로, 이는 원어를 한자어로 음차한 말이다. 그러나 미국 유학을 온 이원익의 귀에 들린 소리는 아무래도 '화성돈'보다는 '와성톤'이었고, 그는 화성돈을 고집하지 않고 기꺼이 원어를 좇아 '와성톤'이라고 적는다.

그러나 또한 차마 화성돈을 버릴 수도 없었다. 비록 와싱톤이 당연한 미국의 워싱턴 한복판에 있더라도, 그는 워싱턴을 화성돈이라 부르는 한국인이었기 때문이다. 한국인임을 포기할 수 없었던, 아니 한국인임을 잊어서는 안 된다고 생각했던 이원익은 끝내 두 표기 중 어느 하나를 택하지 않는다. 대신 그는 외로운 방 안에서 홀로 흔들리는 그림자처럼, 혹은 "밤에는 태양보다도 밝게 빛나는 촛불"처럼 어느 부재하는 나라의 유학생으로서 자신의 정체성을 지켜 나가려고 애를 쓴다.

| 워싱턴기념탑 [위키피디아]

그가 워싱턴기념탑을 언급한 것도 그 때문이다. 기념탑 내부를 장식한 여러 기념석 중에서 그는 유독 한국에서 보낸 기념석만 없다는 사실을 깨닫는다. 아마도 이 깨달음이 그로 하여금 크리스마스

이브에 홀로 숙소에 남아 모국의 신문에 기고문을 쓰게 만든 원인일 것이다. 그가 바란 것은 한국도 당당한 세계의 일원으로서 워싱턴기념탑 벽면에 자국의 문자가 새겨진 돌을 놓아 둘 수 있는 '문명국'이 되는 그런 미래였다. 이런 사유는 비단 이원익에게만 국한되는 것이 아니라, 당시 해외 유학생들 모두가 품어야 했던 한국 사회 전반의 요구로부터 비롯되었다고 봐도 좋았다.

『황성신문』 기자가 이원익의 기고문 끄트머리에 서술한 논평역시 이 점을 찬탄하고 있었다. "이원익 군은 청년 유학생으로서 항상 [고국을] 그리워하매, 고국의 일에 좋은 뜻을 담아 비단 글 한 편사건 하나라도 고국과 관계된 것이면 노고를 아끼지 않고 보고 들은 대로 기록하여 우편으로 본사에 보내 주노라. 아아, 수만 리 이역에서 유학하는 자가 비록 애국심을 갖고 있더라도 힘든 타지 생활에 환난을 피하기 어려울뿐더러, 사는 곳과 배우는 바와 보고 듣고 겪는 것들이 모두 외국인의 것이거늘 자연히 그 본성이 점차 [외국인에게] 물들어서 자신의 고국을 잊어버리고야 마는 일이 적지 않거늘, 이원익 군은 유독 능히 고국에 대한 정을 늘 잊지 않고 있으니 나는 그 애국의 성의를 고맙게 여기고 치하하노라."

외국의 문화와 풍습에 녹아들지 않고서 그저 이방인으로 남아 있더라도, 자신이 원래 어디에서 온 사람인지를 잊지 말아 주기를 바라는 것이 당시 해외 유학생들을 바라보는 한국 사회의 시선이었다. 그리고 이원익은 그런 기대를 충실히 좇아서 언제든지 흔들리며 타오르는 촛불이고자 했다. 비록 그것이, 격동하는 세계 정세 속에서 도무지 앞날을 내다볼 수 없는 시대의 어둠 속에 놓인 촛불일지라도 말이다.

　이렇게 절절한 마음을 담아서 편지를 보냈던 이원익은 그 뒤로 어떻게 되었을까? 한국 근현대사에서 그렇게 이름을 널리 알린 사람은 아닌지라 추적이 쉽지는 않다. 하필이면 비슷한 시기에 상해의 대한민국 임시정부에서 사료 편찬 활동을 했던 동명이인 이원익(李元益)이 있어서 더욱 그러하다. 한국사데이터베이스(db.history.go.kr)의 '한국근현대인물자료' 기록에도 1877년 경성 출생에 1901년 도미한 사실만 남아 있다(참고로 동명이인 이원익은 1885년생이며 평안북도 선천 출신이다).

　망국이 이미 가시화된 1909년 4월, 역시 『황성신문』에 논설 하나가 실린다. 이번 봄에 멀리 미국에서 공부하는 두 학생의 소식이 바다 건너 도착했다면서, 그중 한 명으로 이원익(李元益)이 거론된다. 하지만 방금 언급한 동명이인은 아니고, 아마도 한자에서 혼동을 일으킨 듯하다. 3일자 논설에서 이원익은 뉴욕대학 사범과를 졸업하고 샌프란시스코로 건너가서 한영 대사전을 만들고 있노라고 전한다. 그 뒤로 이원익에 관한 기록은 당시의 신문 지상에는 등장하지 않는다. 이미 유학을 떠난 지 8년이 넘어가는 시점이었지만, 이원익은 여전히 고국에 돌아오지 않았다. 그 뒤로도 귀국은 따로 하지 않았던 것으로 보인다.

　그리고 1914년, 최초의 한글 타자기가 등장했다. 가로로 찍고 세로로 읽는 방식의 이 타자기는, 스미스프리미어 제10호 타자기를 개량하여 만들어진 것으로 판단된다. 이 타자기의 광고는 바로 그 타자기를 사용하여 제작되었는데, 한글로 작성된 이 광고문의 맨 마지막에는 다음과 같은 이름이 적혀 있다.

'리원익'.

| 이원익 타자기 [국립중앙과학관]

1900년대의 어떤 신문(訊問): 신문 하면 역시 『황성신문』이지!

『황성신문』 주필 장지연이 경무청에 신문을 받으러 왔다. 죄목은 역적을 옹호하는 기사를 실었다는 것. 경무사 신태휴가 직접 신문을 하였다.

신태휴: 『황성신문』의 주필이 누구냐?

장지연: 나요.

신태휴: 이름이 어떻게 되느냐?

장지연: 장지연이올시다.

신태휴: (목소리를 높여 질책하듯) 내가 듣기로 장지연은 학식이 높고 의리가 있는 인물이라 했는데, 이번에 장호익 등의 투옥 사건에 대해 알고 있는가?

장지연: 그들이 무도한 짓을 하여 혈서로 동맹을 맺고 이를 내걸었으니 도륙을 당해도 마땅한 일이올시다.

신태휴: 그러면 어째서 일전에 신문에 사형선고에 관한 기사를 실으면서 그런 역적들에게 연민의 정을 드러내었는가? 이는 신문에서 역적을 옹호함이로다. 나는 경무사로서 이에 대해 심문하지 않을 수 없으니, 오늘은 일단 돌아가더라도 다른 날에 이 기사로 인해 중대한 안건을 삼을 것이다. 그러니 방심치 말라.

장지연: 내가 최근 몸이 좋지 않아 4~5일 신문사 업무에 참여하지 않아 우리 신문에 어떤 기사가 났는지는 모르겠사오나, 그런 패역무도한 기사를 실었을 리가 없으니…… 어찌 대한의 신민으로서 감히 그런 말을 문자로 담아 널리 퍼뜨렸겠소? 역적을 옹호했다는 말은 심히 억울하오이다.

신태휴: (크게 노하여) 비록 병중이었다고는 하나 주필이라는 자가 모를 리가 없다. 『황성신문』에 역적을 비호하는 기사를 게재한 일로 지금 정부에서는 말이 많을 수밖에 없지 않은가. 그야말로 역적을 옹호하는 신문 아닌가.

장지연: 내가 주필이니 어떤 기사가 나오든 내가 책임져야 하는 것이 마땅하지만, 우리 신문에서는 결단코 그런 기사를 낸 적이 없소. 과연 우리 신문 어디에 그런 기사가 났는지 구체적으로 짚어 주시오. 그런 연후에 죄를 인정하든지 하겠소.

그리하여 신태휴는 경무국장 김사묵에게 명하여 『황성신문』 중에서 장호익을 옹호한 기사를 찾아오도록 했다. 김 국장은 신문 뭉텅이를 가져다가 장호익 관련 기사를 찾는데, 아무리 봐도 나오질 않은즉 부득이하게 이번에는 『제국신문』을 찾아보니 마침 거기에 그 기사가 실려 있는 것이 아닌가. 21일자 기사 중에서 과연 신태휴가 말한 것과 같은 내용이 실려 있었다.

신태휴: 어, 그게…… 우리가 다시 찾아보니까 『황성신문』에는 그런 기사가 없고…… 아 맞다, 황제폐하께서 일본으로 건너가실 예정이라는 기사는 실은 적 있지 않소?

장지연: (느긋하게) 그 역시 없소이다. 엣헴.

신태휴: 그러면 돌아가시오. 돌아가서 『황성신문』은 그런 패역한 발언을 실은 적이 없다는 것을 명백하게 밝혀서 독자들이 오해하는 일이 없도록 하길 바라오.

이 사건(?)은 『황성신문』 1904년 3월 23일자에 「경무청 문답」이라는 기사로 게재되었다(위의 대화는 이를 토대로 재구성한 것이다). 그리고 이 기사가 실린 이틀 뒤, 25일자 『황성신문』 논설에는 다음과 같은 대목이 있었다.

"전국에 한국인 발행 신문이라고는 『황성신문』과 『제국신문』 단 2종뿐이요, 나머지는 외국인 발행 신문에 그 발행부 수도 적으니, 우리 한국인들은 신문이라 하면 일단 저 2종을 떠올리되 그중 『제국신문』은 그저 한글로만 발행할 뿐이어서 독자도 부녀자와 시민 약간에 불과할 뿐이다. 신문 중 경성에서부터 각 지방의 관청에까지, 상하 신사들 모두가 보는 것은 오직 우리 『황성신문』뿐이라. [……] 이번에 그저 신문이라고 하니까 모두 『황성신문』이겠거니 하고, 『한성신보』에 실린 것도 『황성신문』에서 이렇게 말했다 하며, 『제국신문』에서 본 것도 『황성신문』에서 보았다 하니, 전국 각 신문에서 벌어지는 각종 시비는 전부 『황성신문』의 것이로구나."

3부
조선의 정치와 역사

한국 시민혁명의 원형
만민공동회의 풍경

●

우리가 기억하는 몇 개의 '시민혁명'이 있다. 1960년의 4·19가 그러하고, 1987년의 6·10이 그러하다. 수많은 시민들이 거리로 쏟아져 나오고, 권력은 이에 대응하기 위해 군경을 투입한다. 군경 동원이 여의치 않을 때에는 정치 깡패들을 사주하여 백색테러도 저지른다. 그래도 시민들은 물러서지 않고, 권력은 결국 두 손을 들고 항복한다.

그러나 얼마 지나지 않아 시민혁명의 의미는 퇴색되고, 새로운 '겨울'이 찾아온다. 5·16이 그러했고, 3당 합당이 그러했던 것처럼. 우리가 "백정도 연설했다더라" 정도로만 기억하고 있는 만민공동회는 이처럼 봄과 겨울이 빠르게 이어졌던 시민혁명의 '원형'과도 같았다. 만민공동회는 권력에 의해 부당하게 체포된 독립협회 간부 17인의 석방을 요구하면서 10여 일을 맞서 싸웠고, 고종은 결국 이를 받아들였다. 그러나 불과 한 달이 채 지나지 않아 고종은 독립협회를 해산시켰고, 모든 종류의 민간 정치활동을 금한다. 그리고 대한제국은 기나긴 '계엄' 속으로 빠져든다.

　만민공동회에 대해 더 자세하게 알아보자. 만민공동회의 시발점은 독립협회를 중심으로 한 '대토론회'였다. 서재필을 중심으로 1896년에 조직된 독립협회는 조선의 자주독립 문제와 더불어 사회 전반의 문제들을 검토하고 이를 개선하자는 취지에서 만들어진 단체였다.

▌독립협회를 설립하고 『독립신문』을 발간한 서재필 [국사편찬위원회, 한국사데이터베이스]

하지만 독립협회만으로 이런 일들을 하기에는 무리가 많았다. 일단 당시 사람들은 아직까지는 '나 먹고사는 이외의 일', 즉 '사회'의 일에 관심을 가지고 자기 목소리를 내는 데 익숙하지 않았다. 내가 겪을 수 있는 것 이상의 일들을 알려 주는 신문 따위의 대중매체가 처음 등장한 것도 1896년의 일이고, 더군다나 관료도 양반도 아닌 평범한 '백성'이 나랏일에 대해서 의견을 낸다는 것은 상상하지도 못했다. 하지만 독립협회는 이런 인식의 틀을 깨고, 모든 백성들이 각자 자신의 의견을 자유롭게 이야기할 수 있는 토대를 만들고자 했고, 이런 목적에서 시도된 것이 바로 만민공동회였다.

만민공동회 초창기에는 독립협회와 대한제국의 관료들이 모임을 주도했다. 그래서 최초의 명칭은 만민공동회가 아니라 '관민공동회'(官民共同會)였다. 첫 시작은 1897년 초였는데, 서울 중심가인 종로 한복판에서 집회를 열고 정부가 러시아인 고문관을 초빙하기로 한 것을 철회하라는 취지로 연설회를 벌였다. 사실 이때까지만 해도 만민공동회에서 거론되는 의제의 설정은 독립협회가 주도하는 경향이 강했고, 그 규모도 그렇게 크지는 않았다. 하지만 종로 한복판에서 나랏일에 대해 '보통 사람들'이 떠든다는 것 자체가 꽤 신기한 일이라 사람들은 이런 판이 벌어진다는 것만으로도 흥미를 가지게 되었다.

1897년 10월, 박정양을 비롯한 개혁 성향의 관료들이 독립협회와 연합하여 본격적으로 만민공동회를 주관하기 시작하면서 이는 대규모의 집회로 발전했다. '만민공동회'라는 명칭이 사용되기 시작한 것도 이 무렵이었다. 실제로 이때부터는 관료보다는 민간인들을 중심으로, 나아가 독립협회를 통해서가 아니라 만민공동회 내부에서 의제를 만들어 내고 이에 대해 연설하는 식으로 점점 형태가 변모하게 된다. 오늘날 우리가 역사 교과서 등을 통해서 접해

온 만민공동회의 이미지가 형성된 시기가 바로 이때였다.

　1898년 3월, 비로소 진정한 의미에서의 '만민공동회'가 처음 열렸다. 그 시발점은 부산의 절영도를 러시아에게 석탄 저장소로 빌려주기로 한 정부의 결정이었다. 원래 이 조치는 한참 전에 결정된 사항이었는데, 이미 결정이 되었음에도 불구하고 실행이 지지부진한 데 대해서 러시아공사관이 대한제국 외부(外部, 오늘날의 외무부)를 대상으로 그 진행 여부를 타진했다. 이 일이 뒤늦게나마『독립신문』을 통해 세상 사람들에게 알려졌고, "조상으로부터 물려받은 토지를 외국인에게 팔아넘기려고 한다"라는 소문이 퍼지면서 여론은 급물살을 탔다.

| 1898년의 만민공동회 [국사편찬위원회, 한국사데이터베이스]

이때의 만민공동회는『독립신문』추산으로 약 1만여 명이 참가했

던 것으로 기록되어 있다. 당시의 만민공동회에서는 절영도 조차 결정을 철회하고, 이를 의정부 재가도 없이 독단적으로 결정한 외무대신 민종묵을 파면하라고 요구했다. 이 집회는 단 하루만이 아니라 며칠에 걸쳐서 지속적으로 개최되었고, 결국 견디다 못한 정부는 조차 결정을 철회하고 민종묵을 해임시키기에 이른다. 관료도 양반도 아닌 평범한 백성들이 나랏일에 대하여 자신의 의사를 관철시킨 최초의 사례였다.

이후로 만민공동회는 독립협회나 개혁 성향의 관료들과는 무관하게 자발적으로 조직·개최되었다. 그야말로 '만민'이라는 이름에 걸맞은 집회가 된 셈이었다. 당시 서울 시내에서는 어딜 가든 사람들이 모여서 사회의 여러 문제에 대해 연설하고 토론하는 광경을 어렵잖게 볼 수 있었다. 그야말로 '서울의 봄'이라고 불러도 좋을 법한 광경이었다.

하이라이트는 1898년 10월이었다. 만민공동회에 대하여 한동안 소극적인 태도를 취해 왔던 독립협회는 국정 개혁의 대원칙을 세운다는 취지에서 개혁 관료 세력과 연합하여 대대적인 규모의 만민공동회를 개최했다. 독립협회는 군이 '관민공동회'라는 표현을 다시 불러와서 이것이 일반 백성들뿐만 아니라 관료들까지도 적극적으로 참여한 집회임을 명시하고자 했다. 이 집회에서 대한제국을 개혁하기 위한 6개의 조항, 즉 '헌의 6조'가 제안되었다.

헌의 6조를 전달받은 고종은 처음에는 이를 크게 반기는 듯했다. 관민공동회의 노고를 치하하고, 6개 조항을 반드시 실시해야 함을 강조함은 물론, 자기 나름대로 5개의 조항을 덧붙여서 개혁을

한국 시민혁명의 여정

위한 11개의 조항을 내세웠던 것이다. 하지만 이 와중에도 물밑에서는 독립협회와 만민공동회의 활동을 저지하기 위한 수구파 관료들의 정치 공작이 진행 중이었다.

11월 5일 새벽, 독립협회에 갑작스레 들이닥친 경무청 경관들은 독립협회의 간부 17인을 즉각 체포했다. 그 이유인즉슨 '역모죄'. 독립협회가 고종황제를 폐위하고 공화제를 실시하려고 한다는 내용의 익명서가 고종에게 전달된 까닭이었다. 대체로 이런 익명 제보는 뚜렷한 근거가 없는 한 무시되는 것이 보통이었지만, 당시 독립협회의 행보를 불안스럽게 지켜보던 고종과 수구파 관료들은 이것을 빌미로 대대적인 독립협회 탄압을 시도했다. 사실은 이 익명서 자체가 수구파 관료들에 의해 조작된 것이었지만, 어차피 명분만이 필요했던 상황이었기에 당시로서는 그다지 문제 될 바가 없었다.

하지만 이 소식이 『독립신문』, 『황성신문』, 『제국신문』 등을 통해 일반 백성들에게 알려지자, 사람들은 곧 거리로 뛰쳐나왔다. 이 만민공동회에서 백성들은 독립협회 간부 17인을 즉시 석방하고 헌의 6조를 실시할 것을 요구했다. 이런 주장을 하면서 이들은 "충군애국", 즉 "나라와 임금에게 충성하는 일"임을 내세웠다. 이들은 이미 수구파 관료들을 자신의 상전이 아니라 자신들의 뜻을 대신해서 나랏일을 맡아 하는 '심부름꾼'이라 여기고 있었고, 따라서 심부름꾼의 노릇을 제대로 하지 않는 관료들은 "폐하의 눈을 흐리게 하여 백성의 뜻을 제대로 보시지 못하게 하는 무리들"이라고 생각했던 것이었다. 이쯤 되면 그들은 이미 '백성'이 아니라 어엿한

'시민'이었다. 아래는 1898년 11월, 만민공동회가 한창이던 그 시절의 장면들이다.

영어학교 학도와 일어학교 학도와 배재학당 학도 들이 와서 말하되, 독립협회 회원들이 충군애국하려다가 10여 명이 체포되었으니 이는 죽어도 영광이라, 우리도 그런 영광을 받고 싶으니 같이 참여코자 하오. [……]

어떤 순검이 상관의 명을 받았는지, 아니면 공명심이 발하였는지 칼을 빼서 협회원들을 찌르려다가 협회원들이 죽을 사[死] 자의 뜻을 가슴에 품은지라 어찌 칼을 무서워할 자가 있으리오. [……]

지나가던 사람이 그 광경을 보다가 협회원 한 명을 조용히 불러 말하길, 내 이름은 말할 것이 없거니와, 협회원들이 충애하는 마음으로 이렇게 밤을 새우니 보기에 매우 불안한지라, 장국밥 300그릇을 보내노니 추위나 달래시오. [……]

종로에서 군부 위관(尉官) 조원순 씨가 [……] 문득 야만스러운 마음이 생겨 총에 탄환을 넣어 쏘라 하니, 병정 2명은 인민을 어찌 포살하겠느냐며 도주하고, 다른 2명이 총에 탄환을 넣으려 할 때 인민들이 분노하여 소리를 지르며 말하길, 병정이 총으로 사람을 쏜다 하여 사람들이 분기탱천하니 부지불식간에 병정 2명은 도주하고, 조 씨도 또한 도피하다가 군복과 군모를 벗어 던지고 사라졌더라.

『황성신문』 1898년 11월 8일자

각 학교 학도들도 또한 충애하는 마음으로 만민이 모인 데 가려 하거늘 학부에서 금지하려 하자 학도들 말이, 우리도 다 같은 대한 동포들이라 이때를 당하야 어찌 충애하는 목적을 저버리리요, 의리를 밝히지 아니하면 비록 공부를 하여도 쓸데없다 하고 일제히 폐학(廢學)들 하고 만민 모인 데로 갔더라.

『독립신문』 1898년 11월 8일자

열두 살 먹은 아이가 공동회에서 연설을 하다가 우리나라 망하겠소 말 한마디에 그 아이도 울고 사방에 듣던 이들도 다 통곡도 하며 눈물도 흘리었소.

『매일신문』 1898년 11월 8일자

혼자 사는 노파 하나가 은 2원을 협회에 주면서 말하길, 내가 가진 돈은 고작 3원인지라 그중 1원은 신선한 물을 사서 드리겠노라고 하면서 모든 협회원들은 풍로(風露)를 기탄하지 말고 아무쪼록 국가를 위하여 충심을 다해 달라 하더라.
영남 유생 등이 은 4원을 협회에 보내면서 편지에 쓰기를, 우리는 비록 지방에 파묻혀 사는 고루한 유생으로 읽은 것이라고는 사서삼경이 고작이나 충군애국하는 마음으로 폐하에게 간언드리지는 못할망정 은전이라도 보낸다 하더라.

『황성신문』 1898년 11월 9일자

고등재판소 문 앞에 모인 만민이 어제 찬 비를 무릅쓰고 의관이 다 빗물에 젖어 버리며 찬 기운이 뼈에 사무치되 조금도 변동들 아니하고 빗속에 모여 있었다더라.

시골 사는 콩나물 장사 하는 늙은 여인이 콩나물을 가지고 서울 와서 팔았는데 그 여인도 또한 만민의 충애하는 목적을 흠모하여 콩나물값으로 보조금을 냈다더라.

『독립신문』 1898년 11월 9일자

병정들이 만민 있는 가운데로 충돌하거늘 만민이 일제히 일어서서 그 대대 위관들과 병정을 대하여 말하기를, 군인들도 다 우리 대한 동포요 충군애국하는 마음은 다 일체라, 우리 만민이 정부에 바치는 결세전(結稅錢) 중에서 월급들을 다달이 타먹으며 그 돈으로 모자와 복장이며 총과 약과 탄환 들이며 창을 사가지고 그 사이 기예 배워 우리 만민을 오늘날 무찔러 죽이려 하느냐. [……] 이는 반드시 우리 만민을 일시에 도륙하려 함이니 총을 쏘든지 창으로 찌르든지 맘대로 하라, 만민이 일심으로 울며 뛰며 죽기를 자원하고 조금도 흩어지거나 주저하는 기색이 없고 당당한 충의지심이 더욱 격발하여 민심이 불등한지라.

『독립신문』 1898년 11월 10일자

다동 사는 박 소사가 집을 팔아 만든 300원 중 200원을 보조금으로 냈고, 심지어 어떤 거지는 하루 동안 구걸한 돈 1원을 보조금으로 냈더라. 청나라 상인이 충애의 목적은 다 마찬가지라 하며 4원을 냈고, 어떤 나무 장수는 긴 장작 10개를 보내어 밤을 새우는 회원들이 모닥불을 피울 수 있도록 했으며, 과일 장수는 회원들의 갈증을 해소하라며 감과 배 3석을 보냈더라.

『황성신문』 1898년 11월 11일자

정부 대신 한 분이 경무사 신태휴 씨에게 말하기를, 지금 고등재판소 문앞에 모인 백성들이 상소를 바치러 온다니 그 상소 바치러 오는 백성들을 잡으라 하거늘, 신 씨가 말하길 상소 바치러 오는 백성을 어찌 잡는단 말이요, 이는 경무사의 힘으로는 하지 못하겠노라 하고 즉시 사직 상소를 써서 내부로 보내고 자기 집으로 돌아갔다더라.

『독립신문』 1898년 11월 11일자

눈먼 걸인이 돈 7푼을 가지고 고등재판소 대문 앞에 모인 인민들에게 보조하면서 하는 말이, 이것이 박소하나 나도 동포 형제로 충애하는 사람들을 위한다고 하였더라.

『매일신문』 1898년 11월 11일자

남서 미동 사는 9세 아이가 만민공동회에 와서 말하되, 회원분들께서 충군애국하는 목적으로 비바람을 피하지 않으시고 풍찬노숙하심이 제가 보기에도 안심치 못한 중, 부친께서 2원 5전을 주신 것이 있는 고로 비록 약소하나 요긴하게 쓰심을 바라나이다 한즉 보던 이들이 신동이라 칭찬하였더라.

『황성신문』 1898년 11월 14일자

1898년 11월, 만민공동회는 그렇게 며칠 밤낮을 지새워 가며 계속되었다. 그 와중에 위와 같이 여러 드라마들이 연출되었다. 어떤 날 품팔이는 자신의 하루 벌이를 전부 만민공동회에 기증하기도 했고, 어떤 소년은 나이답지 않은 연설로 시민들을 오열케 만들기도 했다. 만민공동회를 진압하기 위해 나타난 군경을 향해 시민들은 "우리의 생명과 재산을 보호하라고 월급을 받는 이들이 어찌 우리를 해하려 드는가?"라 반문하며 몰아내기도 했고, 발포 명령을 받은 군인들이 이에 불복하여 도주하는 일도 있었다. 마치 4·19나 6·10 때 보았을 법한 광경들이, 그보다 수십 년 앞선 서울 한복판에서 벌어지고 있는 형국이었다.

11월 10일 체포된 17인 중 11인이 석방되었다. 하지만 남은 이들의 석방과 헌의 6조의 시행을 요구하는 만민공동회의 열기는 그칠 줄 몰랐다. 그런데 11월 21일, 보부상들로 조직된 황국협회가 철야로 농성 중이던 만민공동회를 습격했다. 이 과정에서 많은 시민들이 다쳤고, 이에 성난 만민공동회는 습격을 마치고 돌아가는 보부상들을 추격하려 했다. 하지만 이들을 암묵적으로 비호하던 군경에 의해 진로가 차단되어 뜻을 이루지 못했다.

이튿날 오전, 보부상들이 마포 인근에 있다는 소식이 알려지자 분노한 만민공동회원들이 달려갔다. 전날 밤 못지않은 충돌이 빚어졌다. 그러나 당시로서는 사병(私兵) 수준의 숙련도를 지니고 있던 보부상이었다. 만민공동회는 다시금 큰 피해를 입고 물러났고, 이 와중에 신기료 장수(헌 신을 꿰매어 고치는 사람) 한 명이 죽었다. 처음에는 그 이름조차 알지 못했던 이 가난한 신기료 장수는 곧 '의사'(義士)로 칭해지게 되었다. 한국 최초의 열사 김덕구가 탄생한 순간이었다.

11월 25일, 고종이 전면에 나섰다. 그는 황국협회와 만민공동회, 그리고 독립협회 대표들을 불러서 헌의 6조를 적극적으로 시행할 것을 약속했다. 오랜 기간의 만민공동회가 드디어 빛을 보는 듯한 순간이었다. 이 결정에 대해서 시민들은 만세를 불렀고, 22일에 죽은 김덕구 의사를 기리는 노제를 성대하게 치렀다. 종로에서 출발하여 갈월동 묘역까지 진행된 이 노제에는 수만 명의 인파가 운집했노라고 당시 신문들은 전하고 있다. 『독립신문』의 당시 기사에서는, 이 노제를 지켜보면서 자신들이 못된 관료들에게 속아 큰 죄를 저질렀노라고 한탄하는 어느 보부상의 이야기가 실리기도 했다.

하지만 시민의 승리는 결국 오래 가지 못했다. 중추원(中樞院, 오늘날의 의회) 의관을 선발하는 과정에서 박영효의 이름이 거론되었다는 것을 빌미로 고종은 다시금 입장을 180도 뒤집었다. 박영효는 1895년 을미사변에 연루되었다는 이유로 대역죄인으로 낙인찍힌 상태였고, 그 자신은 목숨을 건지기 위해 당시 일본으로 망명해 있는 상태였다. 독립협회가 이 박영효의 이름을 거론했다는 것을 문제로 삼아, 12월 25일 고종은 군대를 동원하여 만민공동회와 독립협회를 전격 해체했다. 그리고 모든 종류의 민간 정치활동을 금지하는 칙령을 반포하여 "3인 이상이 거리에 모여서 이야기를 나누는 것"조차 불가능한 공안 정국을 조성했다.

만민공동회로 촉발되었던 '서울의 봄'은 그렇게 미처 꽃을 피우기도 전에 끝을 맺고 말았다. 만민공동회와 독립협회가 해체되면서 많은 수의 개혁적 지식인들은 목숨을 잃거나, 감옥에 갇히거나, 혹은 살길을 찾아 일본으로 망명해 버렸다. 그들이 떠나 버린 대한제국에는 혹독한 겨울이 찾아왔다. 고종은 「대한국 국제」(大韓國國制)를 반포하면서 대한제국을 "항구 불변한 전제군주국"이라

규정했고, 국정에 관한 모든 권한은 황제에게 있음을 천명했다. 서울에서는 그 어떤 토론회나 연설회도 벌어지지 않았다. 심지어는 실내에서 벌어지는 강연회에도 경무관들이 제복을 입고 칼을 찬채 입회했으며, 만일 그 내용이 정치적이라고 판단될 경우에는 즉각 해산을 명령할 수 있는 권한까지 주어졌다.

고종이 보부상을 시켜서 만민공동회를 해산시켜 버린 후, 당시 종로에 있던 한 거렁뱅이 노인이 이 광경을 보고서는 눈물을 흘리며 흐느껴 목멘 소리로 다음과 같이 외쳤다고 한다.

> 종묘와 사직이 위태롭구나! 이제 위태롭구나! 온 나라 백성이 무슨 죄인가? 무슨 죄인가! 팔도강산 꿈에 본 듯하구나! 꿈에 본 듯하구나! 군자 물러나고 소인배 나아가니 이 무슨 경우인가! [……] 만민공동회에 모인 사람들과 등짐장수[보부상]는 모두 곧 대한의 인민이며 다 같은 황제의 백성으로 한집안 동포형제가 아닌 이 없다.
> 그런데 누가 등짐장수를 시켜 만민회 백성을 공격케 했는가? 병사와 순검은 지휘를 받아 처음부터 등짐장수가 쳐들어가는 것을 막지 않았다. 또 만민회 백성들은 보호하지 않고 도리어 등짐장수를 보호하기 위해 만민회 백성들을 저지했다. 등짐장수에게 내란을 일으켜 민심을 떠들썩하게 하여, 임금과 신하 사이에 화목한 분위기가 뚝 끊기게 했다.
> 대한제국은 오늘 백성으로 백성을 공격했으니 이는 백성을 없애고자 하는 것이다. 백성은 곧 나라의 근본이다. 근본이 없어졌는데 간사한 신하 대여섯 명으로 나라를 보전할 수 있겠는가!

한국 시민혁명이 희망

옛말에 '재앙은 스스로 불러들인다' 하였다. 이는 오늘 대한제국이 스스로 그 재앙을 불러들인 것과 같으니, 동서양의 오랜 역사를 통틀어도 처음 있는 일이다. 혼자 편안하고자 하나 그럴 수 있겠는가?

정교, 『대한계년사』(大韓季年史) 권4, 1898년

* 『대한계년사』는 대한제국 말기의 상황, 특히 독립협회의 활동상을 상세히 알 수 있는 자료다. 본관은 하남, 호는 추인인 저자 정교(1856~1925)는 독립협회 회원으로 활동했다. 궁내부 주사, 수원판관, 장연군수, 중추원 의관, 시종원 시종 등을 역임했다.

'재앙은 스스로 불러들인다.' 시대의 흐름과 국민들의 변화를 읽어내지 못하고 오직 자신의 권력에만 집착했던 고종은 결국 그 권력의 원천인 나라를 망국의 늪으로 빠뜨리고 말았다. 역사는 현실의 거울이다. 오늘날의 대한민국에서 시민이 다른 시민에게 테러하는 것을 찬양하고, 시민과 시민이 서로 삿대질하고 갈라서게 만드니 과연 누구를 위한 나라이며 누구를 위한 행동인가? 만민공동회의 결성과 해체가 과연 100년 전 이야기이기만 한 것일까?

식민사관은 어디서 왔는가?

부국강병을 향한 어긋난 열망

조선의 붕당(朋黨)은 고질병이다. 조선 사회를 보면 의관을 차려입은 많은 수의 노인들이 길거리를 횡행하는데, 이들은 단지 장죽을 물고 담배나 피워 대고 있을 뿐이어서 이들이 어떻게 생계를 유지하는지 알 수가 없다. 그러나 이들은 생계 유지를 위한 노동 따위는 일절 하지 않고, 다만 당파를 만들어서 자기 당에 소속된 사람 하나라도 관직이나 이문을 얻으면 즉시 그 사람에게 의지하여 의식(衣食)을 해결하는데, 1승(升)의 곡식이나 한 움큼의 담배조차도 이런 사람에게 얻는 것을 당연한 권리로 여기며, 주는 사람 역시 이를 지당한 의무라 생각한다. 중국이 개인주의가 지나치게 발달하여 폐단이 많아졌다 하면, 조선은 가히 공동주의(共同主義) 때문에 폐단에 시달리는 격이다.

『황성신문』 1902년 12월 20일자

역사에 그다지 관심이 많지 않은 사람이라도 '식민사관'이라는 말은 한 번쯤 들어 보았을 것이다. 일본이 조선을 정신적으로 지배하기 위해서 조선에 대한 그릇된 역사관을 설정해 놓고 이를 반강제적으로 학습시켜 조선인들로 하여금 자신들이 식민 지배를 당하는 것을 당연한 일로 받아들이게끔 만들려는 기획이었다는 것이 '식민사관'에 대한 일반적인 해석이다. 이 중에서도 조선인의 민족성을 두고서 타인에게 의지하려는 타율성과 서로 당을 나누어 견제하려는 당파성, 그리고 중화(中華)에 의지하려는 사대주의적 성향 따위는 식민사관을 거론하면서 항상 등장하는 요소들이다.

앞의 인용문도 우리가 일반적으로 인식하는 식민사관을 고스란히 답습한다. 조선인들은 생업에 종사하는 것보다 서로 무리를 지어 경쟁하는 것을 중요하게 여기며, 자기 무리에 속한 사람 중 누군가가 성공하면 그에게 의지하여 자신의 의식주를 해결하려 한다는 것이다. 인용한 부분의 뒤에 따라오는 이야기지만, 조선인은 자주성이 부족하여 독립하려는 노력을 하지 않고, 국가적인 관점에서 보더라도 역시 독립심이 부족하여 자치를 꾀하지 않는다는 서술이 이어진다. 아마 오늘날 누가 보더라도 '식민사관'이라는 단어를 떠올리기에 모자람이 없는 글일 것이다.

실제로 이 글은 일본에서 발행된 어느 신문에 실린 「조선의 고질병」(朝鮮の痼疾)이라는 평론 중 일부다. 어느 신문인지는 명확하지 않은데, 그 이유는 이 기사를 발췌 번역하여 게재한 『황성신문』 측에서 그 출처를 구체적으로 밝히지 않은 까닭이다. 『황성신문』은 '일본 신문에서 번역하여 게재함'(日報譯載)이라는 제목으로 이를 수

록했는데, 그렇다면 문제는 그 의도다. 『황성신문』은 무엇 때문에 애써 이런 기사를 번역해서 논설로 게재한 것일까? 일본 신문이 조선인의 특성을 비하하고 오도하는 것을 비판하기 위해서일까?

정반대다. 기사 말미에 기자는 다음과 같은 짤막한 논평을 남긴다. "본 기자는 이 논평이 우리 한국의 고질병을 정확하게 지적하고 있기에 이를 번역하여 게재하노라." 즉, 『황성신문』은 위와 같은 일본 신문의 논조에 적극적으로 동의했고, 따라서 별다른 비판이나 반박 없이 이를 그대로 번역하여 게재한 것이다. 다소 당혹스러운 대목이다. 오늘날의 기준으로 본다면 식민사관의 논리를 반박하기는커녕 외려 적극적으로 수용하고 있는 모양새가 아닌가.

그렇다면 『황성신문』이 친일적인 논조를 담았다는 것인가? 아니, 그런 식으로 간편하게 해석하고 넘어가 버리면 곤란하다. 1902년이라는 시점은 아직 한국인들이 일본의 '진의'를 눈치채기 이전이다. 당시 일본은 서구 열강의 침탈에 대응하여 동북아 국가들의 이권을 대표하는 맹주 정도의 위치에 있었다. 물론 일본을 무조건 맹신할 수는 없다는 의심은 항상 바탕에 깔려 있기는 했다. 그렇지만 일단 눈앞에 닥친 거대한 적이 먼저인 상황이므로 표면화되지 않은 일본의 야심보다는 당장 압록강 건너에 실존하는 위협인 러시아 쪽을 경계할 수밖에 없었다.

말하자면 한국의 지식인들 전반이 일본에 대해서 비교적 우호적인 시선을 두고 있을 때라는 이야기다. 일본은 동아시아에서 가장 성공한 문명국이자, 당시의 한국으로서는 보고 배워야 할 모범 사례에 해당했다. 적어도 을사조약 체결 이전까지는 일본의 배후 의도를 정확하게 짚어 내고 비판할 정도의 '천리안'을 가진 사람을 찾기란 쉽지 않았다.

당시 한국의 지식인들은 저와 같은 관점에 대체로 동의했다. 그들에게 중요한 것은 조선이 왜 나락으로 빠졌는지, 왜 한국이 지금과 같은 급박한 처지에 몰리게 되었는지 그 원인을 분석하고 해결하는 데 있었다. 지금 시대의 변혁을 정당화하고 이에 속도를 가하기 위해서는 전 시대의 문제점을 적나라하게 밝히고 그 부당함을 강조하는 것이 중요했다. 그와 같은 자가 진단의 과정에서 밝혀진 것들이 당파성이나 타율성, 사대성이나 이기주의적 태도 같은 요소들이었다.

『황성신문』 1901년 4월 4일자 논설은 조선이 위기에 빠진 원인을 이렇게 진단한다. 조선은 예로부터 선비를 귀하게 여기고 상인과 농민은 천시했다. 따라서 한 명이 농사를 지으면 여기에 열 명이 의지하고, 한 명이 옷을 만들면 열 명이 이를 입으려고 한다. 생산하는 자는 적고 소비하려는 자는 많으니 당연히 가난해질 수밖에 없다. 이러한 무항산(無恒産), 즉 매일같이 생산에 종사하여 재화를 만들어 내려는 부지런함이 없고 그저 게으름으로만 일관하면서 타인에게 의지하려 하는 태도는『독립신문』이나『황성신문』,『매일신문』,『대한매일신보』 등 당대의 여러 신문들이 공통적으로 지적하던 조선의 폐단 중 하나였다.

『독립신문』은 1898년 7월 1일자 논설에서 '대한 제일의 역적'이라는 제목하에 어떤 사람을 맹렬하게 공격한다. 여태껏 한국에서는 여러 역적들을 죽이곤 했으나 유독 가장 큰 역적에 대해서만큼은 모르는 체할 뿐만 아니라 외려 추앙조차 한다고 하면서, 이 역적 때문에 나라의 기운이 쇠하였으므로 반드시 처단해야 한다고 외친다. 한창 이 역적을 탄핵하다가 1면이 끝나는데, 2면으로 이어진 기사에서 바로 "그 역적의 성명은 게으름이라, 한문으로는 나태라 하느니라"라고 하였다. 요즘 말로 하자면 일종의 '낚시'인 셈인데, 한국이 위기에 빠진 원인을 게으름과 같은 내부적인 문제에서 찾는 것은 앞서 언급했던 경우와 마찬가지였다.

을사조약 체결과 더불어서 망국이 구체화되는 시점에 이르면 이와 같은 분석은 더욱 날을 세운다. 대한자강회(大韓自强會)의 회장 역할을 맡고 있던 윤효정은 '오늘날 국민의 감념(感念)이란 어떠한가'라는 제목의 연설에서, 과거의 조선은 빈부귀천이나 남녀노소 사이에 약자가 강자에게 기대려는 '의뢰의 감념'을 일반적인 것으로 여겼기에 오늘날과 같은 위기에 이르렀다고 진단한다. 하물며 개인의 문제뿐만 아니라 국가 차원에서조차도 사대주의 외교와 같은 방식을 택했음을 지적했다. 그러나 오늘날은 독립과 자강의 시대이며, 우리 역시 이에 알맞은 감념을 갖추어야 한다고 그는 역설했다. 이때의 감념이란 '사상'이라는 의미와 비슷한데, 요약하자면 한국 전체가 기존의 의뢰적 사상을 버리고 독립과 자강의 사상을 갖추어야 한다고 주장했던 것이다(『황성신문』 1906년 10월 25일자). 이는 또한 한국인 개개인이 '국가'라는 인식을 확보하지 못하고 그저 자신의 개인적인 이익만 추구한 결과 때문이라는, 이기주의에 대한 지적으로 뻗어 나가기도 했다.

이런 인식은 비단 조선만을 향하지는 않았다. 당시 파탄을 겪고 있던 대부분의 나라나 민족은 조선과 비슷한 '고질병'을 가진 것으로 인식되었다. 『대한매일신보』 1906년 1월 11일자 3면 기사에서는 하와이 원주민에 대한 기사를 내면서, 이들의 습성에 대해 성질은 온후하나 남에게 호구(糊口)를 의지하려는 경향이 강하고, 세상 돌아가는 이치는 생각하지 않은 채 자기 집이나 논밭을 외국인에게 팔아넘기다가 미국의 속국이 되었노라고 평가한다. 재미있는 점은 이런 평가가 모두 당대의 신문들이 줄기차게 제기해 오던 자기비판의 내용과 정확하게 일치한다는 사실이다. 심지어는 기사 중간에 하와이 전토를 "팔도강산"이라고 표현했을 정도이니 말이다.

폴란드에 대해서도 마찬가지다. 뒤에 자세히 언급하겠지만, 『대한매일신보』의 한 기사는 기자가 꿈에서 폴란드인을 만났던 이야기를 다룬다(1905년 9월 5일자). 여기서 기자는 왜 폴란드인들은 합심하여 러시아를 물리치지 않고 자기들끼리 사분오열하여 싸우다가 나라를 망하게 했느냐고 따진다. 하지만 이는 비단 폴란드에만 해당하는 이야기는 아니었다. 이 또한 자연스레 한국에 대한 알레고리로 연결되었음은 말할 필요도 없다.

물론 이와 같은 과거사 인식이 오늘날 우리가 이야기하는 식민사관과 아주 무관한 것이라고 말할 수는 없다. 앞서 윤효정이 했다는 연설의 내용은 비단 그만이 내세웠던 게 아니었다. 한일 관계 문제에 대해 송병준이 한 연설에서는 일본과 친밀하게 지내야 하는 이유를 설파하기 위해 병자호란 시기까지 소급하여 조선의 역사를 거론한다. 병자호란 당시 청나라부터 받은 치욕을 되갚기 위해 일심 단결하여 복수할 생각은 하지 않고 그저 개인의 영욕만 탐한 당시의 관료들을 '국적'(國賊)이라고 비난하면서, 효종이 그래서

3부 | 조선의 정치와 역사

북벌의 뜻을 이루지 못했노라고 진단했다. 대신 그로부터 300년 뒤에 선각자 일본이 나타나 청일전쟁을 일으킴으로써 비로소 한국은 자주독립을 누릴 수 있게 되었다는 것이다(『황성신문』 1905년 5월 8일자).

송병준이 누구던가. 1907년 당시 고종 양위 운동에 앞장섰던 인물이자, 1909년에는 일진회를 앞세워서 한일합방을 서둘러 줄 것을 청원하는 「일한합방상주문」(日韓合邦上奏文)을 내기까지 했던 사람이다. 또한 합방 이후에는 일본 이름으로 창씨개명한 첫 번째 인물이기도 했다. 이때 바꾼 이름이 노다 헤이지로(野田平次郎). 그래서 당시 사람들 사이에서는 '노다 대감'이라는 별명으로 불리기까지 했다(이규태, 『오로지 교육만이 살길이라』, 38~39쪽).

▌ 내부 대신 송병준 [한국콘텐츠진흥원 컬처링 www.culturing.kr, 한양대학교]

그러나 이 또한 속단해서는 곤란하다. 일본이 청일전쟁을 통해서 한국을 독립시켜 준 것이라는 감각은 이미 갑오경장 무렵부터 일반화된 것이기 때문이다. 당장 독립협회가 세운 독립문부터가 '청나라로부터의' 독립을 뜻했으니 말이다. 왜 굳이 영은문(迎恩門)을 헐고서 그 자리에 독립문을 세운 것인지를 생각해 보라. 영은문은 조선시대 당시 중국으로부터 온 사신을 맞이하기 위해 세웠던 문이다.

여태까지 거론된 이야기들을 정리해 보자면 이렇다. 1900년대 당시 조선과 조선인의 '고질병'으로 지적된 나태성, 당파성, 의존성, 이기심과 같은 요소들은 비단 일본이나 기타 열강만의 시선은 아니었다. 이는 한국 내 지식인들의 역사관 내에서도 통용되던 바였고, 나아가서는 비단 조선만의 문제가 아닌 것으로 인식되었다. 하와이든 폴란드든 고난을 겪은 나라들은 하나같이 이러한 고질병으로부터 자유롭지 못한 까닭에 그러한 지경에 빠진 것이며, 조선이 망한 이유도 마찬가지라는 식이었다. 그리고 조선의 후예인 대한제국 역시 전대로부터 내려온 그 고질병을 해결하지 못한다면 나라가 망하는 처지에 놓이리라는 게 당시의 관점이었다.

사실 식민사관이란 전제라기보다는 일종의 '결론'에 가깝다고 보는 게 정확할 것이다. 식민사관 이전에 이미 한국의 지식인들은 자신들의 역사에 대해 위와 같은 비평을 가하고 있었고, 이에 대한 견해는 대체로 일치했다. 특히 조선에 대해서만큼은 의견이 엇갈리는 경우가 별로 없었다. 조선인들은 나태하고, 의뢰심이 많으며, 당파를 만들어서 서로 싸우는 일을 서슴지 않은 까닭에 나라가 망하는 지경에 이른 것이라는 진단은 어딜 가나 유효했고, 이를 어떻게 극복할 것인가의 문제에 이르러서야 온도차를 보이게 된다. 식민사관은 여기에 숟가락 하나를 더 얹어서 일선동조론(日鮮同祖論), 즉 '조선과 일본의 조상은 하나'라는 명제를 내걸고, 위에서 거론한 여러 특성들을 조선 '민족'의 고유한 특성이라고 비틀어 버렸던 것뿐이다.

20세기 초 한국의 지식인들이 이와 같은 역사인식을 갖게 된 것은 부국강병을 향한 강렬한 열망 때문이었지만, 그 열망이 외려 스스로를 집어삼키는 함정이 되어 버리고 만 셈이다. 약육강식의 세계 질서를 고스란히 받아들였을 때, 내가 강자가 된다면 남을 집어삼킬 수 있겠지만 거꾸로 약자가 된다면 남에게 삼켜지는 경우에 처해도 몸부림조차 칠 수 없게 된다. 식민사관이란 이러한 올가미의 끄트머리에 놓인 매듭이었다. 자신이 올가미를 던지는 사냥꾼이 아니라, 외려 올가미에 사로잡혀 버린 사냥물의 꼴이 되었다는 걸 깨달았을 때에는 이미 때가 늦어 버린 상황이었다.

위와 같은 역사인식을 '식민사관'이라는 말로 편하게 치부해 버려서는 안 되는 이유가 여기에 있다. 일본이 식민지 교육을 통해 한국인에게 주입시키려 했던 역사 인식을 비판할 수 없다는 의미가 아니다. 혹은 우리 스스로가 그와 같은 인식을 인정하고 받아들였으니 어쩔 수 없다는 진단은 더욱 아니다. 그보다는 오히려 반대로, 100여 년 전 한국의 지식인들이 택했던 것과 동일한 사유와 오류를 21세기에 살고 있는 우리 역시 똑같이 범할 수 있다는 문제의식을 차단해 버릴 가능성이 높기 때문이다.

예컨대 요즘의 대학들은 취업률과 입학 경쟁률 등을 근거로

학과들을 통폐합하는 것을 경쟁력 강화라고 여긴다. 여기에는 비단 대학의 인식뿐만 아니라, 지원금을 빌미로 이러한 구조조정을 부추기는 정부의 책임 또한 적지 않다. 이 과정에서 인문학과 같은 기초학문이 위축되고 나아가 학문을 추구한다는 대학 본연의 역할이 취업을 위한 교육기관 정도로 변질된다는 문제점이 있음에도 불구하고, 신자유주의 시대의 무한 경쟁 논리 앞에서 이런 비판들은 별다른 효과를 발휘하지 못한다. 전공을 불문하고 모든 수업에서 일률적으로 영어 강좌를 개설하라는 요청 역시 마찬가지다. 표면적으로는 국제적인 경쟁력을 갖추기 위함이라는 명분을 달고 있지만, 실질적으로는 개별 학문의 특수성을 간과한 폭거일 뿐이다. 그러나 이런 비판 역시 '글로벌'이라는 단어 앞에서 힘없이 물러서고 말 뿐이다.

생각해 보라. 앞으로 다시 한 세기 정도의 시간이 흐른 뒤에, 마치 지금 우리가 한 세기 전의 사유를 '식민사관'이라고 비판하듯이, 지금 우리의 사유가 비판당하지 않으리라고 누가 확신할 수 있겠는가? 1900년대의 지식인들은 조선의 당파성과 사대성, 의뢰성 따위가 조선을 망하게 한 원인이라고 진심으로 믿었고, 그래서 을사조약에서부터 본격화된 망국의 위기를 스스로 자초한 것이라고 생각했다. 19세기 말부터 전 세계를 휩쓸던 약육강식의 국제 질서를 고스란히 받아들이고 이를 한국의 실정에 적용한 결과 그와 같은 결론이 도출되어 버리고 만 것이다.

신자유주의나 글로벌화 따위를 별다른 비판적 검토도 없이 내면화하고 있는 지금 우리네의 모습이란, 한 세기 전 약육강식의 국제 질서를 내면화하여 망국을 일종의 필연으로 여겼던 지식인들의 모습과 크게 다르다고 보기 어렵다. 적어도 한 세기 뒤에는 그렇게 기록되지 않을까 생각한다. 과연 '식민사관'에 대응할 만한 그 어떤 용어가 채택될는지는 알 수 없지만 말이다.

도돌이표 헬조선
망국과 함께 찾아온 절망

●

‘헬(Hell)조선’, ‘지옥불반도’. 언제부턴가 20~30대 청년층 사이에서 빈번하게 거론되기 시작한 말들이다. ‘헬조선’은 지옥을 의미하는 영단어 ‘Hell’과 한국을 다소 비하하는 뜻으로 사용되는 단어 ‘조선’이 합쳐져서 만들어진 신조어다. "한국은 정말 지옥과도 같은 곳이라서 도무지 살 수 없다"라는 아우성이 담겨 있음은 누가 봐도 어렵잖게 눈치챌 수 있다. 어느 유명한 온라인 게임에서 따온 것으로 추정되는 ‘지옥불반도’라는 표현 역시 마찬가지다. '지옥불'의 끔찍함은 둘째 치고라도 비하적인 뉘앙스를 띤 '반도'라는 단어를 굳이 사용한 것을 보면 오늘날 우리 청년들이 한국의 현실에 대해 얼마나 냉소하고 있는지를 잘 알 수 있다.

이렇게 자신이 속한 시대에 대해 처절한 절망감을 드러내는 것은 비단 요즘 사람들만의 일은 아니었다. 아무리 세상 돌아가는 사정에 대해 무지할 수밖에 없는 근대 이전의 일반 백성들이라 할

지라도, 나라 전체가 어지러워지면 결국 피부에 와 닿는 생활부터가 강렬한 압박으로 다가오게 마련이니 말이다. 21세기의 한국 청년들처럼 '헬조선'이니 '지옥불반도'이니 하는 신조어를 만들어 냈던 것은 아니지만, 그리 멀지 않은 역사 속에서도 자신들이 처한 상황을 '지옥'으로 인식했던 시대가 있었다. 지금으로부터 한 세기 전의 일이다.

> 아아, 김 서방인가? 자네는 어디로 가나? / 나는 경성으로 가네, 박 서방 자네는 어디로 가나? / 나는 평양으로 가네, 지금 시골 형편이 어떠한가? / 살 수 없네. / 어찌하여 살 수 없나? / 시골에 살자 하니 도적 때문에 살 수 없고, 읍 근처에 살자 하니 일본인들 압제를 견디기 힘드네, 우리 논밭과 가옥을 빼앗으니 살 곳이 없고, 군마(軍馬) 먹일 풀이니 철도 건설 역부니 하며 성화같이 독촉하여 말이나 소처럼 부려먹으니 노예인들 이 같은 노예가 또 있겠는가. 살 수 없네, 살 수 없네, 우리 동포 살 곳이 없네. 요 사이 서울 형편은 어떠한가? / 서울 형편 말 말게, 기막히네. / 무엇이 기가 막히나? / 나온다네, 나온다네 / 무엇이 나오는가? / 통감이 나온다네. 내치든 외교든 다 차지하고 재정이나 군사 모두 감독할 통감부 관제가 이미 반포되어 통감 이하 70여 명이 나온다네. / 그러면 할 수 없이 망하였네. / 이 사람 꿈을 꾸나? 벌써 망한 지 오래라네.
>
> 『대한매일신보』 1906년 1월 4일자

신문에 실린 김 서방과 박 서방의 문답이다. 어딘가에서 들은 것을 전해서 적는다고 하지만 이것이 실제 대화를 기록한 기사일 가능성은 적고, 아마도 기자 자신이 하고픈 말을 전달하기 위해 가상의 상황을 설정한 결과물일 것이다. 앞서 살펴보았듯이, 있으리라고 생각되는 일들을 기자가 실제인 것처럼 꾸며내 기사화하는 것은 흔한 일이었으니 말이다.

여하튼 1906년 당시의 상황은 서울에서든 지방에서든 도무지 '살 수 없는' 상태로 묘사된다. 촌에서는 활빈당이니 뭐니 하면서 도적들이 날뛰고, 지방 중심지에서는 곳곳에 진출한 일본인들이 온갖 명목으로 재산을 갈취하기에 여념이 없다. 서울이라고 뾰족한 수가 있는 것도 아니다. 통감부가 들어온다 하여 이제는 정말 나라가 망할 지경이라는 말이 저절로 나올 수밖에 없다. 아니, "이미 망했다"라는 자조 섞인 탄식까지 나올 정도다. 기사의 뒷부분에서 박 서방과 김 서방은 이제 의탁할 곳은 예수뿐이라면서 교회를 가자는 것으로 대화를 마무리한다. "지성으로 하나님을 공경하면 심묘한 이치로 인해 신(新)학문의 무궁한 지식을 얻어 국민이 되고 단체를 이루며 국권도 회복할 것"이라며 낙관을 피력해 보지만, 거꾸로 보자면 종교에라도 기대지 않으면 더 이상 무엇을 어찌할 바 없다는 의미도 되지 않겠는가. 학교를 세우자든가 군대를 양성하자는 등 현실 차원에서의 실천을 통해 열강처럼 강해질 수 있다고 주장해 왔던 그간의 논의들과 비교해 본다면 말이다.

1905년 11월 17일, 을사보호조약이 체결되자 한국 사회는 그야말로 충격과 공포에 빠지고 말았다. "나라가 망한다"라는 감각이 피부 끝까지 전율케 할 정도로 생생하게 와 닿았기 때문이다. 물론 그 이전에도 청일전쟁이라든가 절영도 조차, 러일 간의 한반도 분할 통치론 등 나라가 위기에 빠져 있다는 느낌을 주는 사건은 여럿 있었다. 하지만 이때처럼 대놓고 '망국'을 상상하게 되는 일은 여지껏 없었다. 외교권을 일본에게 강제로 빼앗긴 사건은 그간 망국이라는 지점까지는 뻗어나가지 않았던 지식인들의 심리적 저지선을 여지없이 무너뜨리고 말았다. 이전에는 볼 수 없었던 지식인·관료·군인 들의 자결이 유독 을사조약을 기점으로 잇달았다는 것만 보더라도 그 차이는 명확했다(신형범, 『개화기 서사 양식과 전통 지식인의 실천적 여정』, 137~138쪽 참고).

비단 지식인이나 관료 들의 심리적 저항선만 무너진 것은 아니었다. 일반 서민들의 삶 또한 처참할 정도로 무너져 있었다. 앞서 본 두 서방의 문답에서 나온 이야기들은 전혀 과장된 게 아니었다. 심지어는 교회에 의탁하자는 것조차도 신앙을 통한 초극이라는 거창한 목적에서가 아니라, 일본인이나 지방 관료 들의 약탈과 토색(討索)으로부터 벗어나기 위해 서양인 선교사들에게 '정치적 보호'를 받으려는 목적인 경우가 많았다. 이런 현상은 19세기 말부터 지속되었는데, 특히 1905~1906년 무렵에 급격하게 늘었다. "하늘의 도우심" 외에는 그 어떤 희망도 기대하기 힘들다는 감각이 사람들을 교회로 향하게 만들었던 것이다. 전 세계의 교인들이 한국을 위해 만국기도회를 열었다던 『대한매일신보』 1907년 8월 22일자 논설을 보더라도 당시 사람들이 무슨 생각으로 교회에 기대려 했는지를 어렵잖게 추론할 수 있다.

물론 요즘도 그렇지만, 당시에도 이런 절망을 경계하는 목소

도둑이표 헬조선

리들은 있었다. 같은 해 『황성신문』 8월 27일자 기사 중 3면의 「취여만제」(醉餘謾題)라는 고정란에서는 갑과 을의 문답 형식을 빌려 "현시점에서 급한 것은 시국을 개탄하는 것보다 좀 더 자중하여 각기 주어진 일을 성실히 하는 것"이라며 당시의 시국을 '지옥'으로 인식하는 이들을 비판했다. 그나마 다행인 것은 이런 유의 비판이 취하는 태도가 "제대로 노력해 보지도 않고 세상만 탓한다"라는 요즈음의 냉소보다는 그래도 조금이나마 더 진지했다는 점일 것이다. 말하자면 이들은 최대한 냉정을 유지하자는 쪽이었다. 지옥에서 살아남는 길은, 어찌 됐든 노력을 거듭하여 실력을 키우는 것밖에 없다고 생각했다. 뭐, 결국 개개인의 '노력'을 화두에 둔다는 점은 예나 지금이나 큰 차이가 없을지도 모르겠지만 말이다.

이 거대한 고난에 직면하는 방식은 여러가지였다. 혹자는 나폴레옹이나 워싱턴과 같은 영웅이 나타나 주기를 기대했다. 그래서 영웅의 행적을 담은 온갖 소설들이 출판되었다. 혹자는 좀 더 실력을 키워서 보호국의 처지로부터 벗어날 수 있어야 한다고 여겼다. 그래서 어느 때보다도 학교 설립 등이 활발하게 이루어졌다. 혹자는 상제(上帝)와 같은 절대자에게 귀의하려 했다. 그래서 을사보호조약 직후에는 역대 최대 규모의 '구국기도회'가 열렸고, 다시 2년 뒤인 1907년에는 만국기도회 소식까지 전해졌다. 어느 쪽이든 이 막막한 현실 속에서 실낱같은 '전망'을 찾으려는 몸부림이라는 점에서만큼은 별 차이가 없었다.

그리고 마찬가지로, 어느 쪽을 택하든 뚜렷한 전망이 없다는 점에서도 역시 별반 다를 것은 없었다. 이미 시대는 제국주의와 약육강식의 질서 속에서 미쳐 돌아가고 있었고, 한국은 그 와중에 포식자보다는 피식자의 자리에 놓일 것이 명확해진 상황이었다. 철석같이 믿었던 미국의 루스벨트 대통령조차도 이미 러일전쟁이 끝나기 전부터 한국의 운명을 피식자로 결정해 놓고 있었다는 사실을 이들은 알 수 없었다(이에 대한 자세한 내용은 뒤에 나올 「테디베어는 따뜻했다, 제국주의자에게는」 참조).

단지 주변 상황이 어렵다는 것만으로는 '지옥'이라고 표현하지 않는다. 지옥이 진정 지옥으로 변하는 것은, 지금의 이 곤란한 상황이 언젠가는 나아지리라는 전망조차 불가능해지는 순간일 것이다. 지금 이 순간이 다소 힘겹더라도 더 나은 내일이 온다는 믿음이 있다면 인간이란 그렇게 손쉽게 좌절하지 않는다. 그러나 그 믿음조차 박탈당하는 순간이 오면, 인간은 그야말로 지옥에 빠지게 된다.

지옥 같은 상황에 놓인 인간이 택할 수 있는 것은 둘 중 하나다. 모든 것을 내던지고 지옥으로부터 벗어나든가, 아니면 끝까지 항거하든 조용히 받아들이든 이 지옥 속에서 사그라들든가. 많은 청년들이 '탈조선'을 외치면서 한국으로부터 이탈하려 한다는 요즘의 세태를 생각해 보라. 그리고 그보다 훨씬 더 많은 이들이 수많은 부조리에 치를 떨면서도 어찌 됐든 이곳에 남아 조용히 갈려 나갈 수밖에 없는 처지임도 더불어서 말이다.

전자에 해당하는 대표적인 사례가 바로 저 유명한 단재 신채호다. 그는 당시 항일 언론의 대표 격인 『대한매일신보』에서 주필로 활동하면서 많은 기사를 지었고, 이순신이나 을지문덕 등 역사

도둘이표 헬조선

적 위인에 대한 전기를 지어서 사람들의 애국심을 환기하려고 애썼다. 하지만 1909년 7월 기유각서 체결과 더불어 대한제국의 멸망이 확실시되자, 신채호 또한 더 이상은 한국에서 붓을 들 수 없는 처지에 놓이고 만다.

앞에서도 언급한 바 있지만, 신채호가 기유각서 체결 직후『대한매일신보』에 연재한「지구성미래몽」이라는 소설이 있다. 이 소설의 주인공인 '우세자'(憂世者, 세상일을 근심하는 자)는 원래 신문이나 잡지 따위를 만들던 사람이었다. 하지만 아무리 사람들을 깨우치려고 백방으로 애를 써도 들어 주는 이는 없고, 오히려 이런 자신을 가리켜서 미친 사람 취급을 하는 데에 이내 절망하고 만다. 하여 그는 "붓을 내던지고" 사람들이 아무도 살지 않는 깊은 산속에 들었다가, 우연히 원장법사라는 스님을 만나서 그의 인도로 옥경(玉京)을 찾아가게 된다.

여기서 원장법사는 망한 나라의 백성들이 어떤 처지에 놓이는지를 적나라하게, 심지어는 그로테스크하다 싶을 정도로 과격하게 묘사한다. 이들의 영혼은 죽어서 전부 지옥으로 보내지는데, 그 지옥조차도 망국민들로 가득 차서 이제는 전부 으깨거나 불태워 없애 버리자는 이야기가 나오는 판국이라고 말이다. 이 말을 들은 우세자는 오열한다. 그가 떠나온 '대한'의 사람들 역시 그런 지경에 처하게 될 것임이 분명하기 때문이다.

「지구성미래몽」은 오열하던 우세자가 원장법사의 권유를 받아 옥경으로 떠나는 대목에서 연재가 중단된다. 그리고 공교롭게도 신채호 역시 1910년 4월 한국에서의 모든 활동을 중단하고 중국 청도로 망명하게 되었다. 물론 신채호의 망명은 지옥과도 같은 한국으로부터 벗어나 개인의 안위를 누리기 위함은 아니었다. 익히 알려져 있다시피 그의 망명길은 국내에 머무르는 것 이상으로 고난에 찬 것이었고, 그는 죽는 그 순간까지도 제국주의와 타협하지 않고서 자신의 의지를 관철했다. 「지구성미래몽」에서 우세자는 "옥경에 가면 세계가 돌아가는 모습을 한눈에 볼 수 있고, 이를 지켜보면 대한을 구할 방도도 찾을 수 있을 것"이라는 원장법사의 권유에 마음을 돌리게 되는데, 어쩌면 신채호 또한 지옥 속에서는 찾을 수 없는 '전망'을 찾아서 망명길을 택하게 되었던 것일는지도 모른다.

그렇다면 후자의 경우는 어떠했을까. 망명 대신 한국에 남는 길을 택했던 지식인들 중 여럿은 한일합방과 더불어 자결을 택했다. 대표적인 이가 『매천야록』(梅泉野錄)으로 유명한 황현이다. 반면 이름난 사람들도 아니고, 별달리 특별한 능력이나 통찰을 지닌 것도 아니지만, 지옥 불구덩이 속에서 마지막까지 몸부림치다가 사그라든 이들도 있었다.

런던의 『데일리메일』(*Daily Mail*) 소속 특파원으로 경성에 주재하고 있던 프레더릭 매켄지(Frederick A. McKenzie)라는 인물이 있다. 그는 대한제국이 한창 조종을 울리던 1909년 무렵에도 경성에 머물고 있었는데, 당시 경성은 대단히 평온한 편이었다. 1905년의 을사보호조약 때나 1907년의 고종 강제 양위 때 이런저런 소요 사태가 벌어졌던 것과는 달리, 1909년 기유각서 체결 때에는 별다른 항의의 움직임이 나타나지 않았다. 당시 『대한매일신보』의 주필이었던 신채호가 탄식했던 것도 이런 부분이었다. 이 탄식이 실렸던 7월 18일자 논설로 인해 해당 일자의 신문 자체가 압수당했는데, 이와 동일한 시기에 소설란에 연재되었던 것이 위에 언급했던 「지구성 미래몽」이다.

매켄지는 하루는 기묘한 소문을 듣는다. 지금 지방에서는 일본군과 의병(그는 이를 'Righteous Army'라고 기록했다) 사이의 전투가 끊이지 않고 있으며, 이는 거의 전쟁 수준이라고 말이다. 그는 진위 여부를 확인하기 위해 정부 관계자나 다른 외신 기자들에게 탐문하지만 모두가 금시초문이라는 식의 반응을 보인다. 결국 그는 진위를 확인하기 위해 스스로 충북 인근 지방을 돌아보았고, 그곳에서 바로 '지옥'을 목격하게 된다. 이 당시의 행적을 기록하여 책으로 남긴 것이 바로 『대한제국의 비극』(*The Tragedy of Korea*)이다.

다음 사진은 누구나 한 번쯤은 본 적이 있을 것이다. 대한제국 말기의 의병 사진이라고 하여 6차 교육과정 국사 교과서에도 게재된 사진이다. 이 사진이 바로 매켄지가 촬영한 것으로, 여기에는 "A COMPANY OF KOREAN REBELS"라는 캡션이 달려 있다.

당시 매켄지는 이들 의병을 이끄는 한 지휘관과 인터뷰를 했다. 매켄지에 따르면, 그는 흰 두루마기를 입은 양반 계급의 청년인 듯했다. 이 젊은 지휘관은 자신들이 조직적으로 움직이는 것은 아니며, 소규모 그룹이 분산되어 각기 느슨한 연합 관계만을 유지한 채 고군분투하고 있는 상황이라고 전했다. 이들은 아무런 전망을 기대할 수 없는 지옥 속에서, 어떠한 뚜렷한 확신도 없이 싸움을 계속하고 있었다. 이 젊은 의병 지휘관도 그 점을 시인했다. 하지만 그는

┃ 매켄지가 촬영한 의병 사진 [매켄지, 『대한제국의 비극』, 207쪽]

다음과 같이 덧붙였다. 그것은 아마도 벗어날 수 없는 지옥 속에서 인간이 마지막까지 지킬 수 있는 존엄성 혹은 '존재의 이유'(Raison d'etre)를 단적으로 표현한 말일 것이었다.

> "우리는 아마도 죽게 되겠지요. 네, 그럴 수밖에 없을 겁니다. 하지만 자유인으로 죽는 것이, 일본의 노예로 살아가는 것보다는 낫습니다."
>
> 매켄지, 『대한제국의 비극』, 203쪽

도움이 표 헬 럽조선

기록은 기억을 지배한다
우리나라에선 구할 수 없는 우리나라 사료

●

1905년을 즈음하여 사람들 사이에서는 '나라가 망할 수도 있다'라는 위기의식이 비로소 피부에 와 닿게 되었다. 1년 전인 1904년 2월에는 러일전쟁에서 일본과 한국이 공동전선을 구축한다는 미명하에 경성에 일본군이 진주해 버렸고, 쓰시마 해전과 여순 전투를 거치면서 일본의 승리가 점점 명확해지자 곧 '한국은 일본의 보호국이 될 것'이라는 소문이 돌기 시작했다. 1905년 11월, 을사보호조약이 체결되면서 이 소문이 사실로 밝혀지자 사람들은 비로소 '망국'을 피부로 느끼기 시작했다.

아이러니하게도 한국사에 대한 열망이 강렬해진 것은 이 시기였다. 당장 나라가 망할지도 모르는 상황에서 무엇보다도 중요했던 것은 우리 자신의 정체성을 명확하게 하는 일이었다고 생각했기 때문이다. 종전에는 보통 다른 서구 열강이나 일본과 마찬가지로 교육과 실업에 힘을 써서 나라의 힘을 키워야 한다고들 주장했지만, 망국의 위기가 눈앞에 닥친 상황에서 언제 성과가 있을지 모를 일에만 신경을 쓰고 있을 수는 없었다. 당장 우리 자신의 정체성을 확립하고, 이를 중심으로 모두가 뭉쳐서 외부로부터의 위협에 대항해야 했다. 한국 사회가 유독 '(국가)정신'을 강조하게 된 시발점도 바로 이 무렵이었다.

이런 상황에서 『황성신문』이나 『대한매일신보』 등은 한국사 속의 가치 있는 인물에 대한 내력이나 특정한 지명의 유래 따위를 탐구하는 고정란을 신설했다. 자국의 역사를 명확하게 알아야 한다는 문제의식은 이미 1890년대 말부터 신문이나 각종 연설 등을 통해서 심심찮게 등장했지만, 눈앞에 닥친 망국에 대한 위기의식은 당장 신문 독자들을 향해서 "우리의 정체성이란 이러한 것"임을 보여 주게끔 만들었다. 물론 이들 기사는 단순히 과거의 인물이나 지명 등에 대한 지식을 전달하는 것보다는, 이를 통해서 독자들에게 국가나 민족의 가치를 환기시키고 이를 지켜야 한다는 '끓어오르는 마음'을 갖게끔 만드는 데 목적이 있었다. 주로 외적을 상대하여 물리친 무장들의 이름이 신문 지상에 오르내리게 된 것도 이런 이유 때문이었다.

그중 눈에 띄는 것이 하나 있다. 『황성신문』에서 위와 같은 역할을 하던 고정란인 「대동고사」(大東古事) 1906년 8월 15일자에는 임진왜란 당시 진주목사였던 김시민에 대한 기사가 실린다. 그는 진주성 전투를 승리로 이끌었고, 이 '진주대첩'은 훗날 행주대첩, 한산도대첩과 더불어 임진왜란의 3대 승첩 가운데 하나로 손꼽히게 된다. 하지만 정작 김시민 자신은 전투에서 입은 부상으로 전투가 끝난 직후 병사하고 말았다. 그리고 진주성은 이듬해인 1593년 7월, 진주대첩의 보복에 나선 왜군에게 함락되어 진주목사 서예원을 비롯한 지휘관들은 전사 혹은 자결했다. 우리가 잘 알고 있는 논개 이야기도 이 2차 진주성 전투 이후 벌어진 사건이다.

그런데 「대동고사」에서는 진주대첩 이후 김시민의 행보에 대해서 다음과 같이 기록하고 있다. "이듬해에 왜적이 크게 일어나 전력을 다해서 진주성을 포위했다. 그때 김시민은 병사(兵使)가 되어 왜적에 맞서 싸웠으나 패배가 눈앞에 닥칠 때까지 외부로부터 아무런 지원도 받지 못하여 성이 이내 함락되었다. 그리하여 창의사 김천일, 병사 최경회 등과 함께 전사하였다."

앞서 언급했다시피 이것은 잘못된 기록이다. 경상우병사 최경회, 도절제사 김천일 등과 함께 전사했던 진주목사는 김시민이 아니라 서예원이었다. 김시민은 이 시점에서 이미 병사해 버린 뒤였다. 이와 같은 기록은 『조선왕조실록』은 물론이려니와 『징비록』, 『난중잡록』 등 임진왜란 당시를 기록했던 조선 측의 수많은 사료에 남아 있으므로, 언뜻 보았을 때에는 『황성신문』이 이런 오류를 일으킨 것이 이해가 가지 않는다. 대체 이들에게 무슨 일이 있었던 것일까?

여기 하나 재미있는 점이 있다. 진주성 전투 직후 조선 측은 김시민의 사망 사실을 철저하게 숨겼다. 이 사실이 왜군에게 알려지면 진주성이 재차 침입당할 것을 우려했던 까닭이다. 그래서 일본 측은 진주성이 함락되는 순간까지도 진주목사가 김시민인 줄만 알고 있었다. 진주성 함락 직후 왜군은 진주목사의 목을 도요토미 히데요시(豊臣秀吉)에게 보내면서 자랑스럽게 "모쿠소의 목을 베었다!"라고 썼는데, 이때의 모쿠소란 아마도 목사(牧使)를 일본어식으로 읽은 것으로 보인다. 당연히 이때의 모쿠소란 김시민을 뜻했다. 즉 진주성을 함락하여 전년의 수치를 설욕하고 그 증거로 김시민의 목을 보내노라고 자랑했던 셈이다.

모쿠소의 정체가 김시민이 아니라 서예원임을 알게 된 것은 임진왜란이 끝나고서도 한참 뒤인 17세기 말의 일이었다. 말하자면 종전 후 몇 세기 동안 일본은 줄기차게 모쿠소를 김시민이라고 인식했고, 이와 같은 오해는 훗날 『황성신문』이 「대동고사」를 통해 보여 준 것과 일치했다. 과연 우연의 일치일까? 당시 사정을 더듬어 보면 이게 결코 우연만은 아닐 거라는 생각을 하게 된다.

왜 그럴까. 당시 지식인들이 너 나 할 것 없이 한국사에 대한 중요성을 강조하기는 했어도, 정작 이들이 참고할 만한 한국사 관련 서적은 턱없이 부족했다. 애초에 조정에서 편찬한 공식 역사서 『조선왕조실록』은 민간에 공개된 서적도 아니었고, 『징비록』과 같은 민간 서적 역시 시중에서는 구하기 쉽지 않았다. 오죽하면 이런 책들은 한국보다는 외려 일본에서 구하는 게 더 쉬울 지경이었다. 『대한매일신보』 1908년 6월 16일자 논설 「옛 도서를 수집할 필요」에서도 "『동국통감』이나 『징비록』 등의 책을 일본에서 구해서 보기는 심히 쉽지만 경성 내의 책방에서는 그림자조차 찾아보기 어렵다. 그저 어느 오래된 창고에서 벌레나 먹고 있을 지경이다"라면서 당시의 실정을 밝혔다.

사정이 이렇고 보니 한국사에 대한 기사를 작성하려고 해도 꼼꼼하게 사료를 검토하고 오류를 검증해서 쓰기란 도무지 어려운

기록은 기억을 지배한다

노릇이었다. 아마도 『황성신문』 기자 역시 김시민에 대해 서술하면서 진주성 함락 당시의 목사를 서예원이 아닌 김시민으로 착각한 낡은 일본 측 자료를 참고했거나, 혹은 사람들 사이에 떠도는 소문 따위를 토대로 기사를 작성했을 것이다.

혹은 다른 관점에서 보자면 애초부터 이런 오류에는 별 신경을 쓰지 않았을 가능성도 크다. 어차피 김시민이 진주대첩 이후 병사했든, 혹은 진주성 함락 이후 전사했든 그가 왜군을 상대로 훌륭하게 싸운 위인이라는 데에는 별 차이가 없고, 기사를 읽는 이들에게 장쾌한 느낌을 주는 데에는 고증의 오류 같은 건 아무래도 상관이 없었으니 말이다. 말하자면 기사가 독자들에게 가져다줄 '감정'이 중요했지, 얼마나 정확한 지식과 정보를 전달하느냐의 문제는 부차적이었다는 이야기다.

정말로 그랬을까? 생각해 보면 21세기의 역사 서술 역시 이런 딜레마로부터 자유롭지 않다. 적어도 역사라는 것이 '국가'나 '민족'의 단위와 연결되면, 당대의 역사적 사실을 정확하게 전달하는 것에 무게를 둘 것인지, 아니면 현재의 관점에서 우리의 정체성을 공고하게 하는 쪽으로 해석하는 데 무게를 둘 것인지의 문제는 언제나 뜨거운 감자가 되게 마련이다. 임나일본부설을 둘러싼 한일 간의 논쟁, 동북공정을 중심으로 한 한중 사이의 신경전이 괜히 발생하는 게 아니다. 역사란 학문이면서도 동시에 정치일 수밖에 없다.

1900년대에도 그랬다. 부족하고도 부정확한 사료의 틈바구니에서 국가의 정체성을 확보하기 위해서는 어떤 것이라도 가져와야 했다. 그 결과 때로는 신화나 전설 속의 인물조차도 마치 실존했던 역사적 인물인 것처럼 해석되거나 포장되고는 했다. 소요자(逍遙子)라는 사람이 『황성신문』 1908년 3월 29일자에 기고한 「꿈에서 창해역사를 만나다」(夢見滄海力士)라는 글에서는 꿈에 창해역사가 나타나 자신의 행적을 사람들에게 널리 알리라는 당부를 한다. 그런데 정작 창해역사는 설화 속의 인물로 실제 역사와는 별 관계가 없다. 그럼에도 불구하고 소요자는 창해역사를 역사적 인물로 설정하고 그의 행적을 널리 알리고자 했다.

왜 이런 일이 벌어졌을까. 소요자는 꿈에서 만난 창해역사의 입을 빌려서 그가 동국(東國), 즉 조선 출신이라는 점을 강조하고 그가 장자방(張子房)의 요청으로 전장에 나서서 진시황을 토벌했다고 주장한다. 물론 모두 실제 역사와는 별 관계가 없는 이야기지만, 중요한 것은 정말로 그런 사건이 있었느냐의 여부가 아니라, 우리 '선조' 중에서 탁월한 무용을 발휘하여 진시황이라는 '외국의 위협'을 제압한 자가 있다는 것 그 자체였다.

왜냐하면 이는 한국인의 혈통에서 상무정신(尙武精神)이 결코 낯선 것이 아니며, 우리가 단지 그러한 기억을 잊고 있었을 뿐 지금이라도 이를 되살려서 외부로부터의 침탈을 막아내야 한다는 의식을 환기시키는 데 좋은 근거가 되기 때문이었다. 그래서 소요자는 이 설화 속의 인물을 역사 속의 실존 인물로 끌어오려고 애쓴다. 바로 "후대가 이를 기록하지 않아서 그 행적이 소실되었다"라는 전제를 통해서 말이다.

어차피 당시로서는 사실 그 자체가 중요한 문제가 아니었다. 어떻게 해서든 사람들의 마음을 하나로 모아야 했고, 그렇게 집결된 정신을 한 방향으로 집중시켜서 한국이 직면한 위기를 돌파하는 게 최우선이었다. 여기에 봉사해야 하는 것은 비단 역사 속의 인물만은 아니었다. 을사보호조약 체결을 반대하면서 자결했던 민영환의 서재에서는 그의 피끓는 애국심이 혈죽(血竹)으로 다시 태어났고, 헤이그 만국평화회의에 참석하기 위해 건너갔다가 별다른 성과 없이 병사한 이준은 어느새 만국의 대표들이 참석한 자리에서 스스로 배를 갈라 피와 내장을 뿌리면서 한국의 독립을 외친 장렬하고도 호쾌한 의사로 거듭났다.

모두가 그래야만 하는 시대였다. 역사에 대한 서술 또한 그래야만 했다. 그것은 시대의 요청이었고, 살아남기 위한 몸부림이었다. 역사 서술은 시대의 소용돌이 속에서 그렇게 요동치고 있었다.

역사에서 거짓을 다루는 데에는 크게 두 가지 문제가 있다. 하나는 위사(僞史)인가의 여부요, 다른 하나는 위서(僞書)인가의 문제다. 위사란 '거짓 역사'를 뜻하는 것으로, 어떤 책이나 문건에 기록된 내용이 사실과 어긋나는 경우를 가리킨다. 위서란 '가짜 책'을 의미하는 것으로, 내용의 타당성 이전에 책 자체가 누군가에 의해 조작된 경우를 말한다.

예컨대 고대에 일본이 가야 남부를 지배했다는 이른바 '임나일본부설'을 기록한 『일본서기』의 경우, 책 자체는 8세기경에 만들어진 진서(眞書)가 맞다. 하지만 그 안에 담긴 기록이 당시의 사실과 일치하는지의 여부, 즉 위사인가 아닌가의 여부는 여전히 학계의 논란이 되고 있다. 현시점에서는 서술 내용에 상당 부분 과장이나 오류가 섞여 있다는 쪽으로 수렴되고 있는 듯하지만, 한일 양국 사학계 사이의 자존심 싸움과도 엮인 상황이라 그런지 쉬 결론은 나지 않고 있다.

『일본서기』 [위키피디아]

반면 한국의 상고사를 서술한 것으로 알려진 『환단고기』(桓檀古記)는 아직까지도 위서 논란에서 자유롭지 못한 상태다. 『환단고기』는 일본에 의해 수립된 식민사관을 극복한다는 측면에서 주목을 받기도 했지만, 정작 그 책 자체가 고대가 아닌 근대 초기에 만들어진 것이 아닌가 하는 의혹을 끊임없이 받고 있다. 이 역시 식민사관에 대한 비판과 부정확한 역사 서술에 대한 경계 사이에서 여전히 많은 논란을 낳고 있는 실정이다.

　여기서 섣불리 『환단고기』가 가짜 사료라든가, 『일본서기』에 서술된 내용이 가짜 역사라는 식의 결론을 내릴 생각은 없다. 다만 사람들이 어떤 목적에서 『환단고기』를 바탕으로 한국의 상고사를 언급하고, 『일본서기』를 토대로 임나일본부설을 주장하는지에 대해서는 명확하게 파악해야 한다고 볼 따름이다.

부족한 사료를 가지고서도 우리 자신의 정체성을 회복하기 위해 애를 쓰던 시기가 있었다. 아마 지금 우리가 한국의 역사를 논할 수 있는 것도, 그러한 시절의 노력이 있었기 때문일 것이다. 그러나 이는 또한 그로부터 1세기가 지난 시점의 우리가 극복해야 하는 지점이기도 하다. 존립 기반을 지키기 위해 역사의 틀을 넘어서까지 정체성의 근원을 찾으려 했던 시대가 20세기였다면, 21세기는 그렇게 지켜 낸 기반 위에서 정밀한 탐구와 가혹한 자기반성을 통해서 우리 정체성의 '실질'에 접근해야 하는 시기가 아닐까. 아마도 그것이 우리가 전 세기로부터 물려받은 유산을 더욱 견고하게 지켜 나가는 길일 것이다.

나는 유사 제국주의자로소이다
문명국에 대한 집착

●

아메리카 원주민들의 생활을 보면, 이리저리 떠돌아다니면서 나무 그늘 아래에서 잠을 자다가 과일이나 따 먹고, 남이 버린 음식을 주워 먹으며, 사는 곳 역시 땅굴이나 천막 따위에 의지한다. 이처럼 일생을 들짐승처럼 보내니 한편으로는 딱하면서도 다른 한편으로는 가증스럽기도 하다. [……] 모두 똑같이 하느님이 내리신 인생으로 이목구비나 사지가 남과 다를 게 없는데 무엇이 모자라서 남에게 땅을 빼앗기고 이처럼 방황하면서 산단 말인가?

『황성신문』 1905년 10월 28일자와 30일자

아메리카 인디언을 향한 날 선 비판이다. 길게 늘어놓았지만, 한 문장으로 정리해 보면 이렇다. "너희는 무엇이 그리 못나서 그 모양으로 살아가느냐?" 대단한 일갈이다. 아메리카 인디언이 지금처럼 누추한 형편에 떨어지게 된 것은 그들이 못났기 때문이라는 것이다.

남들과 동등한 신체와 동등한 정신을 가지고서도 이를 갈고닦지 못하여 자신의 고유한 땅마저 빼앗겼으니 누구를 원망하고 누구를 탓하겠느냐, 이것이 위 글의 기본적인 태도다.

이런 글을 누가 썼을까. 아메리카 대륙을 차지한 백인들이 썼을까? 적어도 논리 자체는 그렇다. 19세기 말에서 20세기 초 유럽과 미국을 지배했던 사고방식이 이랬다. 강한 자가 약한 자를 억누르고 모든 이익을 차지한다. 한마디로 약육강식, 생태계에서 육식동물이 초식동물을 잡아먹듯이, 세계 질서에서 약한 국가나 민족은 강자에게 점령당하고 착취당하는 게 당연하다는 논리다. 지금의 관점에서 바라보면 대단히 폭력적으로 들리는 말이지만, 적어도 1890~1900년대 무렵에는 이게 안 통하는 곳이 없었다. 이런 사고방식에 대한 반성이 제기되는 건 빨라도 제1차 세계대전이 참혹한 폐허만 남긴 채 종결된 1910년대 말에나 가서의 일이었으니 말이다.

다시 앞의 질문으로 돌아와서, 굳이 대답하자면 미국에 있던 사람이 쓴 건 맞다. 하지만 미국에 살던 '백인'이 쓴 것은 아니다. 이 글은 당시 미국 샌프란시스코의 한인공립협회(韓人共立協會)에 몸담고 있던 이정래(李鼎來)라는 사람이 1905년 10월 28일부터 31일까지 『황성신문』에 기고했던 글의 일부분이다.

기고자는 자신에 대해 단지 '몇 해 전 미국으로 건너와 머무르고 있는 사람' 정도로만 소개하고 있어서 그 정체를 확신하기는 어렵다. 하지만 추측건대 아마도 1903년 샌프란시스코로 건너가서 안창호 등과 함께 공립협회를 창립하는 데 일조했던 이강(李剛)이 아닐까 한다. 그의 또 다른 이름이 이정래(李正來)였는데, 당시 신문에서 이름에 사용되는 한자가 뒤바뀌는 일은 흔히 있던 일인지라 이 사람을 곧 이강이라고 간주해도 큰 무리는 없을 듯하다. 참고로 이강은 같은 해 11월 공립협회의 기관지인 『공립신문』을 창간했고, 1907년에는 신민회 창설에 가담하기도 했다. 경술년(1910년) 이후에도 연해주나 중국 등지를 전전하면서 독립운동에 적극 참가했던 인물이다. 독립유공자로서 1962년에는 건국훈장 국민장을 수여받기도 했다.

이와 같은 사람들에게조차도 당연하게 받아들여질 정도로, 당시 인디언이나 흑인 등에 대한 차별의 시선은 너무나도 강고한 것이었다. 당장 신문만 봐도 이런 시선들은 넘쳐 났다. 때로는 흑인이, 때로는 인디언이, 때로는 한국과 국경을 접하고 있던 청나라 사람들이 그러한 차별과 멸시의 시선을 받곤 했다. 그중 몇몇을 옮겨 보자면 다음과 같다.

> 아프리카는 자원이 풍부하기로 유명한 지역인데, 아프리카 토인들이 이런 보물을 쥐고 몇천 년을 살았으면서도 이를 쓸 줄 몰라서 굶어죽기 일쑤였다. [······] 마침내 하늘이 그 토인들의 완악(頑惡)함을 미워하여 유럽 각국 사람들이 아프리카를 나눠 갖게 하고, 자원들을 파내어 세계에 유용한 물건을 만들 수 있게 하였다.
>
> 『독립신문』 1898년 8월 31일자

태평양 남부에 아름다운 섬이 많아서 사시사철 봄이요 푸르름이

삼백육십 일 내내 지속되는 천국인데, 정작 그 섬의 원주민들은 옷입을 줄도 모르고 예절도 모르며 법률이나 문자도 없다. 이웃 사람들과 싸워서 사로잡은 이들은 구워서 먹고, 간혹 백인의 배가 난파하여 표류해 온 사람이 있으면 백인의 살은 더 맛있다 하며 뜯어 먹는다 한다. 믿을 수 없는 말이지만, 신문에 증거가 많이 있다. 과연 야만족들이다.

『독립신문』 1899년 1월 16일자

이게 끝이 아니다. 이런 시각이 갈 데까지 가면, 우리도 다른 열강처럼 틈 봐서 치고 들어가 한자리 해먹을 수 있었다며 아쉬워하는 수준으로까지 넘어간다. 『독립신문』 1897년 12월 28일 4면에 실린 짤막한 기사 중 하나에서는, 조만간 영국 함대가 제물포에 정박할 예정이라면서 이렇게 각국 함대가 모여드는 건 아마도 청나라를 서로 나눠 먹으려는 의도 때문이 아닐까 하고 의심한다. 그런데 그 다음에 나오는 발언이 놀랍다. "이때를 타서 대한에서도 한 모퉁이를 차지하면 어떻겠소?"

한국 사람들이 이런 차별의 시선을 제 것으로 내면화할 수 있었던 것은, 자기 스스로를 '문명한 사람'이라고 여긴 자신감 탓이 컸다. 혹은 지금 현재는 문명국이 아니더라도, 일본이 그러했듯 조만간 자신들도 문명국 사람이 될 수 있을 거라고 생각했다. 고종이 대한제국을 선포하고 황제의 자리에 올랐을 때에는 "우리도 러시아나 영국처럼 황제를 두게 되었다"라며 이들과 '동등한' 국가가 되었다고 자평했다. 한국은 비록 완전한 문명국은 아닐지라도, 하기에 따라서는 언제든지 문명국이 될 수 있는 가능성을 지닌 것으로 인식되었다. 인디언이나 흑인, 청나라 사람 들에 대한 경멸의 시선은 '문명국이 되기 위해 힘쓰지 않으면 언제든 저렇게 될 수 있다'라는 우려와 경계에 그 근간을 둔 것이기도 했다.

심지어는 외려 서구의 문명국을 대상으로 우월감을 드러내는 일조차도 있었다. 『제국신문』 1901년 2월 14일자 논설에서 기자는 어떤 서양 사람과 문답을 주고받는데, 여기서 기자는 서양 사람들이 "임금이 조금만 잘못해도 폭약이나 권총으로 죽이려고 하는 야만의 풍습"을 가지고 있다면서 "동양에는 그런 풍습이 없다"라고 자찬한다. 이는 아마도 1900년 7월 29일에 이탈리아의 국왕 움베르토 1세가 무정부주의자에게 암살당했던 사건을 염두에 둔 발언일 것이다. 실제로 당시 한국에서는 이 사건에 관심을 둔 사람들이 꽤 많았다. 오죽하면 황현조차도 『매천야록』에 이 사건을 짧막하게나마 적어 두었을 정도였으니 말이다. 당시 한국인들의 관점에서 황제에게 총부리를 들이댄다는 것 자체가 곧 '야만'의 행위였으니, 움베르토 1세의 암살 사건은 한국인들에게 서구인을 야만이라 훈계할 만한 좋은 기제가 되었던 셈이다.

하지만 이런 차별의 시선은 아주 살짝만 뒤집어도 곧 한국인 자신을 향해 돌려질 수 있는 위태로운 것이기도 했다. 한국인이 흑인이나 인디언, 청나라 사람 등을 향해 던지던 '야만'이라는 규정은, 또한 서양인이나 일본인에 의해 한국인 자신에게 던져지게 마련이었다. 당시 한국인들은 백인들이 흑인이나 인디언을 멸시하는 것과 똑같은 시선으로 이들을 멸시했지만, 반대로 그와 똑같은 시선으로 백인이나 일본인에게 멸시당하고는 했다. 이러한 아이러니를 눈치챈 사람들도 적잖이 있었다.

▌움베르토 1세 초상화 [위키피디아]

처음에 언급한 이정래 자신도 여기에 해당했다. 기고문의 30일자 연재분에서 아메리카 인디언들의 상황을 두고 "어찌 이리도 어리석으며 어쩌면 이렇게 멸망해 버릴 수 있는가?"라며 탄식했던 그는, 어느 날 갑자기 이와 같은 시선이 비단 인디언을 향해서뿐만이 아니라 한국인, 즉 자기 자신을 향해서도 날아올 수 있다는 걸 깨닫고 만다. 지금 상황을 가만히 돌이켜 보니, 러일전쟁이 끝난 직후 한국을 일본의 속국으로 만든다느니 중립국으로 만든다느니 하며 국제사회에서 의견이 분분하지 않은가! 결국 이 어리석은 인디언들의 처지란 곧 우리 자신의 모습과도 하등 다를 바가 없다는 점을 깨닫고, 사람들에게 이와 같은 위기를 각성하라고 촉구한다. 요컨대 이정래는 지금 한국인들의 처지가 과거 인디언들이 겪었던 그것과 하등 다를 바가 없으니 정신 차려야 한다고 외쳤던 것이다.

이정래의 기고보다 한 달쯤 앞선 1905년 9월 5일에는 『대한매일신보』에 「꿈에서 폴란드인을 책망하다」(夢責波蘭人)라는 기사가 실렸다. 기자는 폴란드의 역사에 관한 책을 읽다가 폴란드가 망한 원인은 러시아의 침탈 때문이 아니라 폴란드인 자신들의 잘못 때문이라는 대목에서 슬픈 마음을 이기지 못하여 탄식하며 술을 마시다가 잠이 든다. 아마도 폴란드의 망국에 대한 내용을 다룬 『파란말년전사』였을 것으로 추정되는데, 당시 한국 내에서도 식자층들 사이에 꽤 널리 퍼졌던 책이기도 하다.

▌『파란말년전사』 [KRPIA]

나는 유사 제국주의자로소이다

이 기자는 꿈에서 자신들의 신세를 한탄하면서 통곡하는 폴란드인들을 만난다. 폴란드의 패망이 자신들 탓이라는 서술에 대해 원통하게 여기는 폴란드인들을 향하여, 기자는 그 서술이 왜 정당한지를 일일이 설명한 뒤에 사태를 이 지경까지 만든 폴란드인들을 책망한다. 어떤 나라 어떤 민족이든 위기에 처하는 것은 보통 스스로 자초한 바라는 인식은 이미 19세기 말부터 팽배했던 것이니 딱히 새로울 것도 없다.

하지만 꿈은 여기서 끝나지 않는다. 기자의 일장연설이 끝난 뒤, 폴란드인 무리 중 하나가 갑자기 박장대소를 하면서 이렇게 말하는 것이었다. "지금 보아하니 제 스스로 자기 나라를 망하게 만드는 이들은 비단 우리 폴란드인만은 아니로구나. [너희도] 곧 우리와 같은 신세가 될 것이다!" 이 일갈에 깜짝 놀란 기자는 비로소 꿈에서 깨어난다.

그간 한국인들이 망국의 민족 혹은 '야만인'들에 대해 던져왔던 멸시와 차별의 시선은, 격동의 역사 속에서 어느새 자기 자신을 향해 돌려지고 있었다. 그리고 여기에는, 나라가 실제로 망할 수 있다는 위기감이 막연한 예측이 아니라 구체적인 현실로 다가오고 있다는 자각이 동반되어 있었다.

이와 같은 우려가 실현되는 데에는 그리 오랜 시간이 걸리지 않았다. 미국에서 이정래가 투고한 글이 『황성신문』에 실린 지 보름여가 지난 1905년 11월 17일, 대한제국의 외부대신 박제순과 주한 일본공사 하야시 곤스케는 이른바 '한일협상조약'이라는 것을 체결한다. 대한제국의 외교를 일본에서 위임하여 관리하고, 한국

내에 통감부를 설치하여 대한제국의 내정을 개선한다는 등의 항목을 담은 이 조약은 그해를 따서 훗날 '을사보호조약'이라고도 불리게 된다. 그리고 『황성신문』은 이 조약 체결을 격렬하게 비판하면서 「시일야방성대곡」(是日也放聲大哭)을 게재했다가 무기한 정간당하는 신세가 되고 만다.

그리고 다시 4년이 지난 1909년 7월, 이제 한국은 빠져나올 수 없는 어둠 속으로 가라앉고 있었다. 12일에 체결된 기유각서는 대한제국의 경찰권마저 일본에 위임하게 했고, 이 시점에서 망국은 이미 실현된 것과 다름없었다. 이 조약에 대한 보도는 신문 지상에 잠시 등장했으나 언론 탄압으로 인해 이내 해당 신문 자체가 압수당했다.

그로부터 며칠 뒤 『대한매일신보』 지상에 등장한 것이 바로 「지구성미래몽」이었다. 작품 전반에 대해서는 이미 앞서 설명한 바 있으니 자세한 이야기는 생략하도록 하자. 다만 이 작품 속에서 원장법사가 남긴 다음의 대목은 눈여겨볼 필요가 있기에 옮겨 본다. 그는 망국민의 가련한 운명에 대해 다음과 같이 말했다.

지금은 망국 민족 중에 죄 없는 자를 환생케 하고자 하나 다른 좋은 나라에 보내려 하면 그곳 산천의 신령이 다들 싫어하고 원래 나라로 돌려보내려 하나 그곳은 이미 다른 나라의 사람들이 이미 구역마다 가득 차서 보낼 곳도 없고, 환생케 할 만한 곳도 얼마 되지 않으니 저승이 장차 터질 지경이라 [……] 이 일로 염라부에서 매일같이 회의를 하나 결론이 나지 않는데, 누구는 제 나라를 제가 망하게 하고 갈 곳이 없으니 여기에 두어야 무엇에 쓸고 지옥 몇만 간을 더 지어 그곳에 몰아넣고 봉하자 하고, 누구는 망국 인종이 해마다 늘고 달마다 더하니 지옥을 더 지어 봐야 한계가 있으니, 차라리 망국 인종을 소나 말이나 개로 환생케 하여 빈약한 나라에 보내자 하고, 누구는 몰아다가 불에 태우거나 방아에 부수거나 맷돌에 갈아 버리자 하여 의견이 다 제각각인지라.

「지구성미래몽」, 『대한매일신보』 1909년 7월 17일자와 18일자

일본군을 위해 의연금을 모금합니다

일본을 믿었던 러일전쟁의 결말

●

우리 대한제국의 독립은 갑오년[1894년]에 일본이 청나라와 전쟁한 후에 독립이 반포되었으나 지금까지 그 기세를 온전히 펼치지 못하였다. 갑신년[1904년]에 이르매 일본이 또 러시아와 전쟁을 시작하여 한국과 청나라 양국의 독립을 존중할 목적으로 그 대의를 여러 나라에게 공표하였다. 그리하여 거액과 대규모 군대를 투입하여 재산과 생명을 아끼지 않고 힘을 다하여 격전을 치르며 승리를 거두고 있는데, 정작 우리 한국의 인민은 어찌하여 물러나 침묵을 지키며 남의 일 보듯이 할 수 있겠는가. 이에 권고문을 널리 발표하여 일반 국민의 성의를 모아 일본에 대하여 감사의 뜻을 표하고자 하노라.

『황성신문』 1904년 3월 23일자

『황성신문』에 게재된 동지의연소(同志義捐所)의 개설 취지문이다. 상당히 장중한 어투로 작성되어 있으나, 간단하게 정리하자면 '한국과 청나라의 독립을 위해 싸우는 일본군을 돕기 위해 의연금을 모금함'이라는 뜻이다. 1904년 2월 일본이 제물포에 정박 중이던 러시아 해군 함선을 기습함으로써 러일전쟁이 터졌고, 그 후로 약 2년에 걸쳐서 두 나라는 혈전을 벌였다. 개전 당시만 해도 세계 열강은 러시아의 우세를 확신했지만, 정작 시작하고 보니 승리를 거둔 것은 일본이었다.

위 취지문을 보고 너도나도 '친일'이라는 단어를 떠올릴지도 모르겠다. 확실히 그렇게 읽힐 법도 하다. 누가 봐도 일본의 편을 드는 건 명백하니 말이다. 갑오년 청일전쟁의 결과로 한국이 독립했다는 건 그렇다 치더라도, 러일전쟁 역시 한국과 청나라의 자주독립을 위해 일본이 싸우는 것이라니. 러일전쟁 이후의 역사를 알고 있는 우리네의 관점에서는 의심할 여지도 없는 친일 행위로 보인다.

그런데 이 동지의연소에 참여했던 인물들의 면면을 보자면 다소 놀랍다. 대략 네 명 가량이 이를 주도한 것으로 기사화되었는데, 그중 가장 먼저 거론된 것이 정순만이다. 일반인들에게는 그다지 널리 알려지지 않은 인물인데, 충북 청원군 출신으로 독립협회에서 간부를 역임했고, 이후 1906년에는 해외로 건너가 이상설, 이동녕 등과 함께 북간도와 연해주 지방의 민족운동을 주도하게 된다. 1909년에는 안중근의 이토 히로부미 저격에도 계획 단계에서부터 참가하여 일본 측으로부터 배후 인물로 지목되기도 했다(「독립운동계의 '3만' 정순만 출간」, 『세종데일리』 2013년 4월 10일자 참고).

3부 | 조선의 정치와 역사

© 이창현

| 정순만

나머지 인물들도 마찬가지다. 그중 역사에 관심이 없는 사람조차 대번에 알 법한 사람도 있다. 이들 모두 훗날 어떤 형태로든 일본의 침탈에 항거하는 운동에 가담하게 되는 사람들이다. 이렇게 놓고 보니 간단한 의문이 하나 생긴다. 이 사람들은 왜 '친일'을 했나? 혹은 친일을 했다가 갑자기 민족운동으로 돌아선 것일까? 충분히 나올 법한 질문일 것 같지만, 사실 이것은 잘못된 질문이다. 질문 자체를 바꿔야 한다. 당시 사람들에게 이것은 과연 '친일'이었을 까? 이 상황을 이해하기 위해서는 먼저 당시의 국제 정세와 한국인 들의 전반적인 사고를 파악해야 한다.

1899년 중국에서는 북청사변이 터진다. 우리가 교과서에서 '의화단 사태'라고 배우는 그 사건 말이다. 우리는 그저 '사태'라는 용어를 쓰고 있지만 사실 이 사건은 청나라는 물론이려니와 동북 아시아 전체를 뒤흔들 정도의 커다란 사건이었다. 사안의 심각성

으로 따지자면 청나라 전체는 물론 수도 북경까지 전화에 휩싸이게 만든 내전임과 동시에, 이를 해결하기 위해 열강의 연합군이 개입하게 만든 국제전이기도 했다. 무엇보다도 열강 연합군이 천진에 상륙하여 북경에 진주하며, 심지어 자금성까지 점령했을 정도로 커다란 규모의 사건이었으며, 한국에 미친 영향 역시 결코 작지 않았다.

❙ 북청사변에 개입하기 위해 집결한 8개국 연합군 [위키피디아]

전쟁이 벌어지던 당시에 한국 내에서는 고종황제에서부터 지식인들에 이르기까지 이 사태에 촉각을 곤두세우고 있었다. 이 사태의 여파가 언제든 한국으로 밀어닥칠 수 있다는 위기의식이 팽배했기 때문이다. 『조선왕조실록』 광무 4년(1900) 8월 1일자 기사에서도 고종이 관찰사들을 소집하여 의화단 세력이 압록강을 넘어오는 것을 막기 위해 군대를 파견해야 함을 역설한 바 있다.

당시 한국의 신문들은 대체로 의화단에 대해서 부정적인 시선을 보냈다. 예컨대 『제국신문』 1900년 9월 11일자 논설에서는 이들을 갑오년의 동학농민군에 빗대면서 이처럼 민란을 일으켜서 나라를 어지럽히는 것은 부당하다고 논평했다. 동학농민운동에 대해 그 의의를 높게 평가하고 있는 오늘날의 관점에서는 꽤나 낯선 접근법이지만, 어떤 형태로든 민간에서 중앙정부에 대항하는 무력항쟁을 벌이는 것 자체를 경계했던 것이 당시의 전반적인 인식이었던지라 이런 식의 평가는 피할 수 없었던 듯하다. 그래서인지 초창기에는 의화단을 진압하기 위해 열강의 군대가 출동한 것을 지지하는 여론이 전반적이었다.

그러나 문제는 여기서 그치지 않았다. 의화단을 진압하겠다고 나선 열강의 군대들이 보여 준 행보가 영 심상치 않았던 탓이다. 이런 조짐은 이미 군대를 파견하던 시점부터 있었는데, 당시 독일의 황제였던 빌헬름 2세는 파견군에게 칙어(勅語)를 내리기를 "청나라 사람들로 하여금 앞으로 독일인의 얼굴을 감히 쳐다볼 수조차 없도록 제재를 가하라"라고 하였다. 이 소식은 1900년 7월 30일자 동경발 전보를 통해 이틀 뒤인 8월 1일자 『황성신문』 외보(外報)에 게재되었다. 독일 입장에서는 자국의 총영사가 의화단에 의해 피살된 상황이었으므로 격앙된 반응을 보이는 게 당연했지만, 이런 상황을 지켜보는 입장에서는 불안감을 갖기에 충분했다.

말하자면 당시 지식인들에게 한-청-일은 일종의 공동 운명체와도 같았다. 사자성어로 표현하자면 순망치한(脣亡齒寒), 즉 '입

술이 없으면 이가 시린' 관계로, 만일 청나라가 서구 열강의 침탈을 받고 나면 그다음 차례는 한국이나 일본이 될 수 있다는 위기의식도 제기되곤 했다. 북청사변이 터지기 전인 1899년 4월 12일자 『황성신문』 논설에서도 동북아 3국의 관계를 순망치한의 고사로 설명하면서, 청나라나 한국이 서세동점(西勢東占)의 위기에 처하면 가장 먼저 개화한 일본이 이를 좌시해서는 안 된다고 주장한다. 당시까지만 해도 이는 막연한 위기의식이었지만, 북청사변 발발과 더불어 열강의 연합군이 자국의 외교관과 민간인 들을 보호한다는 명분으로 북경에 진주하자 그 위기감은 순식간에 구체적인 감촉을 지닌 게 되어 버렸다.

사태는 갈수록 심각해졌다. 북청사변이 서구 열강으로 하여금 동북아에 본격적으로 군사력을 주둔시킬 빌미를 제공했다는 점 때문이었다. 실제로 러시아는 의화단 세력을 진압한다는 명분을 앞세워서 극동파견군을 만주 지방에 주둔시켰고, 북청사변이 일단락된 뒤에도 군대를 철수시키지 않은 채 그대로 만주 지방을 점령코자 했다. 당연히 청나라와 일본은 이런 러시아의 행동을 걸고넘어졌다. 특히 만주를 예전부터 대륙 진출의 중요한 교두보로 여겼던 일본은 줄기차게 러시아의 만주 철병을 요구했고, 이를 둘러싼 러일 양국의 신경전은 동북아의 군사적 긴장마저 고조시켰다. 그 연장선상에 놓인 것이 1904년의 러일전쟁임은 굳이 말할 필요도 없다.

당시 일본은 러시아에 대한 철병 요구를 정당화하기 위해 자신들을 '아시아의 맹주'로 자리매김했다. 러시아가 만주에 군대를 주둔시킨 것은 단지 국가 대 국가의 문제가 아니라, 백인종 대 황인종의 패권 대결이라고 선전했던 것이다. 그리고 한국은 이런 일본 측의 선전을 반신반의하면서도 믿을 수밖에 없었다. 물론 일본의 의도를 경계하기는 했다. 북청사변 당시 일본은 열강 연합군의 일원으로 가장 먼저 군대를 파견했지만, 사변이 정리된 후에도 어떻게든 만주를 점령하려고 했던 러시아와는 달리 별다른 이권이나 영토 할양을 요구하지 않았다. 『황성신문』 1900년 8월 8일자 논설에서는 이것이 "중국보다는 한반도에 더 많은 관심을 가지고 있기 때문"이라고 분석해 낸다. 러시아가 한반도로 남하하려는 시도를 막고, 늘어나는 자국의 인구를 해결하기 위해서 북청사변의 공로를 이용, 한반도에서의 종주권을 확보하려는 의도가 아니겠느냐는 것이다. 당시 분석치고는 의외라고 할 정도로 본질을 꿰뚫어 본 것이지만, 이런 경계심을 품더라도 당장 눈앞에 있는 러시아에 대한 두려움이 더 컸다.

한국 사람들의 입장에서는 아무래도 러시아보다는 일본 쪽에 마음이 기울어질 수밖에 없었다. 어차피 열강으로 따진다면 러시아든 일본이든 마찬가지다. 그렇다면 그나마 피부 색깔도 같고 문자도 비슷하며 문화적으로도 큰 차이가 없는 일본 쪽이 차라리 낫지 않겠는가?

하필이면 북청사변 당시 서구인들이 '문명'의 얼굴을 벗어던지고 그야말로 야만이라고 해도 좋을 법한 민낯을 그대로 드러낸 것도 이런 인식에 불을 지피는 데 한몫했다. 북청사변 이전까지만 해도, 한국의 지식인들은 서구 열강이 대단히 신사적이라고 믿었던 듯하다. 아니, 좀 더 정확하게 말하자면 열강이 어디까지나 국제

일본을 명분으로 얻은 어부지리

공법을 준수하여 행동하리라고 믿었다고 해야 할까. 한국은 이미 국제법상으로 독립국으로 인정이 된 상태이므로, 제 스스로 다른 나라에게 지배해 달라고 청원하지 않는 한 침범당할 우려는 없으니 군대는 국내 경비 및 내란 단속에 필요한 정도로만 보유하면 된다는 주장이 있을 정도였다(『독립신문』 1897년 5월 25일자).

그런데 정작 북청사변이 터지고 보니 서구 열강의 민낯이란 문명이라기보다는 차라리 야만에 가까운 게 아니던가. 『제국신문』 1900년 10월 26일자 외보에는 당시 중국에 있던 어느 미국인 선교사의 부인이 『향항신문』(香港新聞)에 보낸 편지를 번역한 것이라면서, 연합군이 북경에 진공하면서 벌어진 참상을 거론한다. 일본군은 관청을 점령하여 200만 냥을 갈취했고, 러시아군은 민가를 털다가 재물이 없으면 그 집의 거주민을 학살했다. 영국군, 미국군, 프랑스군 역시 러시아군이 오기 전까지는 재산을 약탈하고 부녀자를 겁탈하는 행위를 빈번하게 했으나, 8월 14일 이후 이를 엄금했노라고 위 기사는 전했다.

『황성신문』 1901년 1월 30일자 외보도 비슷한 소식을 전했다. 어느 중국 신문의 보도를 빌려서 서씨 성을 가진 관헌이 재산과 가옥을 약탈당했음은 물론 그 노모까지 외국군에 의해 살해당했다는 내용을 전했다. 이에 대해 논평하기를 "그 행위가 마치 사람을 잡아먹는 야만인과 다를 바가 없으니 [⋯⋯] 이른바 서구 문명이라 하는 것의 실체를 이를 통해 볼 수 있으니, 지난 3개월간 북경의 정황을 관찰컨대 기독교의 가르침이라는 게 동아시아인들을 가히 경악하게 할 만하다"라고 하였다. 이듬해 1월 27일자 외보에는 프랑스 북

3부 | 조선의 정치와 역사

경파견군 총사령관의 비밀 보고서가 신문에 유출되어 프랑스군은 물론 선교사나 외교관 부인 들까지 황족의 저택이나 상가 등에 난입하여 귀중품을 탈취했다는 사실이 뒤늦게 알려지기도 했다.

이 모든 과정을 지켜본 '이웃 나라' 한국이 서구 열강에 대해 경계심을 품게 되었음은 굳이 설명할 필요도 없다. 게다가 러시아군은 러일전쟁 발발 시점까지도 청나라의 영토인 만주 지방을 강제로 점령하고 있는 상태였으므로, 이에 대한 철병을 요구하다가 전쟁까지 일으킨 일본이 동아시아, 나아가서는 황인종의 생존권을 대변하는 것처럼 인식되는 건 어찌 보면 당연한 수순이었다.

후대의 관점에서 당대의 인물과 사건을 판단하고 평가하기란 손쉬운 일이다. 우리에게는 러일전쟁의 참된 의도와 이후 벌어질 일련의 사태들, 그리고 그 과정에서 오고 간 각종 비밀문서에 대한 정보가 일목요연하게 확보되어 있기 때문이다. 그래서 러일전쟁이 한국과 청나라의 자주독립 수호를 위함이라는 대의명분을 납득하기 어렵고, 이에 동조하는 것을 '친일'이라고 말하게 된다. 맞다. 결과적으로 보면 친일인 건 분명하다. 그런데 이런 관점을 택해 버리면, 일단 러일전쟁 당시에 소위 그 '친일파'라는 것이 대다수를 차지했다는 점에 일단 당황하게 되고, 여기에 동조했던 인물들 중 다시 수많은 이들이 불과 몇 년 사이에 독립과 항일에 투신하게 되었다는 사실에 다시 당혹감을 느끼게 된다. 후대의 관점으로 당대의 역사를 평가하려는 시선의 부작용이라고 할 것이다.

"당시에는 어쩔 수 없었다"라는 식의 면죄부를 주자는 것이 아니다. 그와 같은 일들이 '왜' 벌어졌는지, 혹은 당시 사람들이

'왜' 그렇게 생각했는지를 이해하는 게 중요하다는 뜻이다. 어째서 사람들은 일본을 돕는 것이 한국의 자주성을 지켜 나가는 일이라고 믿었는가. 답은 간단하다. 당시에는 그게 가장 설득력이 있었기 때문이다. 러일전쟁을 둘러싼 일본의 배후 의도나 종전 이후의 행보를 점칠 수 있는 사람은 없었다. 아니, 1904년 시점에서는 당장 러시아를 상대로 일본이 이길 수나 있을지조차 불분명한 상태였다. 비단 열강뿐만이 아니라 일본 자신도 개전 시점에서는 상당한 각오를 하고 있었으니 말이다.

❚ 진군 중인 러시아군 [MIT open course ware]

그래도 감각이 탁월했던 지식인들은 일본의 승리가 가시화된 1905년 중반 무렵부터는 강화 회담의 방향이 어떻게 될지, 그 과정에서 한국의 자주성이 온존될 수 있는지를 점차 우려하기 시작한

▮ 노기 마레스케(乃木希典) 장군과 일본군 장교들 [MIT open course ware]

다. 일본이 러시아 못지않은 위험한 존재라는 걸 어렴풋하게나마 깨달은 게 이 무렵이었다. 그러나 이런 사람들조차도 종전 이후의 급박한 정세 변동은 예측하지 못했다. 미처 예측하지 못한 사태 앞에서, 지식인들은 비로소 '망국'이라는 단어의 질감을 확실하게 체감하게 된다. 바로 을사보호조약 체결 말이다.

다시 처음으로 돌아가 보자. 1904년 초에 동지의연소를 조직하고 일본군을 위한 의연금을 걷어야 한다고 주장했던 이들 중 한 명이 대단히 유명한 사람이라는 이야기를 했었다. 그는 과연 누구일까?

이 사람은 법관양성소를 졸업, 한성재판소 검사시보 등을 역임하다가 와세다대학 법과로 유학을 떠나기도 했다. 유학 후 독립협회에도 참가했고, 민영환이나 이상재, 윤효정 등 당대의 유명한 운동가들과 행보를 공유하기도 했다. 위의 의연금 모집 운동도 그

중 하나였다. 1906년에는 헌정연구회 회장을 맡기도 했다.

그로부터 1년 뒤인 1907년, 그는 고종의 밀명을 받고 열강으로부터 대한제국의 독립을 인정받기 위해 머나먼 길을 떠난다. 그가 도착한 곳은 네덜란드의 수도인 헤이그, 바로 제2차 국제평화회의를 앞두고 있던 도시였다. 그러니까 일본군을 위해 의연금을 걷어야 한다고 주장했던 그 사람은 바로 우리가 아는 그 이준 열사였던 것이다.

▎헤이그 특사로 파견됐던 이준, 이상설, 이위종(왼쪽부터) [국사편찬위원회, 우리 역사넷]

시일야방성대곡: 왔노라, 보았노라, 목을 놓아 울었노라

을사보호조약 그 후

●

천하의 일이란 참으로 예측하기 힘든 것이 많도다. 천만에 꿈에도 꾸지 않았던 다섯 조건을 어디서부터 제출한 것인가? 이 조건들은 비단 한국뿐만 아니라 동양 3국을 분열하게 만드는 것이 아닌가? 이토 후작이 원래 품었던 뜻은 이제 와서 어디로 갔는가? [······] 4000년 강토와 500년 종사를 외국인에게 봉헌하고 2000만의 목숨을 남의 노예가 되게 하니 이 개돼지와 같은 외부대신 박제순과 기타 각 대신들은 몹시 꾸짖을 가치도 없거니와, 명색이 참정대신이라는 자는 정부의 우두머리임에도 불구하고 다만 '거부한다'[否] 한 글자로 책임을 면하고 이름만 팔려고 하였도다!

『황성신문』 1905년 11월 20일자

"바로 이날 목을 놓아 울도다"(是日也放聲大哭). 정확한 의미나 내용은 모르더라도 누구나 한 번쯤은 들어 보았을 '시일야방성대곡'이 바로 위 글의 제목이다. 역사에 별 관심이 없는 사람이라도 을사조약 하면 대번에 민영환과 더불어 이 「시일야방성대곡」을 떠올릴 것이다. 이 논설로 인하여 『황성신문』은 무기한 정간 처분을 당했고, 작성자인 장지연 주필은 옥고를 치러야 했다.

| 장지연, 「시일야방성대곡」 『황성신문』 1905. 11 20

사실 대한제국의 짧은 역사에서 사람들이 목을 놓아 울어도 시원찮을 사건들은 적잖이 있었다. 명성황후가 일본인에게 시해당한 을미사변도 그러하거니와, 그 여파로 고종이 러시아공사관으로 몸을 피신하게 된 아관파천도 결코 가볍게 보아 넘길 사건은 아니었

다. 그 외에도 독립협회 간부 17인의 전격 구속, 고종에 의한 민간 정치활동 전면 금지와 뒤이은 「대한국 국제」 선포, 의화단 사태 발발과 러시아의 만주 철병 거부, 1902년에 한국을 들끓게 했던 러시아-일본의 한반도 분할 통치론 보도, 1904년의 황무지 개간권 문제나 러일전쟁 발발과 한일 신협약(정미조약) 체결 등 1897년부터 1905년에 이르기까지 8년여에 불과한 대한제국의 역사 속에서 위기의식을 느끼고 개탄할 만한 사건은 수없이 벌어졌다.

그럼에도 불구하고 모든 신문들이 너 나 할 것 없이 사태의 심각성을 대서특필하여 알리고, 조약에 날인한 정부 대신들을 향하여 "개돼지만도 못한 것들"이라며 분노에 찬 목소리로 일갈하고, 그도 모자라서 여러 관료나 군인 등이 사태를 비관하거나 혹은 사람들을 일깨우기 위하여 자결을 택했던 사건은 을사보호조약 체결이 최초였다. 도대체 무엇 때문에 사람들은 유독 이 을사보호조약 체결 앞에서 흥분하고, 좌절하며, 목을 놓아 울부짖었을까. 1900년대 무렵 대한제국의 상황을 일거에 뒤집어 버린 이 사건은 도대체 무엇이며, 그 여파란 어떠한 것이었는가.

불과 한 달 전인 1905년 10월 9일, 『황성신문』은 논설을 통해서 일본 신문 『만조보』(万朝報)에 실린 기사 하나를 인용했다. 이 기사에 따르면 현재 일본의 정략은 한국에 주재하고 있는 모든 공사관을 각국으로 철수시키고, 나아가서는 한국의 외교권을 일본이 장악하는 것을 목표로 삼고 있다는 것이었다. 이 내용은 그야말로 한 달 뒤에 벌어질 상황을 '스포일링'했다고 봐도 무방할 정도로 정확한 것이었다.

그러나 이에 대한『황성신문』논설 기자의 반응은 냉담했다. 한마디로 "이런 근거 없는 말에는 귀를 기울일 필요도 없다"라는 것이다. 각국 외교 공관은 각자 자기 나라 정부의 명령을 받고 파견·설치된 것인데 일본이 철퇴를 요구한다고 순순히 따를 리도 없고, 한국 정부 역시 제아무리 나약하고 비루하다고는 해도 일본에게 외교권까지 내줄 정도로 막장은 아니라는 게 이 논설 기자의 주장이었다. 오히려 이 기자는 이런 유의 기우가 호사가들 사이에서 퍼지면서 와전되어 이런 일이 실제로 머잖아 벌어지리라는 잘못된 (!) 믿음을 주게 되지 않을지를 걱정할 지경이었다. 해외의 신문이 이런 유언비어를 퍼뜨리도록 만든 것은 우리 정부의 안일한 태도 때문이라며 대한제국 정부를 비판하기까지 했다.

이튿날『대한매일신보』도 같은 기사를 인용하면서 이를 강경하게 부인했다. 당시 대한제국의 대표적인 두 신문이라고 할 수 있는『황성신문』과『대한매일신보』모두가 외교권 박탈의 가능성을 전면적으로 부인했던 것이다. 그러나 이들이 특별히 친일적이었던 것도, 혹은 정부의 입장에 서서 사람들을 속이려고 했던 것도 아니다. 정말로 저렇게 믿은 것이다. 일본에 대한 불안감이 없었던 것은 아니지만, 그럼에도 불구하고 "일본은 청나라와 시모노세키 조약을 맺을 때에도 한국의 독립을 언명했고, 러일전쟁 개전 시에도 한국 독립을 방해할 수 없도록 의로운 전쟁을 벌인다고 했으니 일본의 신의란 세계가 명백히 인지하는 것인데 조약과 황제의 칙령을 위반하고 한국의 독립을 깨트릴 리 없다"(『대한매일신보』1905년 9월 26일자)라는 것이 당시 사람들의 생각이었다.

그런데 그 일이 실제로 벌어지고 말았다. 1905년 11월 17일이었다.

을사보호조약 체결 소식이 알려졌을 때, 가장 큰 비난의 타깃이 되었던 건 누구일까. 조약 체결을 강제한 이토 히로부미? 혹은 황제의 책임을 방기하고 조약서에 서명해 버린 힘없는 군주 고종? 아니면 이 모든 상황을 불러온 군국주의 국가 일본? 모두 아니다. 누구보다도 가장 격렬한 욕설의 대상이 된 것은 이른바 '을사 5적'이라 불리는 당시의 5부 대신들이었다. 「시일야방성대곡」에서도 "개돼지와 같은 외부대신 박제순과 기타 각 대신"이라고 한 것은 물론이려니와, 조약 체결의 전말을 알린 11월 27일자 『대한매일신보』의 호외에서도 역시 같은 표현을 썼다. 심지어는 같은 신문의 영문판인 『코리아데일리뉴스』(*Korea Daily News*)에서도 "misinters of our Government, who are worse than pigs or dogs"라는 직설적인 표현을 사용했을 정도이니 그 분노가 어땠을는지는 가히 짐작이 간다.

┃ 당시 외부대신 박제순 [위키피디아]

정부 관료들은 언제나 조롱과 비판의 대상이었다. 이미 1898년 11월의 만민공동회 사태를 거치면서 사람들은 대한제국의 고위 관료들이 나라에 오히려 걸림돌이 되는 존재라는 생각을 품게 되었던 듯하다. 특히 『독립신문』이나 『매일신문』 등 당시 민간 정치 분야와 밀접하게 연결되어 있던 신문들이 이런 논조가 강했다.

정부 관료란 어디까지나 백성들이 낸 세금으로 녹을 받는 '심부름꾼'에 불과하며, 따라서 이들은 황제와 백성 사이를 긴밀하게 연결하는 데 보탬이 되어야 한다고 이들 신문은 주장했다. 하지만 관료들은 이런 역할을 하기는커녕 오히려 황제의 눈을 가로막아 성총(聖聰)을 흐리고 있으니, 이들을 하루빨리 내쫓아야 한다는 것이었다. 1898년 2월부터 독립협회는 본격적으로 대신 출척(黜陟, 못된 사람을 내쫓고 착한 사람을 데려다 씀) 운동을 벌였고, 관민공동회가 벌어진 9월 무렵에는 더욱 격화된다.

상황이 이렇고 보니 을사보호조약 체결을 두고서도 화살은 자연스럽게 대신들에게 쏠릴 수밖에 없었다. 황제를 목숨으로 보호하지는 못할망정 일본에게 부화뇌동하여 조약에 찬성하거나, 혹은 그저 "불가하다"라는 말 한마디로만 면피하려 한 이들은 사람 대접조차 받을 가치가 없다는 과격한 분노가 곳곳에서 터져 나왔다. 화려하게 꾸민 채 인력거를 타고 가던 대신이 길거리에서 조롱을 받기도 했고(『대한매일신보』 1905년 10월 22일자), 대신들을 가리켜 '식민귀'(植民鬼)라 하여 물리쳐야 할 잡귀 정도로 묘사한 기사도 있었다(『대한매일신보』 1905년 10월 29일자).

어느 시대든 추하게 살아남는 자가 있다면 그에 대비되어 아름답게 사라지는 이들이 있는 모양이다. 한국의 근현대사에서도 마찬가지였다. 오늘날까지도 떵떵거리며 사는 친일파 후손들에 비교하여 응당 받아야 할 대접조차 누리지 못하고 있는 독립운동가의 후손들을 보는 것도 낯선 일은 아니다.

이 시절도 그러했다. 믿고 존경할 만한 '윗분'을 참으로 찾기 어려웠던 시절인지라, 유독 을사보호조약의 부당함에 항거하여 사그라든 이들에 대한 사람들의 피끓는 애정은 어느 때보다도 넘실거렸다.

가장 대표적인 것은 역시 민영환일 것이다. 그는 을사조약 체결에 크게 분개하면서 조병세 등과 같이 반대 상소를 여러 차례 올렸지만 뜻을 이루지 못하였다. 결국 「우리 대한제국 이천만 동포에게 고함」(警告大韓二千萬同胞遺書)이라는 유서를 남기고서 자결을 택한다. 하나 흥미로운 점은 이 유서에서조차도 일본을 무찌르자는 식의 적개심보다는 동포들에게 "뜻과 기개를 굳건히 하여 학문에 힘쓰고 마음을 단결하여 힘을 합쳐서 자유와 독립을 회복"하라는 자강(自彊)에의 당부가 드러나고 있다는 점이다. 민영환조차도 을사조약이 우리 자신의 부족함에서 비롯된 바라는 생각을 공유하고 있었던 듯하다.

하지만 사람들의 반응은 사뭇 다른 방향으로 흘러갔다. 예전에 민영환가에서 종으로 있던 인력거꾼이 소식을 듣고 뒷산에서 목을 맸다고 했다(『대한매일신보』 1905년 12월 2일자). 표훈원(表勳院) 앞 약방에서 민영환 절명 기사를 읽던 한 선비는 오열하다가 그 이유를 묻는 대관에게 "당신은 왜 아직도 살아 있느냐?"라며 일갈했는데

(『대한매일신보』 1905년 12월 5일자), 훗날 정교는 이 대관을 일본으로부터 자작 작위를 받은 이근명이라고 밝히기도 했다(정교, 『대한계년사』 권 7, 211~212쪽). '추학산인'(秋鶴山人)이라는 사람은 『대한매일신보』에 「몽천록」이라는 글을 보내 순사(殉死)한 민영환이 조병세, 홍만식 등과 더불어 상제에게 찾아가 대한을 위기에서 구해 달라며 상소를 올렸다고 전했다.

┃ 민영환 [국사편찬위원회, 한국사데이터베이스]

"신은 하계의 대한국 시종무관장(侍從武官長) 민영환이온대, 통한이 하늘을 찌르기에 상소를 올리고자 하노이다." 옥황상제가 흔연히 상소를 친히 받으시어 낭독하시니 [……] 상제께서 읽기를 마치시고 옥수(玉手)를 들어 "저 뒤에 있는 자는 누구인고?" 하시니 한 백발 노인이 나아와 아뢰기를 "신은 대한국 전 의정대신(議政大臣) 조병세로소이다". 다시 홍포를 입은 한 사람이 아뢰기를 "신은 대한국 전 참판 홍만식이로소이다". 다시 두 사람이 아뢰기를 "신들은 대한국 평양 진위대(鎭衛隊) 상병 김봉학과 학부 주사 이상철이로소이다". 상제께서 이들의 얼굴에 서린 분노와 강개함을 읽으시고 이내 칙령을 내리사 이르기를 "불의한 자는 반드시 패할 것이며, 매국한 자들은 재앙을 받으리라"라 하였다.

『대한매일신보』 1905년 12월 8일자

이뿐만이 아니었다. 앞서 몇 번 이야기했지만, 민영환 사후 반년 후인 1906년 7월에는 그의 서재에서 대나무가 자라났다는 소식이 전파된다. 처음 기사가 나갈 때만 해도 신기한 일이려니 했지만, "공이 피를 토했던 자리에서 생장했다"라는 하인의 증언이 보도되고(『황성신문』 1906년 7월 6일자), 『만세보』나 『황성신문』 기자 등이 실제로 이 죽순을 확인하러 가서 그 실체를 인정할 수밖에 없음을 보도하자 이야기는 걷잡을 수 없이 퍼져 나간다. 심지어 7일자 『황성신문』 논설에서는 "공의 피가 남긴 정기를 받아 대나무의 형상을 하였으니 가히 혈죽이라 부를 만하다"라 하여 이 대나무에 '혈죽'이라는 이름까지 붙인다. 이렇게 하여 만들어진 혈죽은 그야말로 '대박'을 치게 된다.

사람들은 혈죽을 보기 위해 민영환의 생가로 몰려들었다. 이를 경계한 일본 경찰이 출입을 금하기도 했다. 연설회의 강단에서도 툭하면 민영환과 혈죽 이야기가 연사들의 입에 오르내렸다. 고종이 그 대나무의 잎을 따 오게 하여 이를 어루만지면서 민영환의 충절에 목이 메어 말을 잇지 못했다고도 했다. 그야말로 '혈죽 신드롬'이었다.

당시 각 신문에는 소위 사조(詞藻)라 하여 한시나 가사 따위를 투고받는 지면이 있었다. 1906년 7월 무렵부터 이 지면에는 '혈죽가'라는 제목의 각종 시가들이 넘쳐났다. 신문사에서 별도의 지정을 하지 않았음에도 투고자들이 이처럼 자발적으로 동일한 제재에 대해 시를 적어 보내는 일은 전무후무한 일이었다. 심지어 『대한매일신보』는 17일자 신문을 아예 혈죽 특집호로 편성하고, 화공인 양기훈에게 청탁하여 4면 전체에 혈죽 그림을 신기까지 했다. 당시 신문의 편집 관행을 고려했을 때 무척 파격적인 일이었다.

| 신문 한 면을 모두 차지한 혈죽 [『대한매일신보』, 1906년 7월 17일자]

을사보호조약이 남긴 여파는 컸다. 처음에는 예측하지 못한 상황에 대한 정신적인 충격, 혹은 일본에 대한 배신감, 혹은 일본의 의도를 저지하지 못한 관료들에 대한 분노가 넘실거렸다. 그러다가 이는 곧 나라가 망하게 되었다는 절망감과 비애, 나아가서는 우리 스스로가 이와 같은 지경을 자초했다는 자조와 비탄으로 점철되고 만다. 그 와중에 민영환이나 조병세 등의 자결 소식은 당시 사람들의 이런 감정에 크게 공명했고, '혈죽'과 같은 상징물까지 등장하니 들불 번지듯 세상에 번져 나갔다.

아이러니하게도 한국 사회가 앞으로 나아가야 할 방향이 어디인지를 진지하게 고민하기 시작한 것도, 혹은 한국의 정체성이란 과연 어떠한 것이어야 하는지를 본격적으로 모색하게 된 것도 이러한 절망과 비탄에서부터였다. 을사보호조약은 말 그대로 "목을 놓아 통곡해야 하는" 사건이었다. 다만 그 통곡 뒤에는 '무엇을 어떻게 해야 할 것인가?'라는 거대한 질문 앞에서 다시금 고민하게 되어야 했지만.

테디베어는 따뜻했다,
제국주의자에게는
루스벨트와 을사보호조약

●

아마도 테디베어(Teddy Bear)를 모르는 사람은 없을 것이다. 세계적
으로 유명한 곰 인형 브랜드이고, 단순히 상품을 넘어서 일종의 문
화로까지 뻗어 나간 물건이기 때문이다. 제주도에도 테디베어 박
물관이 건립되어 있을 정도이니, 이쯤 되면 테디베어는 특정한 회
사나 국가의 상품이라기보다는 인류 전체의 곰 인형이라고 봐도
손색이 없겠다.

　그만큼 역사가 긴 물건이기도 하다. 테디베어의 역사는 대략
110여 년 정도 되었다. 돌이켜 보면 테디베어가 탄생한 시기는 공
교롭게도 전 세계가 무한 경쟁의 소용돌이에서 미쳐 돌아가던 시
대였다. 따스함과 포근함의 상징과도 같은 곰 인형이 그런 시대에
탄생했다는 것 자체도 아이러니지만, 더 큰 아이러니는 테디베어
의 탄생 이면에 우리 근현대사의 어둠이 함께 묻어 있다는 점일 것
이다.

이제는 꽤 유명해진 에피소드이지만, 테디베어라는 이름은 당시 미국의 대통령이었던 시오도어 루스벨트(Theodore Roosevelt)의 애칭 '테디'(Teddy)에서 따온 것이다. 그는 미국의 26대 대통령으로 1901년부터 1909년까지 9년간 직무를 수행했다. 많은 사람들이 제2차 세계대전을 미국의 승리로 이끌었던 프랭클린 루스벨트(Franklin D. Roosevelt)와 혼동하곤 하는데, 서로 친척이기는 해도 별개의 사람이다. 누구인지 감이 잘 오지 않는다면, 영화 「박물관이 살아 있다」에서 로빈 윌리엄스가 배역을 맡았던 말 탄 군인 '테디'를 생각하면 된다. 그가 바로 시어도어 루스벨트 대통령이다.

루스벨트는 평소 사냥을 즐겨 했다. 오죽하면 퇴임 후에도 아프리카 등지를 돌아다니면서 사냥 여행에 열중할 정도였으니 말이다. 재직 당시라고 다르지 않았다. 1902년 11월, 그는 미시시피 주와 루이지애나 주의 경계선을 확정 짓는 문제 때문에 회의에 참석하러 갔다. 그 와중에 잠시 여유가 생겨서 여흥 삼아 미시시피 강 인근으로 사냥을 나갔다. 하지만 어쩐지 그날의 전적은 신통치 않았고, 수행원들은 그가 이로 인해 심기가 불편하지는 않을까 우려했다.

마침 수행원 중 하나가 작고 쇠약한 곰 한 마리를 발견하여 사로잡았다. 그는 이 곰을 줄에 묶어서 붙잡은 뒤에, 루스벨트에게 쏘라고 권했다. 사냥 성적이 신통찮았던 그에게 기분 전환을 하게끔 만들고 싶어서였다. 하지만 루스벨트는 이를 거절했다. "어차피 이미 약해질 대로 약해진 녀석인데, 이걸 쏴서 뭘 하겠나?"

백악관 측에서 의도적으로 퍼뜨린 것인지, 누군가의 입을 통

테디베어는 따뜻했다, 제국주의자에게는

해서 우연히 새어 나간 것인지는 몰라도 이 이야기는 곧 언론사에
퍼졌고, 11월 16일에는 『워싱턴포스트』(Washington Post)에 만평으로
실리게 되었다. 이때부터 루스벨트를 그린 만평에는 작은 곰 한 마
리가 함께 들어가는 게 유행처럼 되었다.

▌시어도어 루스벨트와 『워싱턴포스트』의 만평 [위키피디아]

이것을 본 뉴욕 브루클린의 장난감 가게 주인이었던 모리스 미첨
(Morris Michtom)은 가게에 전시한 곰 인형에게 루스벨트의 애칭인
'테디'라는 이름을 붙여 주었다. 『워싱턴포스트』의 만평과 루스벨
트에 대한 미국인들의 애정 등이 시너지를 일으켜서 이 곰 인형은
엄청난 인기를 누렸다. 덕분에 미첨은 가게 규모를 확장하여 아이
디얼사(Ideal Toy Company)를 설립하고 본격적으로 테디베어를 상품
화하게 되었다. 이것이 바로 테디베어의 역사다.
　　테디베어에 관한 일화가 주는 푸근함 때문일까, 혹은 루스벨

트 자신이 작고 쇠약한 곰을 그냥 놓아 줄 정도로 평화적이고 인도적인 사람이었던 탓일까, 루스벨트는 1906년 노벨 평화상을 수상한다. 여기까지만 보면 테디베어나 루스벨트를 우리 근현대사와 엮는 것이 이상하게 보일는지 모른다. 하지만 여기에는 당시 세계 질서의 무서운 이중성, 혹은 무한 경쟁과 약육강식의 논리가 강요하는 폭력성이 숨어 있다. 루스벨트가 노벨 평화상을 받게끔 만든 가장 결정적인 '공로'는 다름 아닌 포츠머스 조약, 즉 러일전쟁 종전 협상이었기 때문이다.

루스벨트는 결코 평화주의를 주창한 대통령이 아니었다. 오히려 그는 팽창 정책을 기반으로 하여 '강한 미국'을 꿈꾸는 정치가였다. 특히 그는 태평양 진출에 지대한 관심을 가지고 있었는데, 프랑스가 건설하려다가 실패했던 파나마 운하를 미국이 다시 인수하여 건설하기 시작한 것이 그의 재임 당시 일이었다. 대서양과 태평양 양안을 접하고 있는 미국으로서는 경제적인 이유는 물론이려니와 군사적인 이유 때문에라도 파나마 운하는 꼭 필요했고, 특히 태평양 진출에 깊은 관심을 보이고 있던 루스벨트에게 이 문제는 더할 나위 없이 중요한 것이었다.

군사적인 문제에 파나마 운하가 왜 중요할까? 20세기 초 특정 국가의 군사력을 상징하는 최고의 무기는 바로 '전함'이었다. 핵무기도 미사일도 당연히 없었고, 비행기조차도 이제 막 첫걸음을 떼기 시작한 당시로서는 먼 거리를 이동하여 많은 양의 화력을 쏟아부을 수 있는 무기 체계는 전함이 유일했다. 따라서 다른 나라보다 강력한 전함을 많이 보유하여 제해권을 확보하는 것이 부국강병의 중요한 요건이었다. 일본이 예산을 불법적으로 전용하면서까지 미카사함 건조를 강행했던 이유도 이런 것이었다. 이를 증명이라도 하듯 미카사는 일본 연합함대의 기함으로서 러일전쟁의 승부처였던 쓰시마 해전을 승리로 이끄는 데 큰 기여를 했고 말이다.

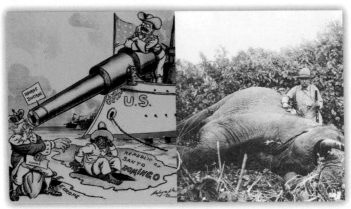

| 아메리카 대륙에 대한 유럽의 간섭을 최소화하려 했던 루스벨트 대통령에 대한 만평과 아프리카에서 사냥한 코끼리 옆에 서 있는 루스벨트 [위키피디아]

실제로 미국은 태평양에 전함 세력을 진출시키는 데 큰 관심을 두고 있었다. 1903년 7월에는 하와이의 호놀룰루와 그 인근 일대에 새로운 해군 근거지를 건설하겠다는 결정을 내렸다. 이 기지가 완성되면 샌프란시스코에 주둔 중인 태평양함대에게 작전상 대단한 이점을 제공할 것으로 예측되었다(『황성신문』 1903년 7월 25일자). 미국이 군이 태평양 한복판인 하와이에 대규모의 해군기지를 건설하려고 했던 이유는 명백하다. 미국과 마찬가지로 태평양 진출을 노리고 있던 일본이나 러시아를 견제해야 했기 때문이었다. 이 기지가 바

로 그 유명한 진주만이다. 이로부터 약 40년 뒤에 이와 똑같은 이유로 인하여 태평양전쟁이 발발하게 되리라고는 당시로서는 누구도 예상치 못했겠지만 말이다(심지어는 두 대통령 모두 '루스벨트'였으니 역사의 우연이랄지, 혹은 필연이랄지).

　　루스벨트가 러일전쟁의 종전 회담을 적극적으로 주선했던 이유도 마찬가지였다. 어떻게든 태평양에서의 영향력을 굳히고 싶었던 미국의 입장으로서는 러일전쟁의 종전 회담을 이끌어 냄으로써 일본에게 외교적인 빚을 지울 필요가 있었다. 이미 가쓰라-태프트 밀약을 통해 필리핀과 한국에 대한 미일 양측의 합의는 이루어진 상태였으므로 러일전쟁만 끝내면 미국의 태평양 진출은 더욱 탄력을 얻을 터였다. 일본은 비록 여순 전투와 쓰시마 해전에서 러시아를 상대로 커다란 군사적 승리를 거뒀지만, 러시아는 여전히 세계의 강대국 중 하나였으므로 전쟁이 장기화되어서는 여러모로 불리한 입장이었다. 물론 러시아로서도 재정 문제 때문에라도 일본을 상대로 전쟁을 지속할 수 없는 상황이기는 마찬가지였다.

　　이런 양측의 상황을 간파하고 있던 루스벨트는 적극적으로 종전 회담을 주선했고, 러일 양측 모두 이에 응했다. 이 회담이 이루어진 장소는 미국 뉴햄프셔 주에 있는 군항 도시 포츠머스로, 여기서 체결된 양국의 종전 협정은 곧 '포츠머스 조약'으로 불리게 되었다. 협정 체결 직후 일본 국내에서는 막대한 전비와 인명 희생을 통해 얻어 낸 것이 별 쓸모도 없는 땅 일부에 불과하다는 것, 전쟁배상금도 받아내지 못했다는 것 등에 대한 불만 여론이 높아졌고, 폭동까지 발생하여 정치적 혼란을 겪기도 했다. 러시아는 전비를 감당하지 못하고 지속적으로 재정 곤란을 겪다가 제1차 세계 대전 와중에 공산혁명으로 인해 황실이 무너지고 소비에트연방이 들어서게 된다. 장기적으로야 일본은 동아시아에서의 패권을 인정받음과 동시에 열강의 일원으로 올라서게 되긴 하지만, 적어도 1905~1906년 당시 상황으로 보자면 포츠머스 조약으로 가장 큰 이득을 본 것은 바로 루스벨트 자신이었다. 하물며 이 협정을 이끌어 낸 공로로 노벨 평화상까지 수상했으니, 그로서는 일석이조였던 셈이다.

▎포츠머스에서 회담 중인 러시아와 일본 대표 [위키피디아]

그렇다면 포츠머스 조약의 가장 큰 피해자는 누구일까. 당연히 미국도 아니고, 일본과 소련 또한 아니다. 약해진 곰 한 마리 쏘지 못했던 '테디'가 두 강대국의 평화를 위해 발 벗고 나선 포츠머스 조약의 결과로 멸망이 확정된 나라가 하나 있었으니, 바로 대한제국이다.

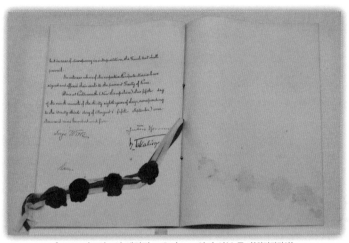

| 1905년 9월 5일 체결된 포츠머스 조약의 원본 문서[위키피디아]

이 조약에서 러시아는 일본이 조선에서 주도권을 행사하는 데 방해하지 않겠다고 합의했다. 1896년, 고종의 아관파천에서부터 시작된 일본과 러시아의 10년에 걸친 신경전이 끝나 버린 것이다. 이제 일본의 한반도 진출을 가로막을 장애물은 아무것도 없었다. 오직 하나, 태평양에 지대한 관심을 보이고 있던 루스벨트의 양해를 얻어 내는 것을 제외한다면 말이다.

일본에게는 다행스럽게도, 그리고 한국으로서는 불행하게도, 루스벨트의 관심은 한반도보다는 필리핀 쪽에 있었다. 마침 미국으로서도 포츠머스 조약을 이끌어 가기 위해 일본의 협조를 얻어

낼 만한 기제가 필요했다. 러시아는 이미 태평양 정세에 관여할 여력이 없는 상태였으므로, 일본의 방해만 없다면 미국이 하와이와 필리핀 두 곳에 안착하는 데에는 별문제가 없을 터였다

그리하여 일본의 총리대신인 가쓰라 타로(桂太郞)와 미국의 육군부 장관 윌리엄 하워드 태프트(William Howard Taft)를 대표로 한 밀약이 성사되었다. 아마도 누구나 한 번쯤은 교과서에서 접했을 법한 '가쓰라-태프트 밀약'이 그것이다. 이름은 그럴듯하지만 쉽게 말하면 아시아 '나눠 먹기', 즉 미국이 필리핀을 점령하고 일본이 한반도를 집어삼키는 데 대해 서로 간섭하지 않겠다는 협잡을 공식화한 것이다. 물론 밀약이었기에 양측의 서명이 들어간 조약문이나 협정서 따위는 없고, 단지 당시 미일이 주고받은 대화에 대한 각서만 남았다. 그나마도 1920년대 중반까지는 이런 밀약이 있었다는 사실조차 세간에 알려지지 않았다.

| 윌리엄 하워드 태프트와 가쓰라 타로

여기에 참가한 태프트는 누구인가. 육군부 장관이라는 직책은 한국에는 없으니 약간의 설명이 필요하겠다. 육군부 장관이란 말하자면 육군의 정책 전반을 총괄하는 사람을 말한다. 이 직책은 국방장관의 산하에 있으면서 동시에 육군에서 최고 계급에 해당하는 육군참모총장의 직속상관에 해당한다. 말하자면 미 육군의 최고 책임자라는 소리다. 태프트는 이 육군장관직을 수행하면서 파나마 운하 공사를 감독했고, 가쓰라-태프트 밀약을 성사시켜 루스벨트가 포츠머스 조약을 주도하게끔 만드는 데 큰 도움을 주었다.

쉽게 말해서 태프트는 루스벨트의 정치적 심복과도 같은 존재였다. 1909년 루스벨트의 뒤를 이어 그가 대통령에 취임하게 되는 데에도 루스벨트의 정치적 후원이 컸던 것을 생각하면 둘 사이의 관계를 짐작하기 어렵지 않다. 비록 1912년의 대선에서는 순식간에 정적 관계로 돌아서서 경쟁하다가 공화당 표를 양분시키고 민주당에게 정권을 넘겨 주는 최악의 사태를 맞이하게 되긴 하지만 말이다.

어찌 되었든 이 밀약이 루스벨트 자신의 뜻이었다고 봐도 큰 무리는 없을 것이다. 말하자면 루스벨트는 애초부터 태평양에서의 영향력 강화를 위해 일본에게 한반도 '하나쯤은' 언제든 줘도 괜찮다는 생각을 하고 있었고, 이를 자신의 오른팔인 태프트를 통해서 밀약의 형태로 실현시켜 버린 셈이다. 그리고 그 결과, 한국은 일본의 식민지가 되는 것으로 확정 선고를 받았다. 미국도 러시아도 손을 뗀 한반도에서 일본을 막을 수 있는 세력은 어디에도 존재하지 않았기 때문이다.

물론 한국 내에서도 이러한 위험을 전혀 예감하지 못했던 것은 아니다. 포츠머스에서 회담이 시작될 무렵부터, 여기에서 일본이 한국에 대한 주도권을 인정받게 되리라는 관측은 한국 내 언론 사이에서도 무성했다. 이런 위기를 직감하고 미국으로 대표를 파견하여 한국의 입장을 전달하자든가, 루스벨트를 직접 만나서 협정 과정에서 한국의 자주권을 인정하게끔 담판을 지어야 한다는 식의 보도가 종종 등장하곤 했던 것이다. 공교롭게도 『황성신문』에서 이 문제를 보도했던 날은 포츠머스 조약이 체결되던 9월 5일이었다.

당시 신문의 보도를 얼마나 신뢰할 수 있는지는 미지수이지만, 일단 한국인 대표단이 루스벨트와 접선했던 것만큼은 분명해 보인다. 그러나 여기서 루스벨트가 어떤 식의 행동을 보였든 간에, 이미 그의 입장은 확고히 정해진 상태였다. 이미 7월 29일에 가쓰라-태프트 밀약이 확정된 상황이었으므로 그로서는 한국인들의 탄원을 들어줄 이유가 없었다. 아니, 설령 한국인들의 요청을 적극 수락하여 회담장에 그들을 입장시키거나, 혹은 일본으로부터 한국의 자주권을 인정하게끔 하는 발언을 끌어내려 노력했다 할지라도 별다른 성과는 없었겠지만 말이다.

한 마리의 쇠약해진 곰을 향해서는 차마 방아쇠를 당기지 못하고 돌아섰던 것이 '테디'였지만, 극동의 어느 작고 연약한 나라를 향해서는 전혀 망설이지 않고 납으로 된 탄알을 이마에 꽂아 넣었던 셈이다. 한국인들은 마지막까지 '테디'를 기대했지만, 그는 처음부터 마지막까지 철저하게 루스벨트 대통령이었다. 그가 한국을 향해 쏜 마지막 탄환은 포츠머스 조약 성립으로부터 2주 뒤인 1905년 9월 19일, 한국 땅에 도착하게 된다.

> 미국 대통령의 영양(令孃)이 19일 경성에 도착한다기에, 내부(內部)에서는 영양이 통과할 도로 주변을 정비하고 영접을 위한 각종 의전을 준비하는데, 정부에서 각 관청에 전화하여 영양이 성내에 들어올 때에 태극기와 성조기를 각기 하나씩 각 관청 문 앞에 나란히 걸어서 경의를 표하도록 지시하였다.
>
> 『황성신문』 1905년 9월 18일자

그렇다. 루스벨트 대통령의 딸인 앨리스 루스벨트(Alice Roosevelt)가 한국 땅을 밟았던 것이다. 필리핀을 시찰할 겸 아시아 순방 길에 올랐던 앨리스는 일본과 중국 등지를 거쳐서 9월 중순에 한국에 도착했다. 당시 대한제국 황실에서는 앨리스 영양의 방문을 미국의 우호적인 제스처 정도로 생각했는지, 최대한의 예우를 갖춰서 일행을 영접했다. 이미 국내에서 포츠머스 회담을 둘러싸고 미 대통령 루스벨트가 한국 대표와 접견했다는 따위의 보도가 나갔던 터라 희망적인 관측을 더욱 부추겼던 것인지도 모르겠다.

적어도 앨리스 영양 일행을 영접하는 광경 자체는 화려하기 그지없었다. 각 관청에는 양국의 국기가 나란히 걸렸고, 대한제국 황실과 각급 관료들은 물론 학교의 학도들이나 일반 인민들까지 길거리에 나서서 앨리스 일행이 지나가는 장면을 지켜보며 환호성을 질렀다고 하니 말이다. 이 광경을 서술한 『황성신문』 20일자 보

테디베어는 따뜻했다, 제국주의자에게는

도는 "이는 공전절후의 미거(美擧)라고 할지니, 이로써 두 나라의 관계는 더욱 돈독해질 것"이라며 낙관적인 논평을 남겼다.

앨리스 일행은 열흘 정도 한국에 머물렀다가 경부선 기차를 타고 부산을 통해 다시 일본으로 돌아갔다. 『대한매일신보』 21일자 기사를 돌이켜 보면 경성에서 그녀가 택했던 행보는 견학과 소풍 외에는 별달리 눈에 띄는 바가 없다. 애초에 정치적인 목적의 방문이 아니었고, 앨리스 또한 전권대사의 위치가 아니었다. 비록 한국 측은 앨리스의 방문을 이용하여 외교적인 이익을 얻을 수 있지 않을까 기대하는 눈치였기는 했지만 말이다.

그러나 이 사절단의 실질적인 대표는 따로 있었다. 그리고 그 대표의 존재 때문에라도 한국 측은 앨리스의 방문에서 정치적·외교적 이익을 얻을 길이 없었다. 물론 황제에서부터 신문기자들에 이르기까지 그러한 사실을 눈치챈 사람은 아무도 없었다. 아니, 애초에 눈치를 챌 수가 없었다, 애초에 그가 아시아를 방문한 진정한 목적 따위는 아무도 알지 못했으니 말이다. 그의 이름은 바로, 윌리엄 하워드 태프트였다.

배반의 언어
진실을 호도했던 공식 언어의 역사

●

권위를 담은 언어란 그 자체로 더 정당하거나 혹은 정확한 것인가. 이를테면 사회 고위층 인사나 정부의 고급 관료, 혹은 해당 분야 전문가 들이 내놓는 언어는 항상 정당함이나 정확함을 보증할 수 있는가. 이렇게 묻는다면 대부분의 사람들은 부정적으로 반응할 것이다. 하지만 실생활에서의 반응은 사뭇 다르다. 모 고위급 관계자가 한 말이라는 이유만으로 응당 그리 되리라고 믿어 버리는 일이 다반사가 아니던가. 물론 이 모든 것이 "내가 듣고 싶은 말"이라는 전제하에서겠지만 말이다.

　지금으로부터 한 세기 전에는 어땠을까. 관(官)에서 나온 말이란 그 자체로 어마어마한 지위를 가지고 있었음이 틀림없다. 한번 생각해 보자. 텔레비전도 인터넷도 없던 시대다. 신문이 있기는 했지만 지금처럼 보급이 잘되었던 시대도 아니고, 사람들이 세상 돌아가는 일을 알 수 있는 경로는 각급 관청에서 내붙이는 고시(告示)

가 거의 유일했다. 지방일수록 특히 더욱 그러했다. 오늘날처럼 신문이 같은 날 같은 시간에 전국 각지에서 동시에 배포되던 시대가 아니었고, 지방에서는 관청 혹은 다소 큰 도회지에나 있는 종람소(縱覽所)를 찾아가지 않으면 신문 구경조차 하기 힘들었다. 길거리에서 마치 조선시대 때의 전기수(傳奇叟, 이야기책을 전문적으로 읽어 주던 사람)마냥 신문을 낭독하여 사람들에게 들려주는 경우도 있었다지만, 얼마나 활성화된 형태였는지는 알기 어렵다.

❙ 조선시대의 신문 낭독 장면을 그린 만화

[烏越靜岐 · 薄田斬雲, 『朝鮮漫畵』, 1909. 『조선일보』 2009년 12월 3일자에서 재수록]

하지만 이런 시대였음에도 불구하고, 아니 오히려 이런 시대였기에, 관청을 통해 흘러나오는 공식 언어는 더 많은 거짓을 담고 있었다. 일단은 공식 언어의 주체가 되는 대한제국 정부부터가 자신의 말을 지킬 정도로 견고하질 못했다. 외부 정보에 대한 파악도 부족했고, 따라서 정확한 판단을 내리지를 못했으며, 내부적으로도 그다지 건전하다고는 보기 힘든 상태였다. 상황이 이러니 어제의 말과 오늘의 말이 다른 일이 부지기수였고, 뭔가를 하나 시행하려고 해도 막상 현장에서는 뜻대로 이루어지지 않았다.

가장 대표적인 사건은 1898년 가을에 벌어진 일련의 사태들이었다. 앞서 상세하게 거론한 바이지만, 1898년 10월 당시 역대 최대 규모의 관민공동회에서 헌의 6조를 정하여 고종황제에게 바쳤을 때, 누구보다도 기뻐하면서 외려 여기에 5개 조항을 덧붙여 11개조를 정하고 이를 즉각 시행하도록 했던 것은 고종 자신이었다. 하지만 11월 초 익명서 사건이 터지고 독립협회 간부 17인을 구속하면서 이 11개 조항에 대한 실천은 흐지부지되고 만다.

당시 사람들이 정부에 대하여 항의 집회를 열면서 요구했던 바도 결국은 "약속을 지키라"라는 것이었다. 여기서 나온 요구 조건은 크게 독립협회 간부를 석방할 것과 11개조에 대한 실행 약속을 이행할 것, 그리고 무능한 고위 관료들을 파면시킬 것 등이었기 때문이다. 관민공동회에서 도출된 합의 사항을 황제가 받아들여 실행할 것을 약속한 대목은 당시 사람들로서는 가장 거대하고도 확실한 '공식 언어'였지만, 이 약속은 불과 한 달을 넘기지 못하고 구렁에 빠지고 말았다.

12월로 접어들면서 고종은 독립협회 간부들을 석방하고 화해의 제스처를 보내지만, 이 또한 한 달을 채 넘기지 못하고 다시금 뒤집어지고 만다. 게다가 고종은 12월 말에 모든 종류의 민간 정치 집회를 금지해 버림으로써 자신이 두 달 전에 했던 약속을 사실상

폐기해 버리고 말았다. 말하자면 가장 권위 있는 공식 언어를 발하던 주체가 자기 스스로 부도 처리를 해버린 셈이었다.

이는 비단 국내만의 문제는 아니었다. 외국과의 관계에서도 이런 일은 곧잘 벌어졌다. 1905년 11월 17일에 체결된 을사보호조약이 당시 사람들에게 큰 충격을 준 이유는 "일본이 약속을 지키지 않았다"라는 점이었다. 당시 대부분의 한국 사람들은 일본이 한국이나 청나라를 대표하여 러시아와 싸워 주는 것이라고 믿었고, 따라서 러일전쟁이 끝난 뒤에도 일본이 한국의 자주독립을 지키는 데 협력하리라고 기대했다.

1905년 11월에 이토 히로부미가 한국으로 건너왔을 때에조차도 그 목적이 한-청-일 사이의 평화 협력을 위한 제안 때문이라고 믿었을 정도였다. 장지연이 「시일야방성대곡」 첫머리에서 "지난번 이토 후작이 한국에 온다 하여 어리석은 사람들이 너도나도 말하기를 이는 후작이 […] 분명 우리나라의 독립을 굳건하게 할 방략을 권고하기 위함이라 생각하여 전국에서 모든 이들이 환영하였더니"라 하여 당시 사람들이 어떤 믿음과 기대를 품고 있었는지 여실히 보여 준 바 있다.

이런 믿음은 일본 자신의 발언으로부터 비롯된 것이었다. 러일전쟁 개전 당시의 선전조칙(宣戰紹勤)에서도 일본은 아시아의 평화를 지키기 위해 러시아와 싸운다는 점을 명확하게 밝혔다. 일본에서도 가장 권위 있는 발언에서 공언한 바이니, 당시의 풍토에서 사람들이 이를 철석같이 믿었던 것은 어찌 보면 자연스러운 일이었다. 하지만 이런 믿음에 대한 보답이 을사보호조약 체결이었으니, 이와 같은 '배신'을 마주한 당시 사람들의 황망함과 분노가 어떠했을지는 짐작하기 어렵지 않다.

당시 영국의 『데일리메일』 특파원이었던 매켄지가 송고한 기사에도 이런 정황은 뚜렷이 드러나 있다. 다음은 『대한매일신보』가 매켄지가 송고한 기사를 번역하여 '한국의 비참한 모양'(韓國慘形)이라는 제목의 기사로 게재한 부분 중 일부이다.

> 1904년에 일본인이 한국에 이르기 시작하니, 당시 한국인들은 대개 일본인을 친구로 여겼다. 그러나 지금에 이르러는 일본인을 극도로 혐오하니 그 이유는 무엇인가? 첫 번째 이유는 이러하다. 일본인들은 처음에는 친근한 태도로 접근하여 한국의 독립을 유지하기로 정중하게, 그리고 굳게 약속하였으나 그 이후에 군대를 사방에 주둔시켜 그들의 힘 아래에 한국을 두고서는 앞서 했던 약속을 파기하고 한국인들의 자유를 빼앗았다고들 말한다.
>
> 『대한매일신보』 1906년 10월 26일자

공식 언어가 지닌 권위가 무너지는 현상은 국가 정치 단위에서만 벌어지는 일은 아니었다. 이는 사회 전반에 걸쳐서 내려앉고 있었다. 원칙상으로는 당연히 보장되는 일이 현실에서는 전혀 정해진 대로 흘러가지 않는 일이 잦았다. 그리고 이는 때때로 당시 한국이 처했던 절망적인 상황과 맞물려서 그저 웃어넘길 수만은 없는 장면을 연출하기도 했다.

지난겨울 신조약[을사조약]이 체결된 이후 기차에 탑승하는 승객 중 한국인은 상등칸에 타지 못한다는 소문이 돌았으나, 이런 사실은 전혀 없다는 해명이 있었다. 그런데 상등칸에 타지 못하는 것은 고사하고, 엊그제 새문 밖 정거장에서 한 한국인이 친구를 전송하기 위해서 남대문정거장까지 동승하려고 3등칸 표를 사서 탑승했더니, 일본인 차장이 다른 칸으로 내쫓는 게 아닌가. 그들 중 한 사람이 이에 대해 항의하자 일본인 차장이 대답하기를, 일본인과 한국인 사이에는 승차에 차별이 있다 하였다. 이에 친구를 전송하려고 모였던 사람들은 모두 하차하여 허탈하게 귀가하였다고 한다.

『대한매일신보』 1906년 9월 8일자

푯값은 한국인이든 일본인이든 똑같이 받으므로 당연히 탑승할 권리도 똑같은 게 맞다. 하지만 당시 일상에서 벌어지던 차별은 비단 한국인을 1등칸에 타지 못하게 하는 정도가 아니라, 같은 3등칸에서조차도 일본인과 한국인 자리를 별도로 구분해서 차별할 정도였던 것으로 보인다.

같은 해 11월 2일자 신문에도 비슷한 이야기가 실렸다. 당일용 기차표를 끊고서 잠시 기차에서 내렸다가 다시 타려고 하니 일본인 차장이 표를 강제로 빼앗아 갔고, 어쩔 수 없이 표를 다시 사기 위해 3원을 냈더니 거스름돈 1원 25전조차 돌려주지 않더라는 것이었다. 을사보호조약 체결 이후의 급박한 흐름 속에서 이제 막 사람들 사이에 뿌리를 내리기 시작한 근대적 규칙들은 이처럼 덧없이 허물어져 갔고, 사람들은 점차 그 어떤 공식 언어도 믿을 수 없는 상황으로 내몰리고 있었다.

공식 언어에 대한 믿음이 사라지고 나면 무슨 일이 벌어질까. 우리는 이미 그 답을 경험으로 알고 있다. 2008년의 미국산 쇠고기 수입 파동 당시를 생각해보자. 광우병을 둘러싼 무수한 논란들이 진실과 루머 사이를 끊임없이 방황할 수밖에 없었던 것은, 미국산 쇠고기 수입에 관한 정보를 정부 측이 국민들에게 제대로 전달하지 않은 탓이 컸다. 쇠고기의 안전성이라든가 검역 절차 과정의 신뢰도 등에 대해 지속적으로 정보를 전달하고 설득을 시도했더라면 그와 같은 혼란은 미연에 방지할 수 있었을 것이다. 역시나, 시대가 다르다 하여 사람들의 반응이 크게 달라지는 것은 아니다. 100여 년 전에도 그러했다. 공식 언어에 대한 신뢰가 사라진 자리에는 자연스럽게 수많은 '유언비어'들이 들어앉을 수밖에 없다.

이런 상황이 낳았던 촌극 가운데 하나가 1910년대 초반에 벌어진 결혼 소동이다. 한일합방 직후인 1910년 9월, 한국인들 사이에는 기묘한 소문이 하나 돌기 시작한다. 통감부에서 한국인 자녀와 일본인 자녀를 강제로 결혼시키려고 한다는 유언비어였다. 여기에 화들짝 놀란 사람들은 서둘러서 자녀를 결혼시키려고 했고, 이 때문에 일시적으로 조혼이 성행했다. 통감부 기관지였던 『매일신보』 1910년 9월 18일자 1면 「소문이 사람들을 현혹하다」(風說誤人)라는 기사에서는 이런 세간의 상황을 지적하면서 허황된 소문에 사람들이 손쉽게 휩쓸리는 세태를 비판하기도 했다.

하지만 『매일신보』의 이런 지적에도 불구하고 사람들의 불안감은 쉽게 사그라들지 않았다. 10월 12일자 2면 「유언비어를 믿지 말라」(流言飛語勿信), 10월 16~19일자 1면 「소문과 조혼」(風說과 早婚)

등에서도 같은 이야기가 반복해서 등장하기 때문이다. 총독부(바로 이달에 통감부가 총독부로 개편되었다)에서 아무리 이런 내용들이 근거 없는 뜬소문이라고 해도 사람들은 쉬 믿어 주지를 않았다.

▌ 개화기 시대 젊은 부부 [국사편찬위원회 한국사데이터베이스]

공식 언어의 지위 보장은 신의성실을 전제로 한다. 어느 한쪽이 ── 보통은 공식 언어를 내놓는 쪽이겠지만 ── 이 신의성실의 규칙을 깨버리면 공식 언어의 지위란 한없이 우스꽝스러운 것이 되고 만다. 사람들은 더 이상 매체를 통해 전달되는 공식 언어를 믿지 않는다. 그보다는 자신들이 만들어 낸 수많은 소문들에 기대어 판단하고 행동하게 된다. 공식 언어의 권위가 사라지면 사회 구성원들은 각기 파편화된 판단 속에서 암중모색하면서 살아갈 수밖에 없게 된다는 이야기다.

유언비어를 경계하는 권력자의 목소리란 시대를 불문하고 나오는 모양이다. 1900년대의 대한제국 정부도, 1910년대의 조선총독부도, 혹은 지금 시대의 대한민국 정부도 "유언비어를 믿지 말고 우리의 말을 믿어라"라는 발언을 심심찮게 내놓는다. 때로는 "무지에 근거한 유언비어를 엄단한다"라면서 공식 언어의 권위를 부정하는 이들에게 엄포를 놓기도 한다.

그러나 따지고 보면, 시대를 막론하고 공식 언어의 권위가 상실되는 원인은 일반 시민들의 무지나 의식 부족 때문이 아니라 권력자 자신의 정보 은폐나 말 바꾸기 때문이다. 정확한 언어에 신의 성실을 담아서 발하지 않는 한, 평범한 개인의 말이든 권위 있는 집단의 말이든 다른 누군가에게 신뢰를 심어 주기 어려운 것은 당연한 이치다. 지금의 우리는 그 당연한 이치는 도외시한 채 유언비어가 나도는 현상 그 자체만 바라보고 있는 것은 아닌지 생각해 봐야 하지 않을까.

진실된 거짓말

진심을 전하기 위해 사실을 꾸며내다

●

"진상을 규명하라!" 최근 몇 년 사이에 한국 사회에서 많이 듣게 된 말 중 하나다. 2008년의 미국산 쇠고기 파동에서부터 시작하여 2014년의 세월호 참사에 이르기까지 한국 사회에서 '진상'이라는 말은 대단히 중요한 화두가 되었다. 혹은 일부 특정한 정치 성향을 가진 이들 사이에서는 '팩트'라는 말이 대두되기도 했는데, 이는 저간의 여론 주도자들이 사실 그 자체보다는 자신의 욕망과 주관에 의해 세상을 바라본다는 불만에서 비롯된 것이기도 했다. 물론 그 '팩트'라는 것이 정말 사실 그 자체와 직결된 것일는지는 별개의 문제겠지만 말이다.

어찌 보면 사실과 거짓 사이에서 길항하는 대중의 시선이란, 한국의 근현대사를 묵직하게 이끌어 온 동아줄 가운데 하나일는지도 모르겠다. "탁, 하고 치니 억, 하고 죽었다"라는 악명 높은 유행어(?)를 남긴 박종철 고문치사 사건도 그러하거니와, 광주 5·18이나 제주 4·3과 같은 한국 근현대사의 굵직한 사건들 틈바구니에는 항상 "진상은 무엇인가?"라는 질문이 꼬리표처럼 달려 있다. 그리고 그 진상에 대한 합의를 이루기는커녕, 오히려 정반대를 향해 한없이 달려 나가는 것이 저간의 사회상일 것이다.

예나 지금이나 사람들은 '소문'에 쉽게 휘둘린다. 자신이 듣고 있는 내용 그 자체보다는 그런 말을 하는 사람이 누구인가에 따라 신뢰 여부를 결정한다. 혹은 내가 듣고 싶어 하는 내용일수록 그것이 진실이라고 믿으려는 경향을 보인다. 확증 편향의 오류라고 하던가. 제아무리 진실에 가까운 이야기라 할지라도 '불편한' 것이라면 애써 거짓으로 치부하려는 태도와는 동전의 양면을 이루는 인식이다.

> 서울에 있는 한 고궁의 어느 곳을 가면 포(鮑)로 된 300명의 일본 처녀의 살가죽이 있다는 것을 한국인들은 굳게 믿고 있는데 이것은 1592년의 전쟁 말기에 보상금조로 일본으로부터 강제로 가져온 것이라고 한다. 들리는 말에 의하면 일본은 해마다 이와 같은 수의 살가죽을 보내도록 되어 있었지만 1년이 지나자 한국인들은 가엾은 생각이 들어서 이를 면제해 주었다고 한다. [……] 한국인들은 그와 같은 허구에 가득 찬 이야기를 믿고 있다.
>
> 헐버트, 『대한제국 멸망사』, 157쪽

감리교 선교사이자 육영공원(育英公院) 교사로 있던 호머 헐버트의 기록이다. 1901년부터 영문 월간지 『코리안리뷰』(Korean Review)를 발행한 경력도 있는지라 한국에 대한 그의 이해도는 상당히 높은 편이었다. 이 책『대한제국 멸망사』(The Passing of Korea)를 발간한 것은 1906년, 을사보호조약 직후 한국 사회가 한창 들썩이던 무렵이었다.

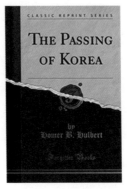

| 현재도 판매 중인 헐버트의 『대한제국 멸망사』 영어판

헐버트의 서술에 따르면 한국인들은 임진왜란 이후 일본이 조선에게 화해를 구걸하면서 그 대가로 일본인 처녀 300명분의 살가죽을 공물로 받아 보관하고 있다는 유의 뜬소문을 '철석같이' 믿는다. 아마도 이는 임란 당시 일본인들이 도요토미 히데요시에게 자신의 전공(戰功)을 증명하기 위해 조선인들의 귀나 코를 베어다가 바쳤다는 이야기에 대한 보상 심리에서 등장한 소문이 아니겠느냐는 분석 또한 덧붙이고 있다. 비록 현실과는 거리가 먼 이야기지만, 이런 유의 이야기는 사람들이 품고 있는 일본에 대한 울분을 삭히는 데 도움이 될 수 있었다. 더군다나 한창 일본에게 시달리던 1904년 이후의 한국 사회에서였다면 그러한 심리적 효과는 더욱 배가되었을

것이고, 따라서 이런 유의 소문은 일파만파 퍼지게 마련이었다. 비록 그것이 거짓된 '힐링'의 방식이라고 해도 말이다.

거짓은 진상에 도달하기 위한 중요한 루트였다. 진실이 있는 그대로 밝혀질 수 없는 시대, 혹은 힘의 논리에 의해 거짓이 진실로 포장되기 쉬운 시대에는 역설적이게도 진상에 도달하기 위해서는 거짓을 좇을 필요가 있었다. 민영환의 혈죽 이야기라든지 이준의 죽음에 대한 드라마틱한 각색 역시 이러한 맥락에서 볼 수 있다.

이런 것들은 사실이라고 보기에는 어딘가 미심쩍은 부분들을 지닌 이야기였지만, 사람들로 하여금 현실에 대한 울분과 그에 따른 열혈의 감정을 유도할 수 있다는 측면 때문에 오히려 확대재생산되곤 했다. 특정한 사실이 존재했느냐는 여부 그 자체보다는 어떤 사실이 있었다고 '간주'함으로써 얻을 수 있는 효과가 더 중요했다는 이야기다.

비록 거짓이라 할지라도 이런 이야기들은 사람들의 마음을 하나로 묶는 데 중요한 역할을 했다. 내부의 단결을 공고하게 만드는 데에는 외부의 적을 설정하는 것이 가장 효율적이라고 했던가. 거짓의 존재로 인해 당대의 사람들이 좇아야 할 '진실'은 더욱 또렷하게, 그리고 밝게 드러날 수 있었다.

내가 미국 지방을 두루 다니다가 한 여관에 들어가니, 높다란 건물이 구름까지 솟아났고 유리창과 진주로 된 발이 영롱하고 찬란하며, 각국에서 온 사람들이 많이 모여 있었다. [……] 마침 주인의 아들과 딸이 나이 아직 10세 이전이라, 조그만 강아지를 데리고 놀다

진실된 거짓말

가 한 아이가 말하기를 "이것이 매국노와 같다"라고 하니, 다른 아이가 크게 노하여 말하길 "개가 비록 짐승이라고는 하나 주인과 타인을 구분할 줄 아는데 어찌 매국노에 비하는가? 이 강아지는 오명을 얻었으니 내 집에 둘 수 없다" 하며 그 강아지를 3층에서 내던져서 죽게 하였다. 이를 본 한 아이가 불쌍하게 여겨 내려가 구조하려 하자, 다른 아이가 꾸짖기를 "네가 어리석은 것이 대한 백성과 같구나" 하였다.

『대한매일신보』, 1907년 9월 10일자

이는 '박봉래'라는 미국 유학생이 보낸 것으로 되어 있는 투고 기사다. 미국의 어느 여관(아마도 호텔일 듯하다)에서 주인과 이야기를 주고받으며 망국 직전에 처한 한국의 현실을 개탄하다가 자신이 직접 본 것이라면서 경험담 적듯이 쓴 글이다. 인용한 부분만 읽어 봐도 대충 짐작하겠지만, 당시의 한국 상황에 대한 경각심을 일깨우기 위해 지어내다시피 한 글임에는 거의 틀림이 없다. 아무리 봐도 작위적인 상황이 아닌가.

그런데 재미있는 점은 다음날 『대한매일신보』 국한문판에는 위 기사가 정말로 있었던 사건인 양 보도되었다는 것이다. 고정란인 「추사화심」(秋士話心)에 게재되었는데, 투고자의 이름이나 앞부분에서 거론한 주인과의 대화는 전부 삭제하고 위 인용 부분에 언급된 일화만 기사화하였다. 그러면서 "미국 뉴욕에서 실제로 벌어진 일"이라는 설명을 달고서, 마지막 부분에는 "세계 각국의 어린이들도 매국노라는 오명은 강아지[狗子, 원문의 뉘앙스로는 '개새끼'가 더 정

확한 번역이겠지만 말이다)조차 내버리게 만드는데, 하물며 사람이 되어
서야 매국노라는 말을 들어서는 개만도 못한 것이지"라는 논평까
지 달았다. 아무리 봐도 전날의 투고글을 가져다가 기사로 만든 것
이지만, 그런 설명은 일체 달지 않았다.

　이런 일을 한 이유는 명료했다. 매국노들을 비판하는 데에 이
만큼 확실하고 통쾌한 방법도 없었기 때문이다. 하고 싶은 말은 뚜
렷했다. "매국노들은 개만도 못한 존재들이다." 하지만 저 말을 그
냥 직설적으로 풀어내는 것보다는, 위에서처럼 이야기 속에 실어
서 전파하는 편이 더 효과적이었다. 하물며 이 '이야기'가 꾸며 낸
것이 아니라 실제 있었던 사건으로 이해된다면 그 효과는 배가될
터였다. 설령 그게 조작된 사실이라 할지라도 말이다.

　중요한 것은 거짓보다는 진실이었다. 아니, 오직 거짓을 통해
서만 명료해질 수 있는 진실이었다. 사실을 통해 진실을 밝힐 수 있
다면 그것이 가장 이상적이겠지만, 당시는 그럴 수 없는 시대였다.
1899년부터는 대한제국의 공권력 강화로 인해 신문에서 드러내 놓
고 정치 비평을 하는 것이 힘들었고, 1904년부터는 일본 헌병대가,
그리고 을사보호조약 체결 이후에는 통감부의 배후 조종에 의해
내부(內部)에서 신문 검열을 하였으므로 사실을 제 마음대로 보도할
수 없는 처지에 놓여 있었기 때문이다. 당시 신문들의 '거짓'이란
한편으로는 세계의 진상에 도달하고 이를 사람들에게 널리 퍼뜨리
기 위한 하나의 '창'이었던 것이다.

　하지만 시대는 이러한 '진실된 거짓'으로도 지탱할 수 없을
만큼 파국을 향해 빠르게 치닫고 있었다. 1909년 10월 26일, 하얼

빈 역에서 안중근이 이토 히로부미를 저격했다. 지금에야 우리는 그를 의사(義士)로 칭하고 있지만, 당시 한국 내의 반응은 싸늘했다. 『황성신문』은 이례적으로 이토 히로부미의 초상까지 게재하면서 그의 죽음을 추모했고, 반면 안중근에 대해서는 '행흉자'(行凶者)라 하여 역적과 가까운 인물로 취급했다. 순종황제가 이토에게 문충공(文忠公)이라는 시호까지 내리는 시대였으니 신문이라고 안중근을 상찬했을 리가 만무하다. 신문이나 서적에 대한 검열이 강화되었던 것도 이 무렵의 일이었다.

그런데 이 와중에 "우리는 자유를 얻었다"라고 선언한 신문이 하나 있었다. 이 책을 통해서도 자주 언급되었던 『대한매일신보』다. 한때 신채호가 주필로 활동하기도 했던 이 신문은 당시 대한제국 내에서는 가장 강경한 항일 논조를 띠고 있었다. 『황성신문』이 을사보호조약 체결을 비판하면서 「시일야방성대곡」을 냈다가 무기한 정간을 당했던 상황에서도 줄기차게 조약을 비판하는 논설을 냈던 것이 바로 『대한매일신보』다.

그런데 『황성신문』과는 달리 당시 『대한매일신보』는 정간 처분을 받지 않았다. 왜? 한국인이 발행하는 신문이 아니었기 때문이다. 『대한매일신보』의 창간 및 발행 주체는 영국인이었던 어니스트 베델(Ernest T. Bethel). 당시 한국에서는 배설(裵說)이라는 이름으로 알려지기도 했다. 사장이 영국인이었던 덕에 『대한매일신보』는 치외법권의 보호를 받을 수 있었다. 이 때문에 살벌했던 시대에도 논조를 유지하면서 지속적으로 신문을 발간할 수 있었고, 1907년 무렵에는 발행부수 1만 2000부에 달하는 한국 최대의 신문사로 발돋움하기까지 했다.

| 에른스트 베델 [국가 보훈처]

하지만 이런 『대한매일신보』를 눈엣가시로 여긴 일본은 지속적인
방해 공작을 폈고, 베델의 본국인 영국 측에 항의하는 등 베델을
『대한매일신보』로부터 떼어 내기 위해 애를 썼다. 결국 1908년 대
한매일신보사의 사장직은 베델의 비서였던 만함(Alfred W. Marnham, 萬
咸)에게로 넘어갔고, 베델 자신도 1909년 5월 1일 심장병으로 서거
하고 말았다.

　　1910년 6월, 만함은 신문사의 권리를 당시 직원이었던 이장훈
에게 넘겼다. 이 거래에 오간 금액은 4만 원. 당시 대한제국이 군함
한 척을 도입하기 위해 쓴 돈이 50만 원가량이었음을 생각하면, 이

전설된 거짓말

는 일개 직원이 혼자서 감당할 액수는 아니었다. 당연히 배후 세력이 있을 법한 일이었지만, 『대한매일신보』는 이에 대해서는 침묵했다. 다만 찬양했을 뿐이다. 드디어 『대한매일신보』가 '독립'을 했다고 말이다.

무엇으로부터 독립했는가? 외국인 사장으로부터 말이다. 영국인이 사장이라서 언론을 제 뜻대로 펼 수 있다는 생각이 허황된 것이라는 비판에서부터 시작하여(「『대한매일신보』의 독립을 축하함」, 1910년 7월 15일자) 경영자가 한국인으로 바뀐 것에 대해 "드디어 자유를 얻었다"(「자유의 『대한매일신보』를 축하하노라」, 8월 7일자)라는 글에 이르기까지 『대한매일신보』의 자화자찬은 꽤나 볼 만했다. 표면적으로는 투고의 형태를 취하기는 했지만, 당시 상황을 감안컨대 아마도 자작일 가능성이 높다.

그렇잖아도 이미 『대한민보』에서 대한매일신보사가 통감부에 매각되었다는 기사를 낸 적이 있었다. 현재 이 기사는 원문을 확인할 수 없는데, 『대한민보』 6월 9일자에 당시 신문이 검열의 대상이 되었음을 암시하는 내용이 있는 것을 봐서는 삭제된 기사 중 하나에 포함되어 있지 않았나 싶다.

애초에 통감부가 이를 삭제했다는 것도, 그리고 통감부가 삭제한 기사를 대한매일신보사 측에서 알고 있었다는 것도 '통감부 매각설'의 유력한 증거가 되고도 남았지만, 어찌 되었든 대한매일신보사 측은 이를 완강하게 부인했다. 오히려 자체 사설을 통해 경영자가 영국인에서 한국인으로 바뀜으로서 새로운 지평을 열었다고 높이 평가했을 따름이었다.

물론 진실은 『대한민보』 기사 쪽이었다. 하지만 『대한민보』의 기사는 거짓말 취급을 받았고, 『대한매일신보』의 우스꽝스러운 '자유와 독립' 운운이 진실로 둔갑했다. 매각이 이루어지기 두 달 전인 4월에는 신채호가 청도로 망명했고, 그가 연재하던 최영 장군의 전기 「동국거걸 최도통」 역시 5월 27일자로 갑작스럽게 연재가 중단되었다. 이것만 보더라도 『대한매일신보』의 사설에서 언급한 '자유와 독립'의 의미가 무엇인지는 불 보듯 뻔했다. 하지만 거짓된 진실과 진실된 거짓의 공정한 대결조차 불가능해진 시대에, 그 의미의 명약관화함이란 아무런 의미도 없었다.

그리고 1910년 8월 29일, 대한제국 순종황제와 일본의 메이지 덴노가 칙령을 발하여 일본이 한국을 합병하였음을 알리게 되었다. 이제 '대한'이라는 단어는 공식적으로 쓸 수 없게 되었다. 당연히 『대한매일신보』도 제호를 바꿔야 했다. 합병 이튿날인 8월 30일, 메이지 덴노의 칙령을 1면에 당당하게 게재한 이 신문은 어느새 '대한'이라는 두 글자를 떼놓고 있었다. 『매일신보』, 총독부의 기관지로서 36년간 발행된 신문이 처음 탄생하는 순간이었다.

물 밖으로 나온 한국

위기 앞에서야 드러나는 정체성

●

> 우리는 가장 어두운 시대에 내던져졌다. 하지만 하나 위안이 되는
> 것은, 만일 이런 시대가 아니었다면 우리가 진정으로 사랑하는 것
> 이 무엇인지를 깨달을 수 없었으리라는 사실이다. 나는 그렇게 생
> 각한다. 오직 물 바깥에 나온 고기만이 물의 존재를 깨달을 수 있노
> 라고.
>
> Carpenter ed., *The Letters of J. R. R. Tolkien*, p.74

이런 낭만적인 말을 읊조린 사람은 누구인가. 바로 『반지의 제왕』
의 원작자인 톨킨(J. R. R. Tolkien)이다. 이것은 그가 아들인 크리스토
퍼에게 보낸 편지의 마지막 구절이다. 이 편지가 쓰인 것은 제2차
세계대전이 한창이었던 1943년 11월 29일. 크리스토퍼는 당시 18
세였고, 영국 공군에 입대하여 막 훈련을 받던 중이었다. 전쟁이 한
창인 와중에, 그 전쟁에 참전하기 위해 입대한 아들에게, 아버지가

보낸 절절한 편지의 맨 마지막 구절이다.

　어쩌면 자기 자신의 진정성이란 가장 '어두운' 시대에 발견되는 것인지도 모르겠다. 톨킨이 말했던 것처럼, 물 밖에 나온 고기만이 물의 존재를 깨칠 수 있다. 물 밖으로 나간다는 것은 생명을 담보로 할 만큼 위험한 일이지만, 오히려 그러하기에 자신이 어떤 존재인지 그 정체성을 비로소 깨달을 수 있는 기회가 되기도 한다. 성격은 조금 다르지만 역시 '위기의 시대'라 할 법한 때를 살고 있는 우리에게도 이 말은 어쩐지 가벼이 들리지 않는다. 마찬가지로, 한 세기 전의 한국인들에게도 그러했다. 어찌 보면 그들이야말로, 물 밖에 내던져진 물고기와도 같은 존재였으니 말이다.

　문호 개방에 따른 근대 문명과의 전면적인 접촉이란 당시 사람들에게는 공포이자 당혹이요, 환희이자 경이였다. 당장 이들에게는 잡아먹힐지도 모른다는 두려움, 특히 약육강식의 시대에 자신들과 같은 약자는 얼마든지 열강의 먹잇감이 될 수 있다는 공포가 컸다. 하지만 1890년대 무렵 한국의 지식인들은 절망보다는 가능성을, 공포보다는 경이를 더 품고자 했다.

　이런 성향이 가장 강했던 것은 『독립신문』의 기자들이었는데, 이들은 서구 열강과 똑같은 상태가 되는 것을 문명화의 완성이라고 여겼다. 상투를 트는 대신 머리를 깎고, 밥과 김치 대신 '브래드'를 먹는 것에서부터 시작하여 국제사회의 일원으로서 공법을 준수하는 것이 문명개화의 실현이라고 주장할 정도였다(1896년 10월 10일자). 서구 열강이 청나라를 사분오열시킬 때 이를 비판하기보다는 오히려 이들과 마찬가지로 우리도 한자리 나눠 먹는 것이 어떻겠느냐는 주장을 꺼낼 정도로 『독립신문』이 보던 세계는 '균질적'이었다. 국가 사이의 차이란 동일한 기준 위에서 얼마나 더, 혹은 덜 발전했느냐의 차이 외에는 없었다.

하지만 의화단 사태가 터지고 연합군이 북경에 진주하는 과정에서 열강들의 맨얼굴이 드러나는 일들이 벌어지면서 저러한 열망은 조금씩 사그라들게 된다. 특히 사태가 진정된 이후에도 러시아가 만주에 주둔시킨 군대를 무르지 않고서 점령한 채로 머물렀던 일은 동아시아 3국을 크게 자극했다. 문명개화는 더 이상 절대선이 아니었다. 그저 앞서 달려 나가는 열강의 등 뒤를 쫓는 일보다는, 그보다 앞서 우리 자신이 누구인지를 발견하고서 '외부'에 대응할 수 있어야 했다. 그러나 시대는 이런 자각의 과정을 기다려 주지 않았다.

익히 알다시피 당시의 역사는 꽤나 숨 가쁘게 흘러갔다. 간단히 정리하자면, 의화단 사태가 벌어진 것이 1899년, 러시아가 만주 철병을 거부하여 러일 간의 긴장이 최고조에 달한 것이 1902년, 그리고 이 긴장이 결국 러일전쟁으로 이어지게 된 것이 1904년 2월이다. 당시 대한제국은 일본에 의해 반강제적으로 공동 교전국이 되어 전쟁에 휩쓸려 들어갔고, 1년여의 전쟁이 지나가자 숨 돌릴 틈도 없이 을사조약으로 인해 일본의 보호국 처지가 되고 말았다.

을사보호조약은 한국인들에게 곧 '문명의 배신'이었다. 일본은 아시아에서 유일하게 문명화된 열강국이었고, 그의 인도를 열심히 쫓으면 한국 역시 (일본 주도의) 동아시아라는 큰 틀 안에서 독립을 유지하면서 번영을 획득할 줄 알았다. 하지만 남이 깔아 놓은 레일 위를 열심히 달린 결과란 곧 망국이었다. 뒤늦게나마 이 철로의 종단점을 눈치챈 한국의 지식인들은 비로소 자신들이 찾아야 할 게 무엇인가를 깨닫게 되었다. 문명화의 척도로 설명할 수 없는, 오직 '한국/한국인이란 무엇인가?'에 답할 수 있는 자신의 정체성 말이다.

당시 사람들이 한국인으로서의 정체성을 가장 먼저 발견한 곳은 바로 '말글'이었다. 서구의 틀에 따르는 문명화를 강조했던 『독립신문』조차도 말글의 문제에 대해서만큼은 우리말과 한글의 중요성을 강조했다. 당장 신문 자체를 보더라도 순전히 한글로만 제작되었음은 물론이요, 한글의 지위를 언문(諺文)에서 국문(國文)으로 끌어올린 것도 그러했다. 물론 여기에는 비단 자신의 정체성 문제만이 아니라, 청나라에 대한 반발과 더불어 전통적인 요소들이 문명화에 걸림돌이 될 수 있다는 사고 또한 작용하고 있었으니 간단하게 '이것'이라고 단정해 말할 문제는 아니다.

사실 『독립신문』이 한글을 부각시켰던 관점은 '우리의 것'이라는 정신적인 측면보다는 표음문자로서의 한글이 지닌 효용성의 측면이 강했다. 1896년 6월 4일 기사 중에는 당시 학부대신(오늘날의 교육부장관)이었던 신기선이 올린 사직 상소를 비판한 것이 있었다. 당시 신기선은 "머리 깎고 양복 입는 것은 야만이 되는 시초요, 한글을 쓰고 한문을 폐하는 것은 옳지 않다"라며 정부의 신식 제도 도입에 강하게 반발했는데, 『독립신문』은 이에 대해 조목조목 비판하면서 다음과 같이 말했다. "국문이라는 것은 조선 글이요 세종대왕께서 만드신 것이라 한문보다 백 배는 낫고 편리하다. 내 나라에 좋은 게 있으면 그것을 쓰는 것이 옳다."

국문을 쓰는 것이 '정신'의 문제와 직결되기 시작한 것은 역시 망국에 대한 위기감이 고조된 1905년 무렵부터이다. 자국의 말과 글을 잊지 않고 사용하는 것이 곧 나라의 권리를 회복하는 기초가 되리라는 발상이 고개를 들게 된다. 『황성신문』의 기자는 미국 샌프란시스코에 거주하는 한인들이 발간한 『공립신보』를 접하고서, 만리타국에서 우리의 말글을 쓰는 것이 어떤 의미를 가지는지를 역설한다. 이것은 곧 독립을 열망하는 한국인의 정신, 즉 '혈성'(血誠)을 대변하는 일이라고 말이다(1906년 2월 16일자).

이 책 2부에서 다루었던 외국어 교과서 문제도 이런 인식하에서 터진 것이었다. 만일 1890년대식의 효용론적 관점에서라면 학부의 주장처럼 소학교 때부터 일본어를 배우는 게 유리하다. 이상하다고 생각할 바 없다. 어차피 21세기인 지금도 비슷한 논리 구조하에서 취학 연령조차 되지 않은 유아들에게 영어를 가르치지 않던가. 하지만 1906년 무렵의 지식인들은 이런 효용론을 무비판적으로 받아들이지 않았다. 우리 말글을 배우기도 전에 외국어부터 배우면 '앵무새'가 되어 남 시키는 대로 읊게만 될 뿐이라며 들고 일어났으니 말이다.

사실 이는 언어 교육 자체에 대한 지식이나 관심보다는, 언어의 문제를 정체성 문제와 연결시킨 탓이 컸다. 언어란 곧 '혼'(魂)과 통하는 것이므로 자신의 혼을 담기도 전에 남의 혼부터 심으려 하면 동티가 난다는 사고는, 그 합리성 여부는 차치하고서라도 일단 누구든 손쉽게 이해할 수 있는 것이었으니 말이다.

역사에 대한 관심도 마찬가지였다. 이 또한 한글에 대한 인식과 비슷한 경로를 거치는데, 1890년대에도 역사, 특히 자국의 역사를 살펴보는 게 중요하다는 시각은 있었다. 하지만 이때의 관심이란 대체로는 조선시대에 역사를 가르치고 배우던 관행에 대한 반발이 컸다. 조선시대 당시의 역사란 곧 성리학 질서 체계 내에서 '중심'이 되는 곳의 역사를 가르치는 일이었으니, 자연히 그 무게중심이 자국보다는 중국에 쏠릴 수밖에 없었다. 중국은 상국이고 조선은 제후국이니, 제후국보다는 황제국의 역사를 배우는 게 중요한 일 아니겠는가? 이런 전통적인 역사관에 대한 반발이 한국사에 대한 관심으로 이어졌다고 보아도 크게 틀림이 없다.

우리가 왜 한국사보다 먼저 중국사를 배워야 하느냐? 당연히 한국사부터 배우는 것이 맞지 않느냐? 이러한 반문의 기저에는 "서양 각국들도 다 제 나라 역사부터 가르친다"라는 전제가 깔려 있었고, 다른 한편으로는 한국을 청나라의 영향권으로부터 떼어 내고 싶었던 일본의 의도 또한 작용했다는 점을 기억해 둘 필요가 있다.

이런 정황도 1905년 무렵을 거치면서 많은 부분 변화를 겪는다. 서구 열강이 그러하니까 우리 역시 열강처럼 되기 위해 자국의 역사를 중시한다는 관점에서, 이제는 거꾸로 열강에 의해 잠식당한 다른 나라의 역사를 통해 우리가 처한 운명을 직시하고 활로를 모색해야 한다는 쪽으로 옮겨 가게 된 것이다. 1890년대의 『독립신문』은 자국의 역사를 강조하면서도 약자에 대한 철저한 배제와 질타로 점철되어 있었다. 적어도 한국은 그런 약자가 되지 않을 줄 알았으니까. 하지만 이제 그런 '낭만'이 여지없이 깨진 시점에서 사람들은 약자로서의 한국이 처한 현실과 전망을 이해하기 위해, 다른 '약자'들의 역사를 열심히 찾고자 했던 것이다.

　　일본 유학생들이 결성한 '태극학회'의 기관지 『태극학보』 제7호(1907년 2월)에는 비스마르크의 전기인 「비사맥전」(比思麥傳)이 실려 있다. 원래 비스마르크는 예전부터 주목을 받아 오던 인물이다. 독일제국을 일으켜서 저 강대한 프랑스를 단기전으로 깨부쉈으니 (1870년의 보불전쟁) 부국강병을 실현한 영웅이라는 점 때문에라도 좋아하지 않을 수 없다. 예나 지금이나 '성공 신화'란 좋은 소재가 아니던가. 비스마르크에 대한 관심 역시 그 위업을 달성한 과정이나 원인에 대해 주목하는 게 대부분이었다. 하지만 이 전기에서는 사뭇 다른 모습이 나타난다. 보불전쟁에서 승리한 프로이센보다도, 전쟁에서 패배하여 비참한 처지에 놓인 프랑스를 "동정할 수밖에 없다"라며 패자 쪽의 입장에 공감하는 태도를 취하기 때문이다.

| 태극학보

그럴 수밖에 없었다. 열강의 뒤를 쫓으면 열강이 되리라는 열망이

배신당하고 피보호국의 약소민이 되어 버린 이들에게는 당시 프랑스의 처지가 눈에 들어오지 않을 수 없었을 테니까. 폴란드의 최후를 기술한 『파란말년전사』나 베트남의 비참한 식민사를 그린 『월남망국사』 등이 불티나게 팔려 나간 것도 그래서였다. 약소국이 놓인 처지를 동정하고 그로부터 교훈을 얻어 우리 또한 망하지 않게 해야 한다는 열망이 이러한 변화를 낳았다. 한국은 더 이상 "하기에 따라서는 언제든 열강이 될 수 있는 나라"가 아니라, "정신 바짝 차리지 않으면 언제고 멸망하더라도 이상하지 않은 나라"의 처지에 놓였기 때문이다.

　　한국사에 대해 다시금 관심을 품게 된 것도 이 맥락하에 있었다. 신채호는 이순신과 을지문덕의 전기를 저술했고, 이를 신문 지상에 연재하거나 단행본으로 출판하는 등 널리 배급에 힘썼다. 신채호가 여기서 강조한 것은 한결같았다. "모두가 마음을 합쳐 나라의 구원을 바라면, 하늘에서 영웅을 내려 준다." 이순신이나 을지문덕은 그러한 실제 사례로서 거론된 인물들이었다. 우리는 이렇게 고난을 극복한 전례가 있으니, 이번에도 마찬가지로 "모든 인민이 마음을 하나로 합한다면" 지금의 처지를 헤쳐 나갈 돌파구가 마련되리라는 것이었다.

　　약자의 위치에서, 눈앞을 가린 어둠을 헤쳐 나가기 위해 몸부림친 결과는 역설적이게도 자신의 정체성을 돌아보게끔 만드는 계기가 되었다. 제국주의가 넘실대던 19세기 말에서 20세기 초까지의 대한제국은 말 그대로 '물 밖에 나온 물고기'였다. 한편에서는 "저기 백로가 있소!"라며 열강의 침탈을 경계하자고 목소리를 높이면서도, 다른 한편에서는 비로소 '물'의 존재를 깨닫고서 국수(國粹)나 국혼(國魂)을 상기했던 것이다. 그리하여 교과서에서조차도 '한국적 정신'을 담아야 이러한 국수를 담은 '국민'을 만들어 낼 수 있으며, 나아가 소설이나 연극, 가요와 같은 각종 대중문화에서도 이에 기반하여 사람들을 일깨워야 한다는 주장이 쏟아져 나오게 된다. 가장 어두운 순간에, 가장 메마른 땅에서, 그들은 '물'이 있는 곳을 찾기 위해 그렇게 몸부림을 치고 있었다.

친일의 싹
제국주의 논리의 함정

●

세계의 대세와 동양의 이해관계를 살펴서 한일의 관계를 강구하고 나아가서는 두 나라를 결합하는 일이 필요한 까닭에, 비록 일본 하등민들의 행위에 대해서는 배척하더라도 이는 어디까지나 그 개인의 행위에 대해서일 뿐 일본 전체를 배척하는 것은 아니다. 단지 일본 관헌들이 이를 엄중하게 단속해 주기를 희망할 따름이다.

『황성신문』 1907년 10월 9일자

지금 사람들이 위 글을 본다면 바로 "친일파구먼!"이라고 욕을 할지도 모르겠다. 하지만 이 글은 『황성신문』에 논설로 게재된 「유식한 자가 일본에 대하여 공평하게 논하다」^(有識者의 對日論衡)의 일부분이다. 비록 통감부 설치 이후 언론이 많은 압박을 받고 있기는 했지만, 당시 『황성신문』은 적어도 친일 계열로 분류될 법한 신문은 아니었다. 오히려 2년 전인 1905년 10월, 을사보호조약 체결 당시 「시일야방성대곡」으로 정간을 당한 이력도 있으니 말이다.

그런데 이 논설에서 기자는 오히려 일본인들의 악행에 분개하거나 혹은 일본 상공업자들의 진출로 인해 우리 동족이 멸망하지 않을까 걱정하는 한국인들의 태도를 '비관주의'라 비판하면서 위와 같은 발언을 꺼낸다. 일본은 이미 아시아의 최대 강국이고, 한국은 자기 스스로 자주독립을 지킬 능력이 없으니 설령 "점차 국권을 축소하는 한이 있더라도" 이는 한국이 살아남기 위한 당연한 귀결이라는 것이다. 일본 또한 한국을 러시아나 여타 나라의 손에 넘겨 주었다가는 자신의 생존이 위협받게 될 것이므로, 한국과 일본이 순망치한의 관계로서 일본을 주도로 한 결합을 향해 나아가는 것이 온전하다고 이야기한다.

이와 같은 온도차는 언뜻 당황스럽다. 마치 1904년 2월 러일전쟁의 소용돌이에서 일본군을 돕자면서 적십자 모금 운동을 하다가 체포된 이준의 행적을 발견했을 때와 비슷하달까. 하지만 이준의 경우에는 러일전쟁 당시 일본의 진의를 알아채는 것이 어려웠으므로 납득하기에 크게 어렵지 않다. 그러나 1907년이면 이미 을사보호조약과 고종 강제 양위 등을 거치면서 일본의 의도가 백일하에 드러난 시점이다. 그렇다면 어째서 이와 같은 발언들이 나타나는 것일까. 1907년 시점에서 이미 자포자기의 상태에 빠지기라도 했던 것일까.

아니, 기사를 읽어 보면 꼭 그렇지만도 않다. 이 논설의 기자는 일본이 한국에 '진출'하는 것은 동양의 형세나 한일의 이해관계를 따져 보았을 때 자연스러운 일이지만, 그렇다고 일본이 한국을

'병탄'(竝呑)하는 것은 비용 면에서나 국정(國情) 면으로나 불가능한 일이라고 말한다. 오히려 병탄의 가능성을 걱정하는 이들을 향하여 "기우에 빠졌다"라고 말할 정도다. 즉 이 기사의 정서는 일본의 절대적 우위를 인정하면서도 한국이라는 나라 자체가 사라지는 일만큼은 긍정하지 않는 기묘한 위치에 놓여 있다. 오늘날의 관점에서는 쉽게 이해하기 힘든 감각이다. 왜 이와 같은 일들이 벌어졌던 것일까.

사실 이런 전조는 이미 석 달 전부터 나타나기는 했다. 고종의 강제 양위를 두고서 경성 일대가 소요 사태에 빠졌던 1907년 7월 23일, 『황성신문』은 논설을 통해서 거리에 나선 사람들을 타이른다. "지피지기면 백전백승이라 하니, 맨주먹이나 돌로 어찌 적의 화포를 물리칠 것인가. [……] 우리의 뜻과 힘을 연마하고 일치단결하여 애국하는 정신으로 외국에 대항할 실력을 키우면 지금 저 열강들이 감히 우리를 우습게 대하지 못할 것이다." 물론 여기에는 비록 지금은 인내하더라도 앞날을 대비하여 칼을 갈자는 강렬한 정념이 배어들어 있기는 했지만 말이다.

나의 적을 극복하기 위해 나의 적보다 강해져야 한다는 논리는 선명하고 단순한 만큼 이해하기도 쉽고, 받아들이기도 수월했다. 1907년 7월, 경성의 소요사태를 통해서도 입증되었듯이 '지금 당장' 일본을 상대로 주먹이나 돌을 들이대는 행위는 쉬이 통할 것이 아니었다. 물론 신채호가 『을지문덕』(1908)에서 말했던 것처럼 "적이 얼마나 강하든 굴하지 않고 앞으로 나아간다"라는 열혈주의가 전혀 없었던 것은 아니지만, 당시 국내 주류 담론의 방향은 무조건적인 투쟁과 항거보다는 그 이전에 실력부터 갖추는 게 우선이라는 쪽으로 가닥을 잡고 있었다.

이것은 말하자면 1900년대판, 혹은 민족-국가 차원에서의 '노력(요새 표현으로 '노오력') 담론'에 해당했다. 구조의 모순을 개인의 노력 부족으로 돌리는 오늘날의 오류가 그러하듯, 당시 사람들이 빠졌던 함정도 비슷했다. 한국이 망국의 위기에 직면한 것은 국제사회의 모순 때문이 아니라 한국 자신의 무능함과 게으름 탓이라는 것이다.

그리고 충분한 '노력'만 지속한다면 이 위기는 얼마든지 극복될 수 있다고 생각했다. 우리가 겪었던 비극적인 근현대사를 다 알고 있는 지금에서야 이해하기 힘든 사고방식이겠지만, 당시로서는 그렇게 이상하거나 낯선 생각이 아니었다. 아니, 오히려 신채호처럼 타협을 인정하지 않는 투쟁과 항거 쪽이 급진적이거나 혹은 불온한(?) 사고에 속했다.

이것은 아주 얇은 한 장의 종이였다. 바람이 불면 이내 날아가고, 빗방울만 다소 흩뿌려도 이내 젖어서 찢어져 버리고 말 그런 경계선이었다. 남보다 강해질 수 있다면 남을 극복할 수도 있으리라는 희망이란, 약간의 비틀림만 겪어도 "남보다 강해지지 못하면 지배를 당한다 해도 어쩔 수 없다"라는 논리로 역전되게 마련이었다. 그리고 후자의 끝에는 결국 망국이라는 운명이 도사리고 있을 수밖에 없었다.

저런 '변절'이 과연 그리 쉬운 것이냐고 반문할지도 모르겠다. 하지만 특별히 변절이라고 할 것도 없는 게, 한국의 식자층 역시 저

것과 똑같은 시선으로 타국의 일들을 바라보고 있었으니 말이다. 앞에서 언급한 바 있는 하와이나 아프리카 원주민들의 경우는 말할 것도 없거니와, 자국의 문제에 대해서도 식자층들은 손쉽게 부정적인 평가를 내리고는 했다. 예컨대『독립신문』1896년 4월 23일자 논설에서는 조선인들이 자기만 알고 규칙을 지킬 줄 모르며, 서로 싸우고 시기하며, 강한 자에게는 복종하고 약한 자에게는 행패를 부린다며 이런 지경을 극복해야만 '문명국'이 될 수 있다고 주장했다. '문명국'이 서구의 열강 혹은 이를 모방하여 '유신'(維新)에 성공한 일본과 등치된다는 점은 굳이 검증을 거칠 바도 아니다.

당시 사람들에게는 발전이란 오직 하나의 선 위에서 이루어지는 경주와도 같은 것이었다. 여기에는 두 가지의 감각이 반영되어 있었다. 하나는 어떤 쪽이든 앞서는 게 최고라는 경쟁의 논리였다. 국가나 민족, 혹은 인종이나 문화권의 차이 같은 것은 종종 배제되곤 했다. 더 강해서 승리하는 쪽이 정당함까지 획득하는 승자독식의 감각이 사람들을 지배했다. 약육강식, 즉 약한 자가 강한 자의 식량이 된다는 것은 마치 생태계의 이치가 그러하듯 사회적-국제적인 관점에서도 당연한 것으로 취급되었다. 이는 비단 당시 한국인들만의 문제는 아니었다. 소위 '사회진화론'으로 수렴되는 관점은 19세기에서 20세기 초엽에 이르는 시기 동안 전 세계를 관통했던 것이니 말이다.

하지만 진정한 문제는 다른 한쪽의 감각에서 비롯되었다. 그것은 바로 이 경쟁의 논리가 철저하게 '공정하다'라는 감각이었다. 당시의 국제관계란 마치 스포츠 경기처럼, 어디까지나 정해진 룰을 바탕으로 국가 상호 간에 끊임없는 경쟁을 하며 앞서거니 뒤서거니 하는 것으로 여겨지곤 했다. 약육강식 혹은 승자 독식의 논리는 이 룰의 범주 안에 있는 것으로 이해되었다. 예컨대 자구 노력을 게을리 한 민족이나 국가가 열강에게 잠식되어 파멸의 지경에 이르는 것은 정당한 결과이되, 만일 뒤늦게라도 노력을 경주하여 열강들을 따라잡는다면 얼마든지 위기를 벗어나 국제관계 속에서 동등한 대우를 받을 수 있다고 믿었다. 다음은 『독립신문』 논설의 일부다.

> 본국이나 외국에 있는 조선 학도들은 이왕 조선에 찌든 학문은 다 내버리고 마음을 정직하게 하고 굳세게 먹어 서양 각국 사람들과 같이 되기를 힘쓰되, 다만 외양만 같을 뿐만 아니라 학문과 지식과 행동하는 법이 그들과 같이 되면 조선은 자연히 아시아 속의 영국이나 프랑스나 독일이 될 터이니.
>
> 『독립신문』 1896년 10월 8일자

말하자면 이들의 사고는 철저하게 '서양 되기'였다. 이런 사고가 가능한 것은 한국과 서구 열강이 동일한 규칙이 적용되는 하나의 경기장 위에 서 있다는 믿음이 바탕에 깔린 까닭이었다. 만국공법에 대한 신뢰 역시 그러했다. 한국이 만일 국제사회의 일원으로서 제 역할을 다한다면, 설령 다른 어떤 나라가 한국을 침범하려 한다 할지라도 다른 열강들이 이를 묵과하지 않을 것이라는 식이었다 (『독립신문』 1897년 5월 25일자). 열강을 중심으로 한 국제 질서가 어디까지나 힘의 논리에 근거하고 있으며, 만국공법이라는 것도 결국은 열강의 이해관계에 따라 형성된 것이라는 인식이 자리 잡기까지는 아직도 많은 시행착오를 겪어야 했던 것이다.

이런 사고는 오늘날의 우리에게는 우습게 들릴는지도 모르겠다. 하지만 그리 웃을 바는 못 된다. 어차피 우리 또한 100여 년 전 사람들이 빠졌던 그것과 크게 다르지 않은 함정 속에서 허우적대기는 매한가지기 때문이다. 다만 오늘날은 사고의 단위가 100여 년 전과는 달리 국가나 민족이 아니라 개인의 범주로 치환되었다는 점이 조금 다르다는 정도다. 앞에서도 언급했지만, 구조의 모순으로부터 벌어지는 비극을 마치 개개인의 노력이나 역량 부족에 의한 결과로 돌려 버리는 사고란 마치 아메리카 인디언이나 아프리카 토착민 들이 그들 자신의 게으름이나 무능함으로 인하여 서구 열강의 노예 신세가 되었다고 보았던 당시의 관점과 별반 다를 게 없다.

글로벌 스탠더드라든가 무한 경쟁 따위의 말을 금과옥조처럼 주워섬기고 있는 현재 한국 사회의 태도나 관행 역시 그러하다. 우리는 은연중에 사회 속에서의 경쟁이라는 것이 '공정한 지평' 위에서 이루어진다는 환상을 품고 있다. 말하자면 경쟁하게 만드는 쪽이 그렇지 않은 쪽보다는 더 공정하고 우수한 결과를 낼 수 있다는 것이다.

사회적 약자에 대한 질타나 멸시도 여기에서 출발한다. 다른 사람들도 제각기 노력하여 그에 상응하는 결과를 얻어 냈는데 왜 이들만 사회라는 틀 안에서 '무임승차'를 시도하느냐가 이를 뒷받

침하는 사유다. 그 대상이 국제정치 단위에서의 약자인지, 아니면 사회 구성원 단위에서의 약자인지에서만 차이가 있을 뿐, 우리가 아무렇지 않게 받아들이고 있는 무한 경쟁의 논리란 100여 년 전 세계를 휩쓸었던 약육강식의 논리와 하등 다를 것이 없다.

한번 돌이켜 보자. 우리는 과연 저 구조 속에서 강자로서 살아남을 수 있었던가. 만일 그 논리가 허울 좋은 공론(空論)이 아니었다면, 우리가 겪은 36년의 피식민 역사란 어디에서 비롯된 것일까. 그리고 다시 한 번 반문해 보자. 나 혹은 당신은 지금 이 구조 속에서 과연 강자로서 살아남을 수 있을 것인가. 혹은 설령 약자라 한들, 약자라는 이유만으로 소외당하거나 혹은 가혹한 처지에 놓이게 됨을 당연한 결과로 받아들여야만 할 것인가.

우리가 역사를 공부하고 이해해야 하는 이유란 바로 이런 데에 있는 것이 아닐까.

살림살이는 좀 나아지셨습니까?

100년 전 우리를 되짚어 보아야 할 이유

●

대한제국의 멸망에 대해서 교과서가 기록하고 있는 내용은 그리 많지 않다. 보통은 1910년 8월 29일 정식으로 한일합방이 이루어졌으며, 총독부가 설치되면서 헌병에 의한 무단통치가 이루어졌다고 설명하는 정도다. 여기에 덧붙여서 동양척식주식회사 설립이나 토지조사 사업 등을 통해 조선인에 대한 경제적 수탈이 이루어졌다는 게 우리가 일반적으로 알고 있는 합방 당시 및 식민지 초창기의 모습이다.

이렇게 놓고 보면 한일합방이란 말 그대로 일본의 배를 불리기 위해 조선을 일방적으로 수탈하는 행위의 시발점인 것처럼 보인다. 오해를 피하기 위해 결론부터 말하자면, 충분히 정당한 해석이다. 다만 그 해석에 도달하는 과정이 흐릿하게 되어 있기에 정말 알아야 할 부분을 모르고 지나치게 되는 것이 문제일 뿐이다.

합병 당시 통감부에서는 자신들의 통치를 가리켜 '신정'(新政)

이라고 불렀다. 말 그대로 '새로운 정치'란 뜻이다. 무엇에 대한 새로운 정치인가? 물론 망해 버린 대한제국에 대해서다. 그래서 대한 제국 혹은 대한제국기를 가리켜서 '구한국 시대'라고 불렀다. '신'과 '구'의 대립만 봐도 이러한 명명법이 노리는 게 무엇인지 명확하다. 옛날 것은 잘못된 것이요, 새로운 것으로 옛날의 잘못된 것들을 바로잡고 더 나은 세상을 만들겠다는 의미 아니런가.

그렇다면 무엇이 그렇게 새로워졌다는 말인가?

> 합병과 더불어 조선 귀족령을 반포했다. 원래 조선은 중국의 속국이라 독자적인 작위를 주지 못했지만, 일본과 합병함으로써 드디어 일본 귀족과 동등한 작위를 받게 되었다. 이는 영국이 스코틀랜드나 아일랜드를 합병하면서 이들 지역의 귀족들에게 잉글랜드와 동등한 작위를 준 것과 비견되는 일이다.
>
> 『매일신보』 1910년 10월 14일자

> 이번에 효자와 열녀를 표창했다. 조선시대에는 이것이 형식적으로 이루어졌으며, 신분에 따라 차별을 두는 경우가 많았다. 하지만 이번 포상은 신분 여하와 관계 없이 공정하게 이루어졌다.
>
> 『매일신보』 1910년 11월 5일자

> 충남 태안군 이원면 당하리 주인들은 과거 구한국 시대에 이용익으로 인하여 토지 대부분을 국유지로 빼앗겼다. 그러나 합병 후 총독부가 이를 원(原)소유주에게 돌려줌에 따라 이를 기리는 뜻에서

송덕정(頌德亭)을 세웠다.

『매일신보』 1911년 4월 28일자

정치의 새로움은 곧 생활의 안정으로 이어질 것이었다. 적어도 총독부의 관점은 그랬다. 지방의 행정제도를 정비하여 이전의 탐관오리들을 제거했다. 탐관오리가 사라지면서 백성들로부터 걷던 명목 없는 세금도 사라졌다. 사람들은 더 이상 탐관오리에게 수탈당할 걱정을 하지 않아도 된다. 대신 공식 세율은 이전보다 대폭 상승했는데, 이를 두고 『매일신보』에서는 이렇게 설명한다. "탐관오리에게 빼앗기던 것은 그들의 호주머니로 들어가 사라지고 말지만, 총독부에 내는 세금은 공적 사업 등에 투입될 것이므로 결과적으로는 세금을 내는 이들에게 혜택으로 돌아갈 것이다." 말인즉슨 맞는 이야기다. 정말로 그렇게 되었는지의 여부는 차치하고서라도 말이다.

어쨌든 예전보다 살기 좋아진 것은 부인하기 힘들었다. 지방 곳곳에 보통학교가 설립되어 교육 여건이 나아졌고, 경제 규모나 무역 거래액도 합방 이전보다 증가했다. 1909년 무렵 지방에서 격렬하게 벌어졌던 의병들의 항쟁조차 사그라든 상황이었으므로, 이유야 어찌 되었든 각 지방은 평온한 상태에서 농업 생산에 주력할 수 있는 여건에 놓였다. 행정 역시 총독부를 중심으로 하여 일괄적인 체계로 개편된 덕에 이전의 혼란이나 비효율을 어느 정도 해소할 수 있었을 테고 말이다. 살기 좋아졌다. 제도의 측면에서든, 살림살이의 측면에서든, 적어도 '외적'으로는 말이다.

물론 이 '외적' 향상이 실질로 이어졌는지에 대해서는 미지수다. 1911년 5월 13일자 『매일신보』 기사에 따르면 경성 내에서 벌어진 형사사건 숫자가 구한국 시대 대비 130%가량 증가했다고 하는데, 이에 대해서는 총독부 통치 이후 경찰 제도를 정비하면서 과거에는 제대로 파악하지 못했던 범죄까지 속속들이 잡아냄에 따라 통계에 잡히는 사건 숫자가 늘어나게 되었기 때문이라고 하였다.

　　얼핏 보면 그럴듯한 말이지만, 다른 한편으로는 체제의 급격한 변경하에서 틈새를 노린 각종 범죄가 기승을 부렸다고도 해석 가능한 상황이다. 총독부가 『매일신보』를 통해 열심히 설파하던 '새로운 정치'가 당시 조선인들에게 미친 삶의 영향에 대해서는 이처럼 어느 한쪽으로 단정하기 힘든 부분들이 적지 않다.

　　위와 같은 관점의 이야기는 비단 논설에서만 나타났던 게 아니다. 소설에서조차도 '옛 한국'에 대한 비판은 속속들이 나타난다. 합병 직후인 10월부터 『매일신보』에 연재되었던 이해조의 소설 『화세계』 4회(10월 15일 연재분)에서는 뜬금없이 진위대 병정에 대한 논평이 등장한다. 군인의 본분이란 국민의 생명과 재산을 보호하는 데 있는데, 대한제국 시기의 군인은 그렇지 않아서 무력으로 악행을 벌이고 다녔다는 것이다. 이는 『화세계』에서 전형적인 악인으로 설정된 구 참령(參領, 대한제국 시기의 군인 계급, 오늘날의 소령급)을 설명하는 과정에서 언급되었다.

　　소설에서의 악인이란 대체로 '구한국'의 그늘로부터 벗어나지 못한 사람들이었다. 반면 주인공이 위기에 처했을 때 이를 구출해 주는 이들은 대개 일본인 혹은 '새로운 정치'의 질서에 잘 녹아든 조선인이다. 혹은 사건을 해결하는 실마리로서 '정치가 새로워진 것'이 거론되기도 한다.

『소양정』(昭陽亭)이라는 소설은 조선시대 중기를 배경으로 삼고 있는데, 작중 '박 어사'라는 인물은 어느 날 강원도의 한 산봉우리에 올라 주변을 내려다보며 황무지가 많다는 점을 개탄하고, 이를 개발하도록 권장해야 한다며 탄식한다. 그러다가 '우연히' 물에 뛰어들려는 한 소저를 발견하여 그녀를 구원해 주게 된다. 배경은 조선 중기지만 박 어사의 생각이나 행동이 당시 총독부의 농업 진흥 정책과 정확히 조응하는 것임을 파악하기란 그리 어렵지 않다. 즉 '(총독부와 비슷한) 깨어 있는 생각을 품은 인물'이기에 위기에 처한 주인공을 구해 낼 수도 있는 것이다.

총독부와 그 기관지 『매일신보』는 여러 루트를 통해서 '새로운 정치'가 그간 어지러웠던 대한제국의 정치를 일소하고 한반도를 낙원으로 탈바꿈시키는 행위임을 설파하기 위해 애썼다. 말하자면 총독부는 조선인들을 상대로 "우리도 한번 잘살아 보세!"라고 끊임없이 외쳐 왔다는 이야기다. 그 '우리'의 범주가 과연 어디까지를 포괄하는지는 아리송한 문제이기는 했지만.

정리하자면 이러했다. 일본은 조선을 미개한 지역으로 보았다. 정부는 무능력하고, 관리들은 부패했으며, 산업은 낙후되었고 경제는 엉망이다. 하지만 땅이 비옥하여 좋은 질의 농산물들이 많이 나며, 천연자원 또한 풍족한 편이므로 관리만 잘한다면 얼마든지 성장을 기대할 수 있다. 그러나 조선을 저대로 내버려 두면 100년이 지나도 달라질 바가 없다. 그럴 바에는 차라리 우리가 직접 다스리며 발전할 수 있도록 도와줘야 한다. 이게 합방 당시 일본이 품고 있던 생각이다.

이렇게 조선을 '발전시켜야 할 곳'으로 본 총독부는 사회의 다방면에서 급속한 개혁을 추진해 갔으며, 이러한 식민 통치의 효과를 선전하기 위해 1923년에는 총독부가 이러한 식민 통치의 논리와 효과를 선전하기 위해『조선의 사정』이라는 사진집을 내기도 했다.

┃일본 통치 전후의 우편배달부를 비교한 사진 [국사편찬위원회, 우리 역사넷]

┃일본 통치 전후의 가정을 비교한 사진 [국사편찬위원회, 우리 역사넷]

| 일본 통치 전후의 학교를 비교한 사진 [국사편찬위원회, 우리 역사넷]

| 일본 통치 전후의 우편국을 비교한 사진 [국사편찬위원회, 우리 역사넷]

| 일본 통치 전후의 도로를 비교한 사진 [국사편찬위원회, 우리 역사넷]

그래서 표면적으로는 일본과 조선은 하나요, 너 나 할 것 없이 동등한 신민이라고 내세우면서도 그 이면에서는 "그러나 아직 조선인들은 국민 될 자격이 부족하다"라며 일본인들의 지도 편달을 받아야 한다고 보았다. 『매일신보』 1911년 3월 14일자 사설에서는 「민족의 계급」이라 하여 민족이든 개인이든 무조건 평등한 것이 아니요, 그 현명함의 정도에 따라 계급의 차이가 있다고 주장했다. 어리석은 이들이 자기보다 현명한 자에게 지도를 받는 것은 자연스러운 이치이며, 이러한 질서를 문란하게 해서는 안 된다는 것이었다. 요컨대 조선이 일본의 지배를 받는 것은 자연스러운 이치이며, 조선의 수준이 일본과 동등한 선까지 발전하지 않고서는 "조선인과

일본인은 동등한 신민"이라는 대의명분은 '일단 유보'라는 상태를 벗어날 수 없다는 것이었다.

적어도 1910년대 당시 일본이 내세웠던 명분과 노림수는 그러했다. 낙후된 조선을 개발하고, 종래의 정치체제로부터 억압받던 조선인을 해방하며, 이를 통하여 조선과 일본 모두 동반 상승의 효과를 누리겠다는 것이었다. 이런 명분은 비단 일본만이 아니라 제국주의를 택했던 대부분의 열강들이 해외 식민지를 확보하면서 내세웠던 것이기도 했다. 실질적으로는 식민지의 저렴한 노동력이나 토지 및 풍부한 자원을 바탕으로 하여 자신들의 생산비용을 절감하는 한편, 자신들의 생산물에 대한 소비시장으로 활용하여 이득을 극대화하려는 시도였겠지만 말이다. 어찌 되었든 식민지의 산업을 개발하고, 고용을 늘리고, 경제 규모를 확대한다는 점만큼은 어느 쪽의 해석을 택하든 마찬가지다. 이것이 누구를 위한 일인지는 별개의 문제이지만 말이다.

말하자면 합병이란 일본에게는 '대박'이었다. 제국주의 자체가 그러했다. 제국주의란 열강에게는 대박이요, 약소국에게는 화려하고 안락한 지옥이었다. 지옥에 이르는 길은 선의로 포장되어 있는 법이라고 했던가. 적어도 일본이 조선에 대한 '단순한 수탈'을 꾀했던 게 아닌 것만큼은 분명했다. 일본은 조선이 가급적 단시일 내에 성장해서 자신들과 동등한 수준의 실력을 갖추기를 바랐다. 물론 어디까지나 '순종적으로' 말이다. 그러나 다른 한편으로는, 아직 실력을 갖추지 못했다는 이유를 내세워서 일본과 조선 사이에 무수한 경계선을 긋고 차별을 합리화하려 했다. 이 모순된 의도가 관철되어야만 조선은 식민지로서 일본의 성장에 필요한 영양분을 지속적으로 공급할 수 있을 터였다.

하지만 그게 우리와 무슨 상관인가, '제국주의'란 이미 제2차 세계대전이 끝나면서 용도 폐기 된 사상이 아니냐고 반문할지도 모르겠다. 그렇다면 제국주의를 신자유주의나 글로벌 무한 경쟁, 혹은 성장 우선주의 정도로 바꿔서 생각해 보자. 시장의 자유, 경제활동의 자유, 노동환경의 자유를 신장시키겠다는 선의로 포장된 신자유주의가 IMF 이후 본격적으로 득세하기 시작하면서 우리의 실질적인 삶은 어떻게 변했나? 신자유주의가 어떤 부분에서 우리 삶을 더 자유롭게 해주었던가?

글로벌 무한 경쟁이나 성장 우선주의도 마찬가지다. 글로벌 경쟁 시대라는 논리는 우리도 실력만 있으면 사업이든, 학문이든, 스포츠든 세계를 무대로 마음껏 활약할 수 있다는 말로 들리지만, 실제로는 어린 학생들까지 석차로 줄을 세우고, 청년들을 스펙 쌓기에만 열중하도록 조장하지 않았던가. 경제성장이 모든 것을 해결해 줄 것이라는 단순한 논리 역시 순종적으로 노동력을 제공받기 위한 수법에 지나지 않는다. 더구나 성장 우선의 논리는 아이러니하게도 성장이 제대로 이루어지지 않을 때 더 강력하게 먹혀든다. 모든 삶을 떠받치는 경제가 위험한데 이렇게 당장 시급한 문제를 뒤로하고 다른 논의를 하는 것은 위기를 헤쳐 나갈 힘을 분산시키는 것이라고 말이다.

최근에는 통일 역시 제국주의의 시선과 동일한 선상에서 이루어지고 있다. 북한은 낙후되어 있고, 김씨 세습 정권의 강압 통치로 인해 주민들이 고통받고 있으므로, 자유민주주의를 표방하는 한국의 주도하에 통일을 이룩하기만 하면 동반 성장을 기대할 수 있다고 말이다. 하지만 한일합방이 당사자 간의 대등한 합의 없이 일본에 의해 일방적으로 이루어졌던 것과 같이, 한국 주도 통일론 역시 얼마든지 같은 오류와 비극의 소용돌이에 빠질 염려가 있다. 통일은 양국의 대등한 관계를 전제로 이루어져야 할 것이다.

이를테면 신자유주의, 무한 경쟁, 성장 우선주의, 통일 대박론 등은 모두 본질적으로 제국주의와 한 뿌리를 공유하고 있다. 그 뿌리는 '강자가 약자를 다스려야 하고, 그것이 당연하다'라는 힘의 논리다. 우리 선조들은 신문물과 신무기를 앞세우고 나타난 서양 세력을 오직 합리성에 근거한 선한 존재로 여겼다. 즉, 강한 것은 곧 선한 것이라고 여긴 것이다. 하지만 아시아에 대한 수탈이 본격화되면서 그것은 가면에 불과했다는 걸 뒤늦게 깨닫고 말았다.

어쩌면 지금 우리는 역사상 단 한 번도 누려보지 못한 '강자'의 위치에 서 있는 것일지도 모른다. 세계적으로도 손꼽히는 경제 대국이고, 최근에는 문화 상품까지 수출하는 사례가 늘고 있다. 이 럴 때 강자가 빠질 수 있는 함정을 가장 적나라하게 보여 주는 건 다름 아닌 우리 자신의 역사다. 앞으로의 시대에 대비하고 싶다면, 가장 먼저 고개를 돌려 바라봐야 하는 것은 한 세기 전의 과거다. 그 시절의 조선인들에게 이렇게 물어보아야 한다.

"그래서, 살림살이는 좀 나아지셨습니까?"

이 질문에 대한 답을 얻어 낼 수 있을 때, 비로소 우리가 나아가야 할 길이 명료하게 보이지 않을까. 세상이 설파하는 힘의 논리를 아무 비판 없이 받아들이고, 그 논리의 오류까지 내면화하면서 살림살이만 나아지기를 바라도 괜찮은 걸까? 아니, 많은 고통을 참고 견디며 그렇게 해왔는데 정말 살림살이라도 좀 나아졌을까? 오늘을 사는 우리가 100년 전 그 시절의 조선인보다 정말로 더 나아졌다고 할 수 있는 것이 과연 얼마나 있을까?

참고문헌

권보드래, 「동포와 역사적 감각: 1900~1904년 '동포' 개념의 추이」, 이화여자대
　　학교 한국문화연구원 엮음, 『근대 계몽기 지식의 발견과 사유 지평의 확
　　대』, 소명출판, 2006.

김봉희, 『한국 개화기 서적문화 연구』, 이화여자대학교 출판부, 1999.

리프만, 월터, 『여론』, 김규환 옮김, 대한기독교서회, 1987.

매켄지, 프레더릭, 『대한제국의 비극』, 신복룡 옮김, 집문당, 1999.

매클루언, 마셜, 『미디어의 이해: 인간의 확장』, 박정규 옮김, 커뮤니케이션북스,
　　1999.

박성호, 「광무 융희연간 신문의 '사실' 개념과 소설 위상의 상관성 연구」, 고려대
　　학교 박사학위논문, 2014.

신형범, 『개화기 서사 양식과 전통 지식인의 실천적 여정: 박은식과 신채호를 중
　　심으로』, 태학사, 2010.

이규태, 『오로지 교육만이 살길이라: 이규태의 개화백경 6』, 조선일보사, 2001.

조재곤, 「'부상감의비'(負商感義碑)와 보부상의 동학농민군 토벌」, 『아시아문화
　　연구』 7집, 경원대학교 아시아문화연구소, 2003.

쿠랑, 모리스, 『조선문화사 서설』, 김수경 옮김, 범장각, 1946. [영인본: 이회문화사,
　　1989.]

헐버트, 호머, 『대한제국 멸망사』, 신복룡 옮김, 집문당, 1999.

홍난파, 「사랑하는 벗에게」, 『향일초』, 박문서관, 1923.

Carpenter, Humphrey ed., *The Letters of J. R. R. Tolkien*, London: George
Allen & Unwin, 1981.

Hare, James H. ed., *A Photographic Record of the Russo-Japanese War*, New
York: P. F. Collier & Son, 1905.